建築新講座テキスト

建築環境設備
ー 基礎知識と応用 ー

Environmental Design and Systems for Architecture
Fundamentals to Advanced Applications

鍵 直樹・垂水弘夫　編著

浅輪貴史／小瀬博之／長谷部弥／望月悦子／円井基史　著

市ケ谷出版社

まえがき

建築は，「衣食住」と表現するからも分かるように，生活を営む上で必要不可欠なパートである。また建築の役割としては，単に住まうだけではなく，芸術表現の場であり，人が集まる場でもあり，人々がコミュニケーションを取るためにも重要な空間である。

建物に求められる機能としても，安全で，健康であることに加え，快適で，生産的な空間を提供することが求められている。古代ローマ時代の建築家ウィトルウィウスが記した世界で最も古いと言われる建築書には，建築を規定する基本概念として，firmitas（強さ），utilitas（用），venustas（美）を提示した。これは，建築が強く，使いやすく，そして美しいこと，この3つが合理と調和を保つのが良い建築であることを示したものである。現在の建築学においても，建築意匠・建築史，建築構造・建築材料，建築計画・建築環境などの幅広い要素技術を統合し，調和の上で一つの建築として成立させることが必須であることを意味する。

現代の建築の取り巻く状況は，目まぐるしく変わっている。近代の建築がエネルギーをふんだんに消費する設備（アクティブ）を導入してきたのに対し，オイルショック，省エネルギー，地球温暖化，地球環境問題などの対策として，パッシブな発想が取り上げられるようになった。さらに，建築は建設，運用，廃棄のライフサイクルを通じて，地球環境への負荷をむやみに増やすべきではない。一方で，資源は有効に活用し，環境の質の確保も重要な課題である。よって，建築としては，環境問題への配慮と室内環境質の向上，それを解決するための建築物そのものと建築設備が個別に計画されることなく，総合的な建築環境設備として体系的にデザインされること，建築と環境設備の両方を理解した技術者がこれからは必要となる。

そこで本書では，建築環境工学とアクティブ・パッシブの技術を一体として捉え，それぞれの分野ごとに空気・温熱環境から空調設備へ，水環境から給排水・衛生設備，光環境から照明設備，そして電気設備および建築設備の維持管理へと，今後来る新たな問題へ立ち向かえるように基礎をしっかりと学修し，環境設計へと展開して行くことを想定して企画されたものである。

総論にも述べたように，各環境分野がどのように建築に活かされるのか，建築環境工学の分野以外の方にも最低限理解してほしい内容を中心にまとめており，環境工学の基礎を学ぶことにより，美しい建築設計に役立てていただきたい。

建築を学んでいる学生諸氏に，建築のデザインを意識しながら，建築環境設備について総合的に理解を深めることで，本書が少しでも役立ち，新しい建築の方向性を考える上で手助けになれば幸いである。

2025 年 2 月

鍵　直樹

本書の構成と使い方について

1) 本書は，2004年に初版が，また2011年に第2版が発行された「建築環境のデザインと設備」を
ベースとしつつ，カーボンニュートラルの時代に対応した新たな大学テキストとして，構成と内容
を刷新した「建築環境設備」の書である。総論と本論6章から構成されている。

2) 総論では，地球環境問題における建築の位置づけや，建築設備を捉える視点，光・空気・熱・
水・緑それぞれの環境分野におけるデザインのあり方などを，カラーページで紹介している。環境
シミュレーションを建築設計に繋げる項目も含めており，総論を一通り読むことで，建築環境と建
築設備の学びをこれからの時代の建築に活かしていくための想像力が働くであろう。

3) 本論6章は，「第1章　空気・熱環境の設計と設備」，「第2章　水環境と給排水」，「第3章　光環
境のデザインと設備」，「第4章　電気設備と防災，エネルギー管理」，「第5章　建築環境設備の諸
問題」，「第6章　環境建築事例集」から成っている。設備の設計図書は，機械設備と電気設備に大
別される。本書では，空調・給排水などの機械設備に限定することなく，防災・エネルギーの面か
らも重要な電気設備を含めることで，建築設備全体の学びができるように構成している。

4) また，第1章から第4章までで，建築環境工学と建築設備の基礎を学んだ上で，第5章では建築
のあるべき姿を多面的に捉えられるように，実践的なアプローチの知識を提示した。そして第6章
では，最新の環境建築の事例を紹介することで，読者各位が建築環境設備を学ぶ重要性を理解でき
るものとしている。

5) 章節ごとに関連する一級建築士問題を配置し，学修した内容が資格取得に直結するよう本書を構
成した。資格取得を目指す建築学科の学生諸氏にとって，学びのモチベーションを高められる書と
自負している。

2025年1月　垂水弘夫

目　　次

総論　建築環境のデザイン　　1

1. 地球環境問題における「建築」の
位置付け　　2
2. 建築計画と建築設備　　6
3. 光環境のデザイン　　10
4. 空気・熱環境のデザイン　　14
5. 水環境のデザイン　　18
6. 緑のデザイン　　24
7. 環境シミュレーションを用いた建築設計　　28
付図　色度図とマンセル表色系　　32

第1章　空気・熱環境の設計と設備　　33

1.1 通風と換気（建築のパッシブデザイン）…34
  1.1.1 通風と建築計画
  1.1.2 空気の性質
  1.1.3 建物の換気
  1.1.4 室内空気質と人の健康
    ▽演習問題1　▼一級建築士関連問題
1.2 日射調整（建築のパッシブデザイン）………45
  1.2.1 日射と日照の基礎と建築計画
  1.2.2 太陽位置の算定
  1.2.3 日影曲線と日照の知識
  1.2.4 日射受熱量の算定・
     日射熱取得と遮断
  1.2.5 窓回りの複層化による
     外皮性能の向上
    ▽演習問題2　▽演習問題3
    ▼一級建築士関連問題
1.3 建築の伝熱と湿気・結露………………53
  1.3.1 建築の伝熱
    ▽演習問題4　▽演習問題5
  1.3.2 湿気・結露
1.4 温熱環境に対する人体生理と温冷感指標 …61
  1.4.1 人体生理と暖冷房に関する
     室内環境基準

  1.4.2 人体の温冷感指標
  コラム：不快要因としての室内
      上下温度分布
    ▼一級建築士関連問題
1.5 冷暖房負荷と湿り空気線図 …………………66
  1.5.1 空気調和の基礎としての
     冷暖房負荷
  1.5.2 室内負荷の計算方法
  1.5.3 空気調和プロセスと湿り
     空気線図上の表現
  1.5.4 冷房時加湿能力の重要性
    ▼一級建築士関連問題
1.6 空調デザイン・空気調和設備 ……………78
  1.6.1 概要
  1.6.2 空調方式の分類
  1.6.3 特殊な空調システム
  1.6.4 熱源システム
  1.6.5 機器類
  1.6.6 空調システムの計画
    ▼一級建築士関連問題

第2章　水環境と給排水　　97

2.1 都市の中の水 …………………………98
  2.1.1 都市への水の供給
  2.1.2 都市からの排水
2.2 給水・給湯設備 ………………………102
  2.2.1 衛生器具の種類と衛生設備
  2.2.2 給水設備
  2.2.3 給湯設備
2.3 排水通気設備 …………………………112
  2.3.1 排水通気設備の役割
  2.3.2 排水・通気の配管方式
  2.3.3 雨水排水
2.4 雑用水設備 ……………………………114
  2.4.1 雑用水利用の目的・意義
  2.4.2 雑用水設備の計画・設計
2.5 給排水設備から見た建築空間，
建築外部空間 …………………………116

目次　*vii*

2.5.1　トイレの計画
2.5.2　生物多様性の保全とグランドデザイン
2.5.3　建物周辺における環境に
　　　　やさしい水と緑の創出
2.5.4　実施事例

コラム：給水系統の設計法
コラム：排水・通気系統の設計法
コラム：必要器具数の算定
▼一級建築士関連問題

第3章　光環境のデザインと設備　　　　133

3.1　光・照明環境の基礎 ················134
　3.1.1　ヒトの視覚と光
　3.1.2　測光量
　3.1.3　測色量
　3.1.4　視対象の見え方
　3.1.5　光・照明環境の心理的・
　　　　　生理的効果
　コラム：色覚多様性について
　　　　　　　▼一級建築士関連問題
3.2　昼光照明のデザイン ················143

　3.2.1　昼光の特徴
　3.2.2　昼光利用方法
　3.2.3　昼光照明計算
　　　　　　　▼一級建築士関連問題
3.3　人工照明のデザイン ················153
　3.3.1　人工光源と照明器具の変遷
　3.3.2　照明デザインの構造
　3.3.3　照明デザインのプロセス
　3.3.4　照明デザインの役割と展望
　3.3.5　終わりに

第4章　電気設備と防災，エネルギー管理　　　　163

4.1　電力設備 ························164
　4.1.1　電源設備
　4.1.2　負荷設備
　4.1.3　輸送設備
　　　　　　　▼一級建築士関連問題
4.2　自動制御設備・中央監視設備・
　　　情報通信設備 ···················170
　4.2.1　自動制御設備
　4.2.2　中央監視設備
　4.2.3　情報通信設備
4.3　建築・設備のマネジメント ·········179
　4.3.1　LCM, LCC, LCCO$_2$

　4.3.2　建築・設備のファシリティ・
　　　　　マネジメント
　4.3.3　維持保全と維持管理
　4.3.4　建築・設備の劣化と診断
4.4　防災設備，防災の視点からの環境計画 ···184
　4.4.1　防災・防犯設備
　4.4.2　災害現象
　4.4.3　地震への対処
　4.4.4　火災への対処
　4.4.5　洪水への対処
　　　　　　　▼一級建築士関連問題

第5章　建築環境設備の諸問題　　　　193

5.1　建築物省エネ法 ··················194
　5.1.1　空調計算に用いられる気象
　　　　　データ
　5.1.2　寒冷地・温暖地における
　　　　　問題と省エネルギー対策
　5.1.3　ZEB
5.2　建築の環境評価システム ···········200
　5.2.1　CASBEE
　5.2.2　WELL 認証
　5.2.3　CASBEE-ウェルネスオフィス

5.3　建築確認申請のための設備設計計画の
　　　留意点 ·······················204
　5.3.1　空気調和設備に関する
　　　　　留意事項
　5.3.2　給排水衛生設備に関する
　　　　　留意事項
　5.3.3　諸設備に関する留意事項
5.4　建築物環境衛生管理基準からみた
　　　空気環境の実態 ·················207
　5.4.1　建築物における環境衛生管理

viii 目次

5.4.2 空気環境項目別の不適率の
経年変化

▼一級建築士関連問題

第 6 章　環境建築事例集　211

6.1 清水建設　北陸支店（ZEB）……………212
6.1.1 建物概要
6.1.2 カーボンニュートラルを
見据えた『ZEB』への取組み
6.1.3 運用実績・効果

6.2 ポーラ美術館　………………………218
6.2.1 建築概要
6.2.2 環境配慮型建築としての
取り組み
6.2.3 省エネルギー・省資源を
実現する設備計画

6.3 緑の保全と活用　…………………………223
6.3.1 緑の持つ環境調整効果
6.3.2 緑の保全と活用の事例

6.4 高層純木造耐火建築「Port Plus」………227
6.4.1 木造建築
6.4.2 ウェルネス空間
6.4.3 サステナビリティ
6.4.4 快適な眠りのための環境制御と
睡眠評価

索引　230

執筆担当
総論　1　垂水弘夫
　　　2　長谷部弥
　　　3　望月悦子
　　　4　鍵　直樹
　　　5　小瀬博之
　　　6　浅輪貴史
　　　7　円井基史
第1章　1.1　鍵　直樹
　　　　1.2　浅輪貴史
　　　　1.3　円井基史
　　　　1.4～5　垂水弘夫
　　　　1.6　田村　一

第2章　小瀬博之
第3章　3.1　望月悦子
　　　　3.2　小島義包
　　　　3.3　松下美紀
第4章　4.1　長谷部弥
　　　　4.2～3　田村　一
　　　　4.4　長谷部弥
第5章　鍵直樹
第6章　6.1　天田靖佳
　　　　6.2　長谷川巌
　　　　6.3　円井基史
　　　　6.4　小島義包

総論
建築環境のデザイン

1. 地球環境問題における「建築」の位置付け　2
2. 建築計画と建築設備　6
3. 光環境のデザイン　10
4. 空気・熱環境のデザイン　14
5. 水環境のデザイン　18
6. 緑のデザイン　24
7. 環境シミュレーションを用いた建築設計　28
付図　色度図とマンセル表色系　32

▲大学研究所屋上に設置された観測用8方位ソーラーパネルと日射計。カーボンニュートラル時代を迎え、屋上面よりも広いビル外壁面の活用が進みつつある。

1. 地球環境問題における「建築」の位置付け

1.1 Society 5.0 社会の到来とスマートシティ・DX

現代の情報社会に続く新たな社会がSociety 5.0（ソサエティ 5.0）であり（図1），内閣府によれば，「サイバー空間（仮想空間）とフィジカル空間（現実空間）を高度に融合させたシステムにより，経済発展と社会的課題の解決を両立する，人間中心の社会」と定義されている。

現代の情報社会（ソサエティ 4.0）に関しては，次のような問題点が指摘されている。

1) 知識や情報が共有されず，分野横断的な連携が不十分
2) 多くの情報の中から必要な情報を見つけて分析するのに人の能力だけでは不十分
3) 年齢や障害などにより，労働・行動範囲が制約を受ける場合がある
4) 少子高齢化・地方過疎化などの課題に対する対応が不十分

Society 5.0 は，IoT (Internet of Things) ですべての人とモノがつながり，様々な知識や情報が共有され，今までにない新たな価値を生み出すことで，これまでの課題や困難を克服していく社会である。人工知能（AI）の活用により必要な情報がタイムリーに提供されるとともに，ロボットや自動走行車，ドローンなどの技術で，少子高齢化，地方過疎化，人の間の格差などの問題が緩和されていく社会を目指す（図2）。

この Society 5.0 を支える都市が，スマートシティである。ICT (Information and Communication Technology：情報通信技術) を活用しつつ，マネジメント（計画，整備，管理・運営等）の高度化により，都市や地域の抱える諸課題を解決に導き，新たな価値を生み出し続ける持続可能な都市や地域と定義される。Society 5.0 を先行して実現する場であり，政府からは図3が示されている。建築単体としてZEB や ZEH であることが求められるのはもちろんのこと，エネルギーの地産地消による省エネルギー化や災害時対応など，地域の連携をデジタルで高度化するシステムの構築が求められている。

トヨタのウーブン・シティ（Woven City, 静岡県裾野市，2025 年竣工予定）は，スマートシティの代表例として挙げられる。東京ドーム約 15 個分の面積，約 70 万 m² の地域に，

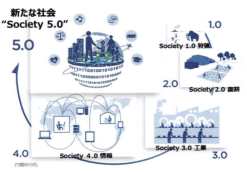

Society 1.0：狩猟社会　Society 3.0：工業社会
Society 2.0：農耕社会　Society 4.0：情報社会

図1　Society 5.0 へ（内閣府）

図2　Society 5.0 で目指すもの（内閣府）

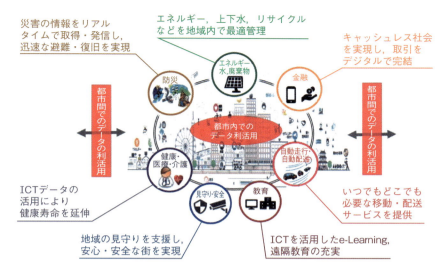

図3 スマートシティ概念図（内閣府・総務省・経済産業省・国土交通省）

2,000人の居住者を想定して，ロボット，AI，自動運転，MaaS，パーソナルモビリティ，スマートホームといった先端技術を，人々のリアルな生活環境の中に実装し，成果を検証することを目的としている。歩車分離を軸とした都市形成に特徴があり，その成果が待たれる。

DX（Digital Transformation）という用語を最初に使用したスウェーデンのストルターマン氏は，「ITの浸透が人々の生活をあらゆる面でより良い方向に変化させること」と定義した。地方都市や自治体がDXに積極的に取り組み，住民一人ひとりの健康や幸福感の増進に寄与できれば，東京など大都市部への人口集中を回避し，地方・地域の活力を維持できると考えられる。図3に示したスマートシティを実現するためには，DXが社会形成のベースとなる必要があるし，その基本は人の幸福のためであることを確認しておきたい。

> **MaaS（マース，Mobility as a Service）**
> 地域住民や旅行者一人一人のトリップ単位での移動ニーズに対応して，複数の公共交通やそれ以外の移動サービスを最適に組み合わせて検索・予約・決済等を一括で行うサービスのこと。観光や医療等の目的地における交通以外のサービス等との連携により，移動の利便性向上や地域の課題解決にも資する重要な手段となる。

表1 わが国の温室効果ガス削減目標

温室効果ガス排出量・吸収量 （単位：億 t-CO$_2$）			2013 排出実績	2030 排出量	削減率	従来目標
			14.08	7.60	▲46%	▲26%
エネルギー起源 CO$_2$			12.35	6.77	▲45%	▲25%
	部門別	産業	4.63	2.89	▲38%	▲7%
		業務その他	2.38	1.16	▲51%	▲40%
		家庭	2.08	0.70	▲66%	▲39%
		運輸	2.24	1.46	▲35%	▲27%
		エネルギー転換	1.06	0.56	▲47%	▲27%
非エネルギー起源 CO$_2$，メタン，N$_2$O			1.34	1.15	▲14%	▲8%
HFC 等4ガス（フロン類）			0.39	0.22	▲44%	▲25%
吸収源			—	▲0.48	—	（▲0.37 億 t-CO$_2$）
二国間クレジット制度（JCM）			官民連携で2030年度までの累積で1億 t-CO$_2$程度の国際的な排出削減・吸収量を目指す。わが国として獲得したクレジットをわが国のNDC（排出削減目標）達成のために適切にカウントする。			—

資料：地球温暖化対策計画（2021年10月）概要より抜粋

1.2 カーボンニュートラル

2018年10月に開催されたIPCC（気候変動に関する政府間パネル）において，将来の平均気温上昇が1.5℃を大きく超えないようにするためには，2050年前後には世界の二酸化炭素排出量が正味ゼロとなっていることが必要との見解が示された。

これを受けて2020年10月に当時の菅総理が，「2050年カーボンニュートラル，脱炭素社会の実現を目指す」ことを宣言した。具体的な目標として，2030年までに2013年比で温室効果ガス排出量の46％削減が示されているが，家庭部門では66％削減，業務部門では51％削減と，建築分野には平均より厳しい削減目標が掲げられている点に注目する必要がある（表1）。

カーボンニュートラルに向けた省エネルギー対策の強化には，次のような取り組みがある。

1) 断熱性能・省エネルギー性能の高い住宅の新築
2) 既存住宅における断熱改修，省エネルギー型設備の導入
3) ZEH（Zero Energy House），ZEB（Zero Energy Building）水準の住宅・建築物の普及拡大
4) 太陽光発電設備の導入推進
5) 建築から運用，解体，再利用までのライフサイクルCO_2マイナスの住宅・建築の実現
6) 販売・賃貸の広告における省エネルギー性能表示の義務化の検討

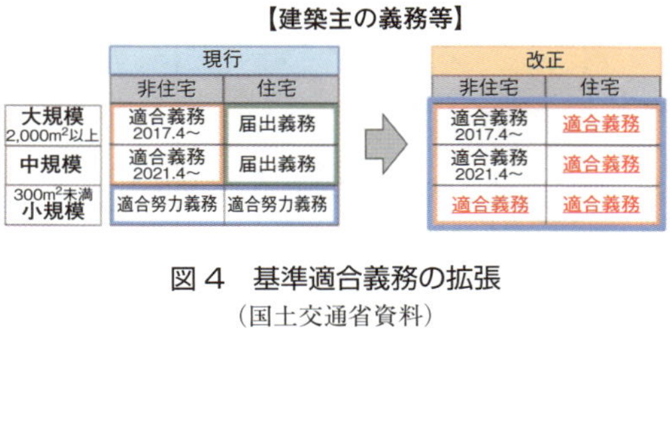

関連する最近のトピックスとして，東京都が新築建築物に太陽光パネルの設置を義務づける制度が2025年4月に開始された。大型のビルだけでなく，戸建て住宅も対象としている点に大きな特徴があり，全国の自治体への波及効果が期待されている。

1.3 建築物省エネ法の改正動向

2050年カーボンニュートラル実現に向けた工程表として，

　2050年：ストック平均で，ZEH・ZEB水準の省エネルギー性能を確保
　2030年：新築について，ZEH・ZEB水準の省エネルギー性能を確保

が掲げられている。2030年度までに2013年度と比べて住宅・建築物に係るエネルギー消費量を約889万kL（原油換算値）削減しなくてはならないことが背景にある。

改正された「建築物のエネルギー消費性能の向上に関する法律」が2022年6月に公布された。最も大きな制度変更は，すべての新築の住宅・非住宅に省エネルギー基準への適合が義務づけられたことである（図4，2025年4月施行）。これまでは大規模及び中規模の非住宅にのみ，適合義務が課されていた。公布から施行までの期間が通常よりも長いのは，中小工務店への配慮や，審査体制の整備に準備期間が必要なためである。

改正の要点の2つ目は，2,000 m^{2}以上の大規模な非住宅建築物に関するBEIの引き上げである（図5，2024年4月施行）。これまでは建物用途に係わらず1.0以下となることが求めら

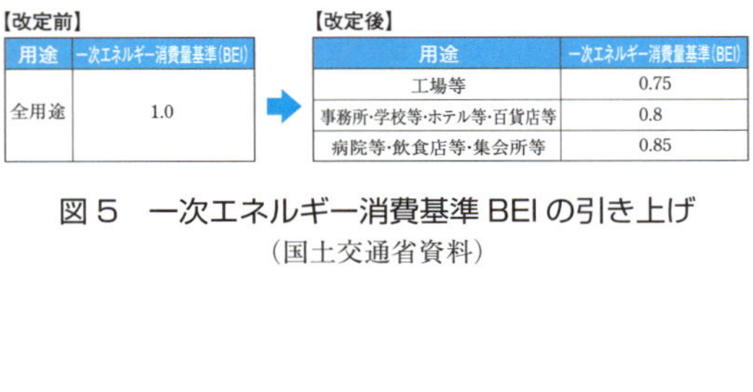

図4　基準適合義務の拡張
(国土交通省資料)

図5　一次エネルギー消費基準BEIの引き上げ
(国土交通省資料)

れていたが，改正後は，工場などで 0.75 以下，事務所・学校・ホテル・百貨店などで 0.8 以下，病院・飲食店・集会所などで 0.85 以下などと，建物用途別の数値設定となった。

この BEI は図 4 に示されるように，建築物を新築する際に必要な建築確認申請と結びついている点を，改めて意識しておく必要がある。

1.4 ZEB の定義とランク分け

ZEB のランク分けについては，空気調和・衛生工学会より定義等が示されている。図 6 は，一般にエネルギーバランスチャートと呼ばれるグラフで，左側から建物にインプットされているのが電力，ガス，石油などの「D：配送エネルギー（Delivered Energy）」，上からインプットされているのが太陽光など再生可能エネルギー由来の「G：生成エネルギー（Energy Generation）」，下側へのアウトプットが空調，照明，コンセント，その他用途などの「C：消費エネルギー（Energy Consumption）」，右側へのアウトプットが「E：逆走エネルギー（Exported Energy）」である。

そして，G＞C または E＜D のときに，ネットゼロエネルギービル（net Zero Energy Building，nZEB と略記）となる。評価には，一次エネルギー消費量が用いられる。

しかし，建物で消費するエネルギーを，太陽光発電などの再生可能エネルギーで 100％ 以上賄わずとも，半分程度カバーできた場合でもその割合に応じ，ZEB のランクが定められている（図 7）。

レファランスビル（基準値）に対し，一次エネルギー消費 50％ 以上削減で ZEB Ready，75％ 以上削減で nearly ZEB などと呼ばれる。また，建物用途によって閾値が異なるが，事務所ビルの場合では 40％ 以上削減で ZEB Oriented というランクも後に定められた。設計者や施主の ZEB に対するモチベーションを高めるためのランク表示追加と捉えられる。

> BEI：一次エネルギー消費量基準（Building Energy Index）WEBPRO を用いて算定する対象建築物の（設計値／基準値）。
>
> WEBPRO：建築研究所のホームページ上でアクセス可能な「エネルギー消費性能計算プログラム」のこと。非住宅用や住宅用などを選択して使用する。建物及び設備仕様を入力したエクセルシートを読み込ませて，「設計一次エネルギー消費」を得る。これを同時に出力される「基準一次エネルギー消費」と比較することで，BEI が定まる。

（執筆　垂水弘夫）

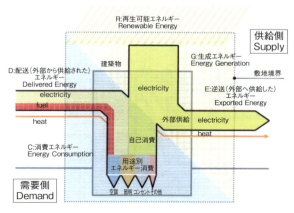

図 6　建物エネルギー消費のバランスチャート
（空気調和・衛生工学会資料）

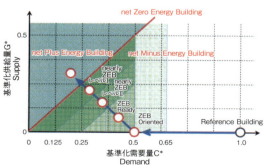

図 7　ZEB の段階的評価
（空気調和・衛生工学会資料）

2. 建築計画と建築設備

2.1 建築を取り巻く社会課題

現在の建築を取り巻く社会課題として，地球環境問題（サスティナブルな社会の実現），頻発・巨大化する自然災害への対応，就労者数の減少や低い労働生産性などが挙げられる。建築・建築設備はこれらの課題に対応するように計画されなければならない。

建築物における建築設備には，給水・排水・消火・ガス・換気・暖房・冷房・排煙・受変電・照明・情報・昇降機などがあり，建築物を利用する人が安全・健康・快適・便利に使用することができるように計画されている。また，建築設備の省資源・省エネルギー化を通じて地球環境保全にも大きな役割を担っている。さらに，建物を建設する際の生産効率を高めたり，建物を使用する際の生産性を高めたりする必要もある（図8）。

> 2050年カーボンニュートラル，2030年度温室効果ガス46％排出削減（2013年度比）の実現に向け，我が国のエネルギー消費量の約3割を占める建築分野における取り組みが急務

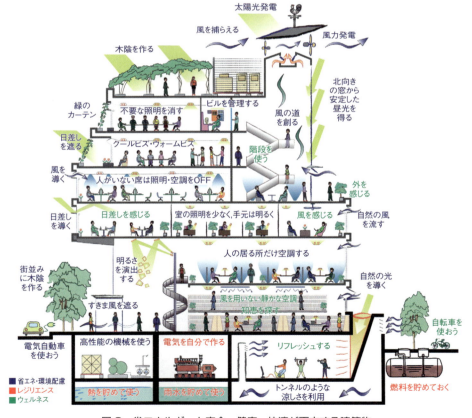

図8 省エネルギーと安全・健康・快適が両立する建築物
（©Masaaki Sato，出典 公益社団法人空気調和・衛生工学会，環境と空気・水・熱，学会設立100周年記念出版，2017年10月）

2.2 省エネルギーな建築・設備計画

安全・健康・快適で省エネルギーな建築物を建設するためには，高性能な建築設備を導入するだけでなく，エネルギー使用量を減らすために，光や熱などの自然エネルギーを適切に取り入れ，負荷を減らす建築計画とする必要がある。また，運用段階では無駄のない使い方をすることも重要である。省エネルギーな建築を計画し，適切な運用により省エネルギーを実現するステップは以下のようになる。

1) 建物で使うエネルギーを少なくする（計画）
   例　自然採光・自然換気などの再生可能エネルギー利用，日射遮蔽，高気密・高断熱など
2) エネルギーの無駄遣いを少なくする（計画）
   例　タスクアンビエント照明，パーソナル空調，センサによる設備機器制御など
3) 設備機器が使用するエネルギーを少なくする（計画）
   例　高効率な設備機器の使用，全熱交換器，LED照明など
4) エネルギーの使用実態を把握する（運用）
   例　BEMSなど
5) 運用方法を改善する（運用）
   例　設備機器運転時間の変更，冷温水温度の変更，室内温湿度の適正管理など

エネルギーの使用実態を把握する方法として，BEMS（Building Energy Management System）などの設備がある（図9）。建物全体のエネルギー使用量を把握し，エネルギー種別ごと，消費設備ごと，時間当たりの消費量として整理を行うことにより，消費量の無駄が見つかり運用方法を改善することができる。

近年では，単体の建物でエネルギー消費を考えるだけでなく，より効率よくエネルギーを使用することを目的として，街区内の建築物間でエネルギー融通などを行うCEMS（Community Energy Management System）が導入されたスマートシティ・スマートコミュニティが建設されている（図10）。

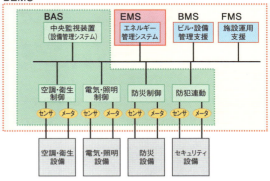

図9　BEMSの構成例
施設規模や運用管理体制に応じたエネルギー情報の計測・見える化の設計手法の提案，小野垣篤嗣・塚田茂　大臣官房官庁営繕部設備・環境課

BEMS（Building and Energy Management System，ビル・エネルギー管理システム）
建物内の設備ごとのエネルギー使用量を時間別，日別，月別，年別などで集計して，使用状況に応じて，自動で空調や照明設備などを制御する。また，デマンド値を監視して設備を自動制御し基本料金を削減する，室温を監視して空調の過剰運転を自動制御するなどを行うシステム。BEMSを活用することで，エネルギー消費傾向を把握し，省エネ対策を講じることができる。

タスクアンビエント照明
室内全体を明るくするアンビエント照明（ベース照明）と，机の上を局所的に明るくする局所照明（タスク照明）を組み合わせ，エネルギー量を削減する照明手法。

パーソナル空調
空調環境を居住域の「タスク域」とその周辺空間の「アンビエント域」に分け，個人の好みに応じタスク域の環境を個別制御する空調システム。

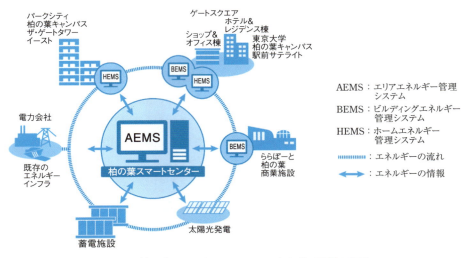

図10 柏の葉スマートシティでのエネルギー融通の事例

2.3 ライフサイクルを考慮した環境影響・消費エネルギー・コスト評価

建築物はライフサイクルが長く、その間に大量のエネルギー消費やCO_2排出などがあり、環境への影響が非常に大きい（図11）。企画・運用・改修・解体に至る生涯を通した環境影響評価・エネルギー消費量把握・コスト試算を行い、それらを最適化できるように計画することが重要である。

2.4 建築分野におけるDXの必要性

建設業の労働力不足と高齢化が深刻さを増しており、安全性の向上や人手不足の解消、熟練技術の継承など、建設業のDXは、3次元モデルデータやAI、ドローンやRTK測位など、最新技術の活用も進められている。

また、運用段階の建物管理をより効率的に行うために、設計や施工段階で使用したCADデータに属性情報を持たせ、建築情報モデルとして活用する取り組みが行われている。

図11 事務所におけるライフサイクルでのCO_2排出量の試算例
（平成19年度都市再生プロジェクト事業推進費　CO_2排出量が増大する民生部門における新たなCO_2削減技術の策定調査報告書）

建築物のライフサイクルでは，様々な主体（建築物の建築主・所有者・管理者と利用者，設計や施工，維持管理・運用などの発注者と受注者など）が関与しており，企画→設計→施工→維持管理の建築の各プロセス情報が一元化されることで，より効率的な建物運用，より正確なエネルギー使用量・CO_2排出量把握，コスト試算が可能となる（図12）。

2.5 激甚化・頻発化する自然災害への対応

近年，毎年のように全国各地で地震・豪雨・台風などの自然災害が頻発し，甚大な被害が発生している。災害に強い建物を建設するためには，建設地における地震，洪水や津波，噴火，竜巻などの災害リスクを正確に把握し，対策を盛り込んだ計画とすることが重要である。また，災害時においても，建物使用者が事業を中断せずに継続できる，または，中断しても早期に再開できるように事業継続計画を立案し運営することも重要である。そのためには，建物使用者の事業継続計画を反映した建築・設備計画を行う必要がある（図13）。

近年では，太陽光発電の余剰電力を活用して水素を生成・貯蔵し，災害時にその水素を用いて発電することにより最低限の電力を確保するシステムが開発されている。

> **BIM（Building Information Modelling）**
> コンピュータ上に作成した主に3次元の形状情報に加え，建物の属性情報（各部位の仕様・性能，居室等の名称・用途・仕上げ，コスト情報等）などを併せ持つ建物情報モデルを構築するシステム。建築設備では，設計図から施工図に情報を連携させることで，設備機器・ダクト・配管・盤・電源ケーブルなどの納まりや搬入経路・施工手順の検討が早期に行うことができ工期短縮を実現できる。また，設備の更新時期などの製品情報・維持管理情報の履歴管理・維持管理のシミュレーション（維持管理計画の立案）が可能になる。
>
> **「建設業の労働環境改善」**
> 労働環境をよりよくするための「働き方改革関連法」が2019年より施行された。
> 建設業界は環境改善に時間がかかることから，5年間の猶予が与えられ2024年に施行されている。
> この5年間に，労働時間削減や適正な工期設定などの取組みが行われた。また，より効率的に働くために，建設業のDX化（データ活用）の推進も進められている。
>
> **RTK測位**
> 「リアルタイムキネマティック（Real Time Kinematic）」の省略形，誤差数cmという高い精度で位置情報を求めることができる測位方法である。

（執筆　長谷部弥）

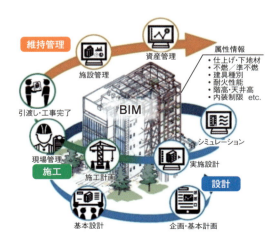

図12　BIMを活用した建築生産・維持管理プロセス
（建築BIMの将来像と工程表，建築BIM推進会議，国土交通省）

図13　事業継続の取り組みの流れ
（事業継続ガイドライン）

3. 光環境のデザイン

3.1 建築空間における光の役割

人間が五感から得る情報のうち，約8割は視覚によるといわれる。視覚情報を得るには光が不可欠である。建築空間における光の役割は大きくわけて以下の2点である。

(1) 空間機能を保証する

建築空間の第一の目的である「安全・安心」の確保のために，視覚情報を困難なく得られるようにしなければならない。これは，平常時はもちろん，災害時・復旧時にも最低限必要である。

加えて，作業のための空間であれば，視覚疲労を生じさせないためにも，視対象物を苦労せずに見えるようにしなければならない。空間の用途・目的に応じて，居住者がその空間内で取る行為は様々である。具体的にどのような行為が行われるのかを念頭に，視対象となるものの大きさや空間を使用する人の視覚特性を考慮し，必要な視認性を確保するよう，光環境を計画する。

(2) 雰囲気を演出する

視作業に必要な視認性は同等であっても，緊張感のある雰囲気が良いのか，リラックスした雰囲気が良いのか，求める空間の雰囲気によって具現化する光環境は大きく異なる。建築様式や内装材の特徴に適した光環境となるよう計画する。

3.2 光環境計画のプロセス

建築空間の光環境は，昼光（自然光）照明と電気照明で構成される。

(1) 昼光照明の計画

昼光は主に窓などの開口部から採り入れられる。設計対象空間の敷地条件，敷地周辺の気象条件に応じて，窓・開口部の大きさ・形状・位置（高さ，方位など）を計画する。また，空間の用途に対して過剰な昼光の入射を制限するため，庇などの窓装備，カーテンやブラインドなどの窓装置の設置・制御を検討する。

これらを検討する際には，年間を通じた太陽位置の把握が必要となる。時々刻々と変化する太陽位置に応じて，窓・開口部から昼光がどのように入射するかを予測した上で，適所・適時，効果的に昼光を導入する（図14）。

(2) 電気照明の計画

夜間はもちろん，日中でも昼光照明だけでは求める空間機能，雰囲気を達成できない場合や，

格子のついた南に面する頂側窓から直射日光が差し込む。囲炉裏から立ち上がる煙によって，直射日光が可視化される。直射日光の入射方位・入射高度により，季節や時刻を感じとることができる。
反射率の低い内装材は，直射日光をより際立たせる。反射率の高い白っぽい壁であれば，壁に反射した昼光が室内全体に拡散され，周辺部との対比が小さくなるため，ここまで直射日光が際立つことはない。

図14 妻籠宿脇本陣奥谷（長野県南木曽町）
（林家住宅・国重要文化財指定）

3. 光環境のデザイン　*11*

図15　萬翠荘（愛媛県松山市）

図16　鳩山会館応接室（東京都文京区）

照明光源の発光効率が低かった時代，大鏡を設置して照明光を反射させ，光量の増大を図っていた。いずれも大正末期に建設された建物。

窓・開口部がない空間，より積極的に光環境を演出・コントロールしたい場合などは，電気照明で光環境を構築することになる。

昼光の入射状況，内装材の反射特性，空間内の什器配置，居住者の目線方向などを考慮し，照明光源・照明器具の選定と照明器具の配置を考える（図15・図16）。照明光源の分光分布によって視対象物の色の見え方，照明器具の配光特性によって視対象物の立体感の見え方が決まることに留意する。

目指す光環境を構築するために必要なエネルギーを最小限に抑える工夫も重要である。昼光の入射量に応じた明るさのコントロール（昼光連動調光制御）や，照明対象エリアの居住状況に応じた照明器具の点灯・消灯のコントロール（在席検知制御）などによって，極力少ない電力消費で目的とする光環境を達成させる。

照明制御の目的は省エネルギーに限らない。近年は，一般照明用光源としてLEDが主流となっているが，LED照明のメリットは長寿命，省エネルギーだけではない。調光・調色制御のしやすさ，時間応答の速さ，小型ゆえの配光制御のしやすさ，といった利点を最大限に生かした照明計画を行いたい（図17）。テナントビルなどでは，テナントが入れ替わるごとに，内装や空間のレイアウトが変更される。度重なるレイアウト変更や用途変更にも柔軟に対応できるような照明計画（調光・調色機能の活用，照明器具の配置・配光の調整など）が，これからの長寿命建築を支

水槽内で魚が泳ぐことで水面に生じた波紋を透過した光が水槽底の砂に照射され，底砂で反射された光が天井面を揺らぎながら照らす。まるで海の底にいるかのような体験ができる。指向性のLED光源ならではの演出だ。

「いろ」をテーマにした展示エリア。フロア全体をシームレスに，周期的に変化する有彩色照明で照らす。

図17　NIFREL（ニフレル）（大阪府吹田市）

える上でも必須である。

3.3 視覚を超えた建築光環境のデザイン

視対象がもつ情報の知覚は、照射光と視対象を見る人の視覚特性により決まる。色の知覚は、人間の目の網膜上の視細胞の感度特性によって決まり、一般には、赤・緑・青の3色の混色によって知覚する色味は表現される（3色型色覚）。しかし、ある特定の色を知覚しづらい人もいる（2色型色覚、1色型色覚など）。また、加齢によっても視覚特性は変化していく（水晶体透過率の低下、焦点調節力の低下：いわゆる老眼、など）。色の見えだけでなく、ロービジョン者の見えにも配慮した光環境計画の工夫が、ユニバーサルデザインに向けて必須である。

光が人間にもたらす生理的影響についての知見も蓄積されつつある。視対象を見るためだけでなく、人間の生体リズム（サーカディアン・リズム）の調整を意図した照明制御もオフィスや病院、宿泊施設等で実装されている。空間を利用する人の健康にも配慮した光環境計画が望まれる（図18・図19）。

さらに、災害発生時にも最低限の空間機能が担保されるよう、BCP（Business Continuity Plan、事業継続計画）を念頭に置いて光環境を計画する。電力供給が十分でない場合、非常用電源も活用しながら、日中であれば窓・開口部からの昼光によって空間に必要な明るさを確保する、夜間であれば優先的に照明すべきエリアを特定するなど、安全性・事業継続性の確保に

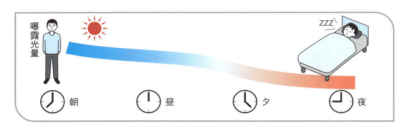

図18 ヒトの概日リズム

おおよそ24時間を周期とするヒトの概日リズム（サーカディアン・リズム）の同調には光の曝露が関与する。一日のリズムを良好に保つために、時間帯に応じた光色・光量の光を曝露することが望ましい。短波長の青色光は覚醒効果があるため、日中に多く浴び、夜間は極力浴びないようにすることが、良好な概日リズムの形成にとって肝要である。

就寝前／起床時に枕上の照明を徐々に暗く／明るくすることで、スムーズな入眠／起床を促す。

図19 GOOD NATURE HOTEL KYOTO（京都市下京区）

努める。

3.4 照明用光源以外の光の活用

照明用光源は，ろうそくやオイルランプ，ガス灯，白熱電球などの温度放射による光源に始まり，蛍光ランプの時代を経て，現在はLED照明一辺倒となっている。一般照明用光源は約60年おきに新しい光源に置き換わってきた歴史がある。これを踏まえると，21世紀半ばには，LED光源に変わる次の新しい一般照明用光源が登場することも考えられる。具体的に置き換わる光源の姿はまだ見えないが，旧来の電球形，直管形，環形の光源で，空間全体を拡散光である程度均等に照らすという考え方は刷新されるかもしれない。

最近では，光を発する各種デバイスの登場もあって，身の周りの光環境が従来からは変わりつつある。例えば，美術館では，作品の微細部分まで視認したいが，光曝露からの作品保護も重要な観点となる。作品説明はスマートフォンやタブレット端末を閲覧させることで，通路を含む周辺領域の明るさを最低限まで落とすことができ，周辺と視対象の対比効果で，少ない光量でも十分に視認性を確保している例もある（図20）。

また，立体物に映像を映し出すプロジェクションマッピングもイベントの一部として盛んに行われている（図21）。まだイベントでの上映であって，恒久的なものではないが，内装・外装とも工事を行うことなく，瞬時に着せ替えられるようになるかもしれない。照明は光が照射される物体の反射特性と切り離すことができない。内装・外装計画は，照明計画と一括して行うべきである。

一方で，光の乱用による光害や人間の健康被害などは決して引き起こしてはならない。今後，登場する新規光源，新たな照明計画手法に対応できるよう，光の性質について理解を十分に深めておく必要がある。

（執筆　望月悦子）

蔵の中は，通路を安全に歩行できる最低限の明るさである。作品の周辺領域の光を最小限に抑えることで，また，作品の微細部分を浮き上がらせるように光の当て方を調整することで，照明光の量は少なくても，十分な視認性が確保される。

図20　藤田美術館（通称"蔵の美術館"，大阪市都島区）

同じ建物でも投影する映像によって，全く違った外観になる。大掛かりな工事を行わずとも，異なる雰囲気を演出することが可能だ。

図21　明治神宮外苑　聖徳記念絵画館に施されたプロジェクションマッピング

4. 空気・熱環境のデザイン

4.1 昔の建物と現代の建物

昔の建物（図22）と現代の建物（図23）は，どこが違うのであろうか。一見しても，古い建物，現代的な建物は見分けることができそうである。例えば某大学キャンパスの2つの建物を見比べてみると，明らかに時代の差が感じられる。

まず，形が明らかに異なっており，昔の建物は四角い形であるのに対し，新しい建物は建物が宙に浮いているものになっている。前者は関東大震災の後にできた建物で，震災にも耐えうるように柱と梁を直行で配置したのに対し，現代の建物の方は構造技術の進展によりV字型の柱で建物全体を吊るような形とした。また，外装材料も異なっており，前者はタイル張り，後者はガラス張りとなった。これも建築材料，工法の技術革新により，地震があってもガラス部材が破壊しないような技術開発がなされたことによる。さらには，前者には各部屋に開放できる窓がある。当時まだ冷房が普及してない時代であったため，夏は窓を開けて過ごしていた。一方後者の建物の窓は一面ガラス張りではあるが，開けるようにはなっておらず，夏期と冬期の厳しい季節には，何もしなければ室内で快適に過ごすことはできない。実際には，空調設備を利用して快適に過ごせるようにしている。もし，空調設備という技術がなければ，せっかく斬新なデザインをデザイナーが発想しても，使える建物にはならない。デザイナーが新しいアイディアを生み出したとしても，それぞれの技術の進展なくして，快適に過ごせる建物は実現することはない。

図22 1934年に完成した某大学の本館。がっしりとした造り。

図23 2011年に完成した某大学の図書館。別名チーズケーキ。

4.2 パッシブとアクティブ技術の融合

建築室内環境を制御する際に，建築の形状や建築材料を工夫して，自然のエネルギーを利用した設計をパッシブデザイン，機械設備を中心とする設計をアクティブデザインと呼ぶ。

パッシブとは，受動的という意味であるが，太陽熱や光，通風などを機械に頼らず，自然のエネルギーを制御することで，エネルギー消費を極力減らし，室内環境を快適にする技術である。一方，アクティブとは冷暖房，換気設備や照明設備を用いて，機械，エネルギーを利用して制御する技術である。建築空間をすべてアクティブ技術でまかなおうとすると膨大なエネルギーが必要となってくる。そこで図24のように，例えば温熱環境の場合には，ある快適範囲に収めるために，建物や窓の方角，庇や断熱性

の高い材料を用いて，日射の取り入れや排除，光や外気の取り入れなどを自然に行うような工夫をすることがパッシブの手法となる。しかしながら，すべてをパッシブ技術のみで快適範囲に収めることは困難であることから，パッシブの技術をアクティブの技術で補うことが一般的である。パッシブ技術を最大限に活用することにより，省エネルギーに貢献するだけではなく，設備機器の容量も抑えられることから，これらの融合が今後の環境・設備設計に重要な視点となってくる。

・建築的工夫（パッシブ）
・設備的工夫（アクティブ）

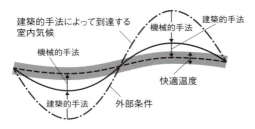

図24 建築的工夫と設備的工夫による快適範囲創出のイメージ[1]

4.3 省エネと室内環境

ZEBを実現するには，図25に示すように日射遮蔽や外皮性能の向上（断熱性），昼光利用，自然換気など，パッシブ技術を用いて必要なエネルギーを減らし，高効率の照明，空調機器によるアクティブ技術を用いてエネルギーを無駄なく効率的に使い，太陽光発電などで再生可能エネルギーを活用することで実現する。

空調設備としては，高効率の設備を使用するほか，春や秋など冷暖房を必要としない中間期においては，空調設備を動かさずに，自然換気によるシステムを用いることが空気環境を保ちながら省エネルギーにも寄与することになるので，重要である。

通風・自然換気システムを有する建物は，近年多くなっている。オフィスビルのような建築物では吹き抜け空間を設けて，各階の居室から外気を取り入れ，建物内部の吹き抜け部から上部へ排出することにより，換気が行われている。これは上下の空気の温度差による密度の差から換気の駆動力が生まれるもので，開口部の面積や位置など綿密に計画して実現できるものである。冷房や暖房を行わない春や秋の中間期に機械によるエネルギーを用いないで換気を行う手法である。

住宅においても，図26のように，断熱性の向上や，夏期には庇や樹木により日射を避け，樹木によって冷却された空気を室内に取り込み，上部のトップライトの開口部から室内の空気を抜けるような風の道を計画することも行われている。冬期には，日差しを積極的に室内の奥まで取り込み，床に蓄熱して夜まで暖かい空間を

図25 ZEBに用いられるパッシブとアクティブの技術（環境省）

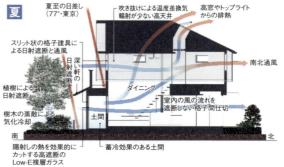

図26 住宅におけるパッシブ手法（ミサワホーム）

作るような工夫もある。自然の力を最大限に利用し，夏期の冷房，冬期の暖房の使用も極力減らし，エネルギーの消費が少ない住宅が提案されている。

4.4 健康と室内環境

健康とは，世界保健機関（WHO）の憲章に示されている定義が広く受け入れられており，単に疾病または病弱でない状態であることではない。建築においてもこの健全な社会生活を送るために空間を提供する使命がある。

空気は，食物，水と同様，人間が生きていくために必要不可欠であるが，我々が吸っている空気についてよく考えたことはあるだろうか。食物や水については気を使って摂取するが，空気については特に気にかけないのではないだろうか。

図27は，人体への1日の摂取量を食物，飲料，空気などに分類したものである。呼吸により室内空気から取り入れる物質の割合が室内空気と公共施設の空気を合わせると全体の7割近くを占め，飲料の8％，食物の7％に比較すれば，圧倒的に多い。ここで重要なことは飲料や食物については，水道水や農薬を使用した食物を口にしたくなければ，ペットボトルの水や無農薬の野菜を買ってくれば良いことからも，飲料，食物については我々には選択の自由があることである。一方，空気については，その場にある空気を摂取するしかない。また，現代人は，90％以上の時間を住宅や学校，公共建築物などの室内空間で過ごしていると言われている。よって，外にいるよりも建物の中にいる割合の方が断然大きく，我々は建物の中の空気を選択の自由なくして吸い続けていることからも，建物の中の空気を安全な状態に維持することは，建物に関係する技術者の使命である。

空気の性状やその動態については，一般には目に見えないので，我々は空気環境の悪化について気づくことはない。例えば，「今いる部屋の二酸化炭素濃度が高くなったから，窓を開けて換気をしよう」，と行動する人はいないのではないだろうか。一方，建物の外に目を向けると，工場や自動車の排ガスによる$PM_{2.5}$などの大気汚染物質があるが，都市，地球全体を清浄化しようとすると，莫大なエネルギーとコストがかかる。我々が多くの時間を過ごす建物の中においては，適切な建築材料を用い，空調設備を利用すれば，健康で安全な空間を比較的容易に作り出すことができる。健康を守るためにも，建物中の環境を整えることは，人に対して健康で安全で快適な環境を維持するために必要不可欠である。ただし，室内で汚染物質が発生した際，適切に空調設備を維持管理せずに，室内環境を悪化させ，居住者に大きな影響を与えている（シックビル症候群）のは，建築そのものに原因があるため，そのようなことにならないように，設計，運用することが重要である。

温熱環境については，我々の温冷感，快適性に直結するため，生理的にも心理的にも重要な要因となる。我々の身体は，温熱条件が変化しても体温を一定に保つための生理的機能として体温調節を行い，無意識にまたは意識のうちに暑熱環境，寒冷環境に対応している。高温環境においては，熱失神，熱痙攣，熱疲労，熱射病などの熱中症（高温障害），低温環境においては低体温症などがある。このような健康被害を

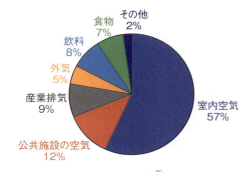

図27 人体への1日の摂取量[2]．食物や飲料よりも，空気，特に室内の空気の摂取量が多い。

防ぐために，室内環境を適切な状態に制御する必要がある。

温冷感とは，温熱環境に対する「暑い」・「寒い」の感覚を意味し，温熱環境を評価する上で主観的評価による重要な指標となる。一方温熱快適感とは，「どちらともない」の中立を基準に「快適」・「不快」の尺度によるものなどがある。まずは，建築物および空調により「不快のない状態」を目標とするものである。これらは，気温，湿度，風速，熱放射の環境側4要素に，人体側の因子の着衣量，代謝量の2要素を加えた6要素を総合的に考慮することで，単に気温だけで判断することはできないことに注意が必要である。建物側としては，気温，湿度，風速を設備で制御すること，さらに放射については建物の断熱性などの建物の性能に関係するため，建築全体の性能を高めることも重要となってくる。また，温熱感については個人の好みに応じて，着衣量を個人の判断で調整することができることも興味深い。

4.5　ウェルネス

建築の設備は，建物の省エネルギーだけに目を向けるのではなく，建物を利用する人が健康で，快適で，知的生産性の高い空間を作り出すことも重要である。建物の空間を人間の健康の視点で評価・認証する評価システムとしてWELL認証（WELL Building Standard）がある。これは，建物の空気，水，食物，光，フィットネス，快適性，心など，建築の枠にとどまらない視点も含めて，点数化し，その空間を評価するものである。良い環境で仕事をすれば，労働者の仕事の能率も上がり，企業の業績も上がり，企業の価値の向上も見込めることを想定したものである。

図28に示すように，この認証におけるカテゴリーにおいて，建築環境に関わる空気，光，快適性（温熱）の項目が大きい[3]。光環境，温熱環境については，快適性に直結するため，非常に重要であることはわかりやすいが，空気に関する項目が多いことに注目したい。この評価項目の中で，空気に関する項目としては，空気質基準，効率的な換気，VOC低減，空気ろ過，微生物の制御，湿気の管理など，空調制御に関わる項目が多く含まれている。このような項目について十分に検討された建築設計，運用が不可欠な時代となっている。

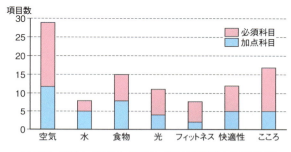

図28　WELL認証のカテゴリー別必須項目数と加点項目数

世界保健機関憲章

この憲章の当事国は，国際連合憲章に従い，次の諸原則がすべての人民の幸福と円満な関係と安全の基礎であることを宣言する：

健康とは，完全な肉体的，精神的及び社会的福祉の状態にあり，単に疾病又は病弱の存在しないことではない。

到達しうる最高の水準の健康を享有することは，人種，宗教，政治的信念又は経済的若しくは社会的条件の差別なしに万人の有する基本的権利の一つである。

シックビル・シックハウス症候群

新築の建築物・住宅などで起こる，倦怠感・めまい・頭痛・湿疹・のどの痛み・呼吸器疾患などの症状があらわれる体調不良の呼び名。

（執筆　鍵直樹）

5. 水環境のデザイン

5.1 生態系における水環境と建築

生態系は，生産者（植物），消費者（動物），分解者（微生物など）からなる生物要素と水，大気，太陽光，土壌，地下資源，地熱といった非生物的要素の物質・エネルギー循環からなるシステムであり，私たちのあらゆる営みは，生態系を基盤として成り立っている（図29）。水は，生態系の主要な構成要素であり，あらゆる要素に入り込んだり運ばれたりして循環している。

水環境は，水循環が適切な「水量」「水質」で行われ，良好な生物の生息空間（ビオトープ）であることも求められる。建築は，まず人や物が健康・安全・快適に営みができるように造られるものであるが，水循環を妨げずに良好な水環境を形成するものであることも求められる（図30）。

屋上緑化や水景施設といった建築における水空間の創出は，人が水に親しむ「親水」だけでなく，生態系の向上にも資するものとなる（図31）。

図29　自然のめぐみ
（出典　環境省：生物多様性広報パネル）

図30　水環境政策における「水環境」とは
（出典　国土交通省水資源部）

左上からヨドバシHD池袋ビル「食と緑の空中庭園」の「睡蓮の庭」，虎ノ門ヒルズ「ステップガーデン」，首都高大橋屋上自然再生緑地「おおはし里の杜」，丸の内ブリックスクエア「一号館広場」

図31　屋上や人工地盤における水空間の例

5.2 都市・建築と人と水環境

日本建築学会「建物とその周辺における健全な水環境の形成に関する考え方」(2008) では，建物とその周辺における健全な水環境の形成のために必要な5つの大項目，20の小項目（カッコ内）を挙げている。

(1) 安全の確保と健康の維持（安全な水の供給，害を出さない装置の構築，緊急時の水の確保）
(2) 自然との共生（地域における水資源の利活用，雨水排水における配慮，排水の水質に対する配慮，水の熱的資源性の活用，自然生態系への配慮）
(3) 省資源と省エネルギー（安全な水の供給，害を出さない装置の構築，緊急時の水の確保）
(4) 社会資産の形成（装置の長寿命化，計画的な維持管理，景観の保全と創造）
(5) 将来世代への継承（水の大切さを認識させるまちづくりや教育の推進，技術及び文化を継承するための情報の整備，水の確保と衛生の改善に関する支援及び協力）

また，国連が定めた2030年を目標とする持続可能な開発目標（SDGs）の17の目標のうち，目標6として「すべての人々の水と衛生の利用可能性と持続可能な管理を確保する」が定められている。さらに他の目標や169のターゲットも含めて，水にまつわるキーワードとして，

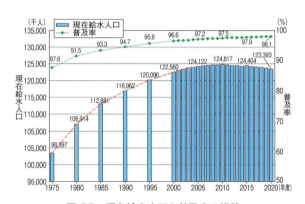

図32 現在給水人口と普及率の推移
（出典　国土交通省：令和5年度　日本の水資源の現況について）

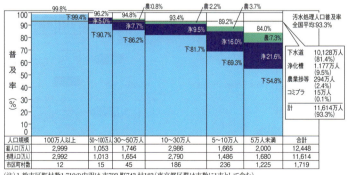

図33　都市規模別汚水処理人口普及率（令和5年度末）
（出典　国土交通省：令和5年度末の汚水処理人口普及状況について（2024.8.22））

「強靭性（レジリエンス）の構築」「健康」「汚染防止」「サービスの基本アクセス」「再生利用」「効率改善」「災害被害の軽減」「気候変動対策」「生態系の保護・回復」等が掲げられている。

これらを見ると，あらゆる状況において人への水の供給と利用，衛生，安全，健康の確保が求められており，これらは建築における給排水衛生設備の機能，性能の基本要件となっている。日本においては，水と衛生の基本アクセスはほぼ達成できている状況であり，水道普及率は2020年現在で98.1％（図32），汚水処理人口普及率は93.3％（図33）となっている。これら

のインフラとの適切な接続が人の安全や健康の確保の基本となるが，水の再生利用や災害被害の軽減，気候変動対策，生態系保全の観点から雨水の活用も求められる。日本建築学会環境基準 AIJES-W0002-2019「雨水活用建築ガイドライン」では，4つの整雨レベルと3つの制菌による雨水活用が提案されている（図34）。ただし整雨レベルⅣの利用は，建築物衛生法の適用を受ける建物においては制限がある。また，米国エネルギーが定める net Zero Water Strategy という施策が推進されており，「総水使用量」（Total Water Use）を最小限にすること，水道の「代替水使用量」（Alternative Water

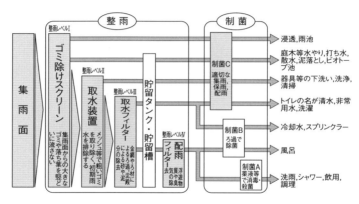

図34　整雨・制菌フロー
（出典　日本建築学会環境基準 AIJES-W0002-2019「雨水活用建築ガイドライン」日本建築学会　2019年）

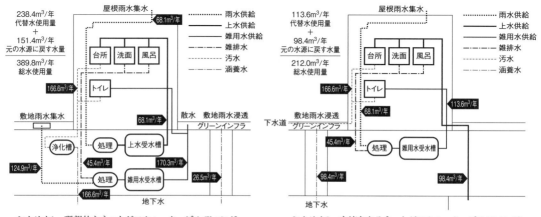

シナリオ1　理想的なネットゼロウォータービルディング　　　シナリオ2　主流となるネットゼロウォータービルディング

図35　ネットゼロウォータービルディングの例（出典　建築雑誌 2020年8月号（Vol. 135, No. 1740），
（原典　U.S. Department of Energy: Net Zero Water Building Strategies より作成）

Use) を最大化すること，建物からの排水や敷地に降った雨水を浸透させて「元の水源に戻す水量」（Water Returned）を，年間を通じて計測して，（「代替水使用量」＋「元の水源に戻す水量」）／「総水使用量」が1以上であればネットゼロウォーターが達成されるとしている（図35）。

5.3 水の性質と特徴

水は地球内を循環する物質であり，環境から生物の体内まで及ぶ。また，流体でありあらゆるものが溶解している。さらに気体（水蒸気），液体（水），固体（氷）の三態の変化による形態や密度の変化がある。熱的な特性としては熱容量（密度）が大きく，温めにくく冷めにくい性質がある。温めたり冷やしたりするためには大きなエネルギー消費が伴うが，熱などエネルギーを一時的に貯める作用を生かすこともできる。

さらに，生態系の主要な構成要素の一つであり，生物の生命維持に欠かせない。雨水，地下水など自然界にも水は存在しているが，地域，土地により大きく状況は異なり，浸水や洪水が発生したり，渇水，砂漠化により水資源が不足する場所など偏在化したりしている。日本国内でも降水量には大きな差があり（図36），年や月による差も大きい。

建築における水環境のデザインにおいても，これらの水の性質や特徴，土地の状況などを考慮する必要がある。

5.4 建築設備における水のデザイン要素

建築設備における水のデザイン要素としては，次のようなものがある。これらの一部は後章で詳しく説明する。

基本的な給排水衛生設備としては，給水設備，給湯設備，便器，水栓などの衛生器具設備，排水通気設備，雨水利用・排水再利用設備，浄化槽設備がある。また，これらに付随，接続する機器，器具として給水，給湯，排水などに用いられる配管，受水槽，高置水槽，貯湯槽などの水槽類，水を汲み上げ，適切な圧力，水量で供給するポンプ，水量・水圧を調整したり開閉したりする弁類などがある。

また，特殊設備として厨房，洗濯，医療，プール，浴場，水景・散水，水族館，特殊排水処理，ディスポーザシステムなどがある。さらに，消火設備，ガス設備，ごみ処理設備についても給排水衛生設備に含める場合がある。

図37は建物における水の有効利用概念図である。ZEBの達成が求められる中で，水の有効利用を図ることによって，省エネルギーにも寄与できる。トイレや屋上緑化への散水など，雑用水用途の水を雨水などの水道以外の水源から確保すること，水栓やトイレ洗浄を節水形にすること，太陽熱や地中熱や下水熱を活用して，ヒートポンプにより空調や給湯の熱源の一部を賄うこと，屋上や太陽光パネルへの散水，ミスト散水などで機器の温度を下げたり，緑化や蒸発散により気温や体感温度の低下を図ったりするなど，さまざまな工夫を取ることができる。また，このような自立型のシステムを建物に備

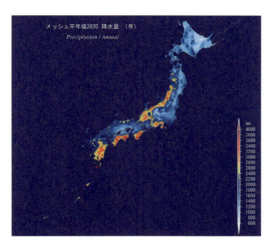

図36　日本の降水量平年値（1991〜2020年）
（出典　気象庁：メッシュ平年地図）

22　総論　建築環境のデザイン

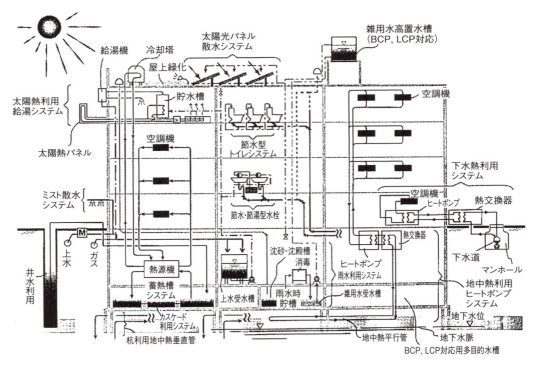

図37　建物における水の有効利用概念図
（出典　大塚雅之：水資源と省エネルギーの両輪から考える水の有効利用，IBEC：建築環境・省エネルギー情報36(2)，2015-07）

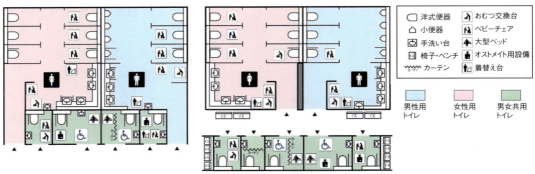

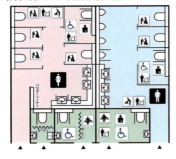

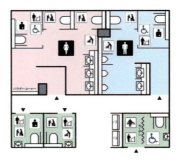

図38　機能分散や多様な利用者特性に配慮したトイレ整備の例
（出典　国土交通省：共生社会におけるトイレの環境整備に関する調査研究報告書（令和3年3月））

えることは，非常時の水やエネルギーの確保にもつながり，BCP（事業継続計画），LCP（生活継続計画）の観点からも重要である。

5.5　給排水衛生設備に求められる水の機能

給排水衛生設備は，水を適切な水量，水圧，水温，水質で供給，排出すること，これらを満たしながら資源・エネルギーの最小化に努めること，また，衛生の確保の観点から水及び設備・器具の汚染や腐食の防止に留意することが求められている。

これらの機能を満たすために必要なのが，人の水使用行動を把握することである。建築における水の使用は，人の能動的な行動によるところが大きい。例えば，事務所の場合，就業時間に従って朝出社時，昼休み後，帰社時などのピークが見られ，建物用途や水使用用途により特定の負荷パターンが存在する。給排水衛生設備

を計画，設計するためには，建築計画と同様に建物に滞在する時間とその人数，集中度合いを予測することが重要となる。新築であれば，あらかじめ想定された建物の使用人員を基にする必要があるが，改築や改修であれば既存の建物の実測データを活用できる可能性がある。

トイレ，浴場・浴室，洗面，キッチン・厨房，洗濯といった水まわりの構成要素においては，ユニバーサルデザインを考慮する必要がある。障がい者，高齢者，子ども，女性なども含め，あらゆる人が差別なく公平にアクセスすることができるようにすることが基本となる。住宅であれば，居住者のニーズに応じたデザインができるが，不特定多数の人が利用するパブリック用途であれば，図38のようにニーズに応じて複数の機能を持たせたり，機能を分散して複数の機器，器具を選択できるようにしたりして，その必要な空間を確保する必要がある。

ビオトープ
野生生物の生息空間の構成単位（林地，草地，湿地，干潟など）

水景施設
噴水，滝，せせらぎ，池など人工的に造成され景観に配慮された水関連施設

熱容量
物質の温度を単位温度だけ上昇させるのに必要な熱量。単位はJ/K。

ユニバーサルデザイン
障害の有無に関係なく，すべての人が使いやすいように製品・建物・環境などをデザインすること。1974年，アメリカのメースによって提唱された。

（執筆　小瀬博之）

6. 緑のデザイン

6.1 都市環境とは

我々は，1日のうち，おおよそ8〜9割の時間を自宅や学校，オフィスなどの建築の屋内空間で生活をするといわれている。建築環境や設備が取り扱う対象としては，主にこの屋内空間における快適性や健康性，利便性，安全性を向上させるためのものといえるが，残りの1〜2割の時間における屋外での活動，すなわち街路や広場，公園といった都市空間での活動も実は見落とすことができない。これらは，通勤や通学，買い物や散歩，運動などが対象となるが，そこでの活動は人々のストレスや健康と密接に関連している。例えば，夏場の暑い時期に，日照りの中を歩いた経験のある人は多いと思うが，その時に感じた暑さや熱的なストレス（例えば多くの汗をかいた経験等）を思い出していただくと，都市空間の熱環境の重要性が感覚的にも理解していただけるのではないだろうか。都市環境にはその他にも，大気環境（空気質など），水環境，風環境，光環境，音環境などがあり，それらの質を向上させるための方策を，建築設計や造園設計，街路設計，インフラ整備などとともに総合的に考える必要がある。

熱環境にさらにフォーカスすると，近年は，地球規模の気候変動に伴う温暖化に加えて，都市化に伴う気温の上昇であるヒートアイランド現象がもたらす暑熱化が問題視されている（図39）。例えば，地球温暖化により地球全体の年平均気温はこの100年間で0.74℃上昇したと言われているが，東京に関しては年平均気温が3.3℃も上昇している[1]。この差が，大都市である東京のヒートアイランド現象によるものである。このような都市の暑熱化は都市環境を劣悪なものとし，熱中症の発生に代表されるように，我々の快適性や健康性を阻害する要因となっている。現代の高齢化社会において，熱ストレスに脆弱な高齢者への影響も無視できない。さらには都市が暑くなると，夏期などにおいて建物の内部も暑くなるため，屋内を冷やすためにより多くの冷房エネルギーの消費が必要となるなど，建築環境や設備・エネルギーとも密接に関連する課題である。

6.2 緑のもつ環境調整効果

さて，近年都市の緑化に注目が集まっているが，都市に緑化をする意義は何であろうか？熱環境に関していえば，都市緑化をすることで，熱の緩和につながるというメリットがある。すなわち，葉の茂った樹木は日射を遮蔽し，また葉面は蒸散作用をもたらすことで，気化熱により気温の低下に貢献する。樹木の生育環境となる土壌も同様に，蒸発により気温の低下をもたらす。

図40は，東京の市街地の広幅員道路の交差点で，夏季の昼頃に撮影した全球熱画像というものであり，全球パノラマの形式で表示した熱

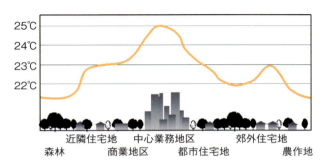

図39 都市ヒートアイランド現象のイメージ

ヒートアイランド現象は，都市部の気温が郊外に比べて高くなる現象であるが，主に夜間に顕著になる特徴がある。夜間のヒートアイランド現象は，熱帯夜（最低気温が25℃以上のこと）を引き起こす要因となる。

画像である。アスファルトの車道や，タイル張りの歩道の表面温度が60℃かそれ以上に高温化していることがわかる。建物の壁面の温度も，40℃程度まで上昇をしている箇所が見られる。これらは，太陽からの日射を受けた面である。通行人や横断歩道で待っている人など，そこを利用する人々に対しても，その日射に加えて，人体を取り囲む面，すなわち地面や壁面からの強い赤外線の放射があるため，大変な暑さをもたらす要因となる。

図41は，その交差点の最寄りの公園内の高木に囲まれたベンチ付近で撮影されたものである。樹木の葉や，木陰の地表面やベンチなど，いずれの面も表面温度が低く，気温相当に保たれている。先ほどの，緑の無い交差点とは一目瞭然で熱環境が異なることが分かる。このベンチに座っている人は，高木で日射が遮られていることに加えて，周りの物体の表面温度が低いため，赤外線の放射による暑さを感じることが無い。それに加えて，そよ風が吹けば，涼しさも感じられる空間である（図42）。これらは，温熱快適性と呼ばれ，我々が日常的に体感をしているものである。

6.3 グリーン・インフラと生態系サービス

緑には，このような熱環境の効果以外にも，大気浄化作用，ビル風の防風効果，火災の延焼防止効果，都市型洪水の抑制効果（土壌層による保水効果），修景効果，生態系保全機能など，多面的な効果が認められる。緑が持つ多面的な機能を都市のインフラ整備（社会資本整備）に活用する考え方をグリーン・インフラストラクチャ（グリーン・インフラ）と呼ぶ。これは，既存のインフラであるグレー・インフラストラクチャと対比させた考え方である。グリーン・インフラの中心にあるのが生態系であり，生態系が人々にもたらす恵みを「生態系サービス」と呼ぶ[2]（図43）。

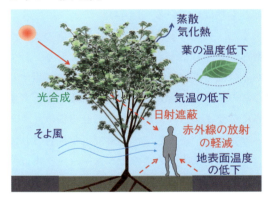

図42　木陰の涼しさ

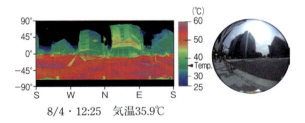

8/4・12:25　気温35.9℃

図40　東京都内の市街地で撮影した全球熱画像

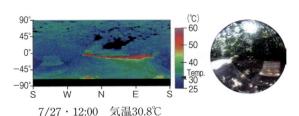

7/27・12:00　気温30.8℃

図41　東京都内の公園で撮影した全球熱画像

供給サービス	調整サービス	文化的サービス
食料,水,木材,燃料,繊維,遺伝資源,などのように,生態系から物質的に直接得られるサービス	気候緩和や洪水調整などのように,人類の生活環境を良好な状態に維持するサービス	レクリエーションの楽しみ,審美的楽しみ,精神的充足,教育効果などを,人類に与えるサービス

基盤サービス
栄養塩循環,土壌形成,一次生産,光合成,水循環などにより,生態系自体が維持していくことにより,供給・調整・文化的サービスの基盤となるサービス

図43　生態系サービス

全球熱画像

全球熱画像の縦軸は，＋90°が真上の天頂を指しており，－90°が真下の足元を指している。横軸は360°の周囲の方角を表している。

これらが，今，まさに都市環境において必要とされているものだと考えられる。

生態系サービスの一つである文化的サービスのなかで，人々にとっての緑の直接的な効果として，心理的なストレスの緩和やリラックスの効果もあり，疲れた都市生活者を癒す役割も期待できる。森林セラピーという言葉を聞いたことがある人も多いかと思う。執務者の知的生産性の観点からは，仕事の合間に，緑のある空間を散歩などで利用することで，集中力や注意力が回復するという注意回復理論にも注目がされている[3]。これらは，都市空間の緑化のみならず，建築空間の室内緑化を推進する根拠にもなっており，建築空間において自然とのつながりを重視する設計はバイオフィリックデザインなどとも呼ばれている（図44）。

また，人々は歩くことによって健康の維持や増進ができることも明らかとなっており，緑のある公園や街路を散歩やジョギングで利用することのメリットも大きい。このように歩行者中心にデザインされた歩いて暮らせる街は，ウォーカブルシティとして国内外で近年注目されている。例えば国外の事例でニューヨーク市は，建築家や都市プランナー向けの「アクティブ・デザイン・ガイドライン」を公開し，緑化された街路やオープンスペースも含めて，歩行等の身体的活動を増やし健康を増進するためのまち

図45 人々がくつろげる街路空間
（丸の内仲通りの例）

のデザインについて整理をしている[4]。国内でも図45の事例のように，まちなかのオープンスペースや街路に，人々がくつろいだりアクティビティを展開できるような空間も設計されてきており，我々の豊かな暮らしや働き方にも大きく貢献している。このような暮らし方や働き方は，コロナ禍を経てますます重要となってきている。

前記のグリーンインフラは，エリアの水循環にも大いに注目した考え方であり，図46の横浜市の商業エリアに立地する公園の事例でも，公園全体の水循環の仕組みを構築するために，植栽基盤の周囲の地下に雨水を貯留し，浸透する砕石層を設けている。その貯留した雨水を，保水性舗装や樹木から蒸発散させることで，打ち水効果による涼しさを創出している。緑と水とは，一体として都市空間の設計に取り入れて

図44 バイオフィリックデザインの執務空間
（ミサワホーム）

図46 都市のグリーンインフラ
（グランモール公園の例）

いくことが重要である。

6.4 建築環境としての緑化計画

建築物に対する緑化に関しても，屋上緑化や壁面緑化，ベランダや開口部へのグリーンカーテンなど，様々な緑化技術が開発されてきている。屋上緑化や壁面緑化は，建物の外皮に設置されるが，外皮の断熱性能が低い建物の場合には，植栽と土壌層により断熱性向上の効果も発揮される。屋上緑化に関しては，高密度な都市において，都市空間を立体的にとらえて，開放的な屋上を人々が屋外活動の場として利用することにも期待ができる。商業ビル（いわゆるデパート）の屋上などで，屋上庭園が一般に開放されていることも多く見かけるが，買い物客などの人々の憩いの場となっている。壁面緑化も近年は導入事例が非常に増えてきており，軽量の植栽基盤を用いることで，立体感のある豊かな植栽による壁面緑化も実現している。グリーンカーテンは，室内に入射する日射を適度に遮ってくれるとともに，室内から外を見たときの視覚的な効果も期待ができる。建物全体を緑化するために，南面にステップガーデンと呼ばれる階段状の屋上庭園を有する建物も見られ（図47），建築と緑とを融合するデザインは近年大変注目されている。

また建築物を緑化する際には，土壌や植栽への潅水や排水のための設備が必要となり，植物の生育に十分配慮する必要がある。さらに室内に緑化をする場合には，利用者と植栽の双方に適した光の量や温湿度条件等を検討する必要があるため，植物の生育に対する一定程度の知識も重要となる（図48）。空気質や衛生面の観点からは土壌におけるカビや臭気の発生などにも注意が求められ，これらを植栽とともに，建築環境設備を含めて総合的に計画や管理を行うことで，より良質な建築環境が実現する。

図47　アクロス福岡

図48　在室者と植物の両方に配慮した光環境や温湿度条件の実現（ミサワホーム）

> **アクティブ・デザイン・ガイドライン（米国・ニューヨーク市）**
> 肥満や2型糖尿病の増加などの健康悪化への危機感から，建築家や都市プランナー，ランドスケープアーキテクトなどに向けて建築〜都市のデザインと健康との関わりを解説したものであり，より身体的活動を促すための建築デザインや都市デザインについて提示されている。章末にはアクティブデザインの達成度を確認するためのチェックリストも添付されている。
>
> **バイオフィリア**
> 生命や生き物，自然を意味する「バイオ」に，愛を意味する「フィリア」を組み合わせた用語である。これは，人間は自然を好む性質を先天的に有しているという説であり，この考えを建築や空間のデザインに生かしたものがバイオフィリックデザインである。

（執筆　浅輪貴史）

7. 環境シミュレーションを用いた建築設計

　近年，地球温暖化・気候変動やヒートアイランド現象（都市高温化）などの環境問題が社会的に注目され，建築の設計や運用において，快適性の担保とともに環境負荷削減が求められる時代となっている。その中で，コンピューターの進歩に伴い，各種シミュレーション技術も普及し，建築設計時に環境シミュレーションを活用する事例も増えつつある。ここでは，環境シミュレーションを活用しながら設計する先進的な建築家およびその設計手法，さらにそれらを取り入れた大学での教育事例を紹介する。

7.1　環境シミュレーションを活用する先進的な建築家とその設計手法

　地域の気候・風土を考慮し，環境に配慮された建築は昔から数多くあるが，近年の国内においては，2011年に竣工したNBF大崎ビルが1つの象徴として挙げられる（図49）。設計は株式会社日建設計で，東面のバルコニーの手すりを兼ねた陶器管ルーバーに貯留雨水を循環させ，その蒸発潜熱により周辺空気を冷やし，ヒートアイランド現象の緩和を図っている。その際，陶器管ルーバーの気化熱で冷やされた空気が下降気流を起こし，建物エントランス部分の気温を下げることなどが環境シミュレーションにより事前に解析された。室内の熱負荷低減のみならず，都市環境の改善に取り組んでいる点が評価され，日本建築学会賞（作品）を受賞した。

　建築家ユニットSUEP.（末光弘和＋末光陽子）は，現在の多くの建築について，高気密・高断熱でかつ機械制御が主流で，外界から遮断された閉鎖系モデルだと位置づけている。その中でSUEP.は，通風や日射遮蔽を重視し，外部に開き，自然エネルギーを受け入れる開放系モデルを提唱した上で，模型実験や環境シミュレーション解析を通して建築を設計している。その具体的なプロセスは例えば，1）敷地・気象の調査，2）建物ボリュームでの日射熱取得量の検討，3）建物形態を進化させながら風の流れの検討，4）光の照度の検討である。各段階で日射，風，光のシミュレーションを行い，建物形態の検討を深めている[2]。

　建築家であり建築環境エンジニアである谷口景一朗氏は，環境シミュレーションを活用したフロントローディング（設計プロセスの初期工程にリソースを投じ，従来後工程で行われていた作業を前倒しで進めることで，設計品質を高めること）を提唱している（図50）[3]。その設計プロセスは大きく3段階で，1）気象分析（Climate Analysis，ボリュームスタディ），

  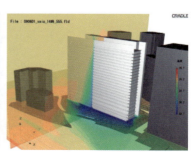

(a) 外観　　　　　　　　　　　(b) 陶器管ルーバー　　　　　　　(c) 熱流体解析ソフトによる気温の解析

図49　NBF大崎ビル（設計：株式会社日建設計）[1]
((a)(b)の写真：雁光舎野田東徳，(c) 出典　株式会社日建設計)

2）感度分析（Sensitive Analysis，初期検討，外皮性能の決定），3）統合設計（Integrated Design，詳細検討，季節ごとの詳細な室内環境・快適性の分析）である。

建築家である川島範久氏は，現代の建築は外部環境を遮断し，多くのエネルギーを消費する傾向にあると指摘し，環境シミュレーションにより自然（太陽光や風）とつながる建築を設計することで，使う資源を削減できるとしている。著書「環境シミュレーション建築デザイン実践ガイドブック」[4] において，1つの住宅設計プロセスを事例に，1）敷地の気候分析，2）ボリューム形状・配置の検討，3）窓・間取りの検討，4）外皮・設備の検討，5）実測・フィードバックの5つのステップを詳細に説明している。

表2に設計プロセスの整理と主に使用されているソフトウェアを記す。設計の初期段階で用いられるソフトウェアの一部を紹介すると，気象分析ツールである Climate Consultant では，気象データである EPW（EnergyPlus Weather Data）等をもとに，月別の1日の変動の平均グラフ，外気温と連動した風配図，快適性と連動した湿り空気線図などの表示・分析が可能である。モデリングソフトである Rhinoceros をプラットフォームとしたビジュアルプログラミングソフト Grasshopper は，そのプラグインとして複数のシミュレーションを扱うことができる。Rhinoceros で建物モデルを作成した上で，Grasshopper でパラメータを設定し，日影や日射量等を計算できるが，計算速度も速く，数多くのパターンの比較・検討を行いやすい。

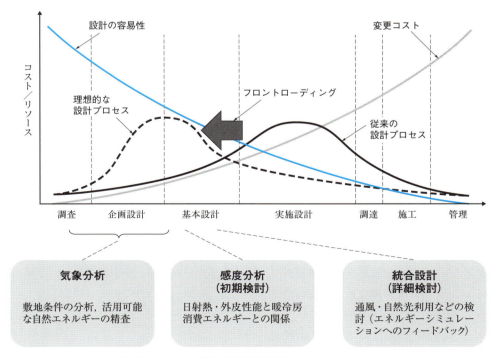

図50　谷口景一朗氏が提唱する環境シミュレーションを用いた建築設計におけるフロントローディング

表2 環境シミュレーションを用いた建築設計プロセスの整理と使用されているソフトウェアの例

設計検討のステップ		主な解析対象・目的	使用データ，ソフトウェアの例
気候分析	敷地の気候分析	気候・気象全般（日射量，雲量，降水量，温湿度，風）：有効な環境設計手法を把握	EPW（EnergyPlus Weather Data）等の気象データ，SketchUp，Climate Consultant，Rhinoceros，Grasshopper，Ladybug，Ecotect
	ボリューム形状・配置の検討	・日影：冬の北側の日影を把握 ・日射量：建物各面の夏冬の日射量を把握 ・外部風：建物風下の影響，建物各面の風圧を把握	気象データ，SketchUp，WindTunnel，FlowDesigner，STREAM，OpenFOAM，Rhinoceros，Grasshopper，Honeybee，Radiance，EnergyPlus，Insight
感度分析	窓・間取りの検討	・日影：日除けのデザイン ・光（照度）：昼光利用 ・風：換気・通風の確保	
統合設計	外皮・設備の検討	・外皮の断熱・遮熱性能 ・自然室温 ・熱的快適性 ・エネルギーシミュレーション	Revit，FlowDesigner，Radiance，EnergyPlus，WEB PROGRAM

7.2 大学での教育事例

　国内の大学（高等教育機関）における環境シミュレーションを用いた授業としては，体験的にシミュレーションソフトを触るもの，光・熱環境等の特定分野を対象にシミュレーション評価を行うもの，建築設計の中で総合的にシミュレーションを活用するものなどがあるが，全体として実践事例はそこまで多くない。特に3つ目の，建築設計の一連のプロセスにおいて環境シミュレーションを活用する授業の事例として，ここでは佐賀大学，九州大学，金沢工業大学の取り組みを紹介する。

　佐賀大学の設計製図演習では，15コマのうち最初の5コマはデザイン担当と環境設計担当の学生が分かれ，環境担当学生は敷地の環境ポテンシャル調査などを進める[5]。6コマ以降はチームで基本設計に取り組み，11コマ以降ではモデリングソフトSketchUpや光環境解析ソフトRadianceを用いて詳細な検討を進めた上で，最終プレゼンテーションに臨む。

　九州大学大学院で2021年に開設されたBeCAT（Built Environment Center with Art and Technology）の教育プログラムは，修士課程のスタジオと九州内の学生が参加可能な短期のスクールで構成されている。地元の企業や自治体とも連携したプロジェクトが用意された上で，自身の提案について環境シミュレーションツールを使って検証することが求められている。

　金沢工業大学では，地元の自治体と連携したプロジェクトにおける計画・環境・構造のコラボレーションを主眼とした大学院の建築設計演習科目があり，また2022年度より，学部3年生を対象とした環境シミュレーションによるフロントローディングに取り組む建築設計演習も新たにスタートしている。後者の授業では末光，谷口，川島らの設計プロセスに倣い，Climate Consultantを用いた気候分析，Rhinoceros / Grasshopperを用いたボリューム検討，さらに熱流体解析ソフトSTREAMや光環境解析ソフトDIALuxを用いた環境（夏季の日射遮蔽，冬季の日射取得，中間期の通風，年間の昼光利用）評価が行われている（図51）[6]。

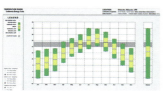  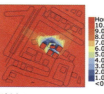 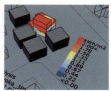

(a) 気候分析（Climate Consultant）　　(b) 日影・受熱日射量の解析（Rhinoceros/Grasshopper）を通した建物ボリューム検討

(c) 外部風（STREAM）　　(d) 照度（DIALux）　　(e) 室内の通風（STREAM）　　(f) 最終的な図面とパース

図51　大学での教育事例

（執筆　円井基史）

総論　参考文献一覧

4. 空気・熱環境のデザイン
1) 上野佳奈子ほか：しくみがわかる建築環境工学，彰国社，2002
2) 村上周三：住まいと人体-工学的視点から-，臨床環境医学，9，2，49-62，2000
3) 塚田敏彦：NTTファシリティーズ総研

6. 緑のデザイン
1) 気象庁，気候変動監視レポート2022，2023.3.
2) 環境省自然環境局自然環境計画課生物多様性主流化室，自然の恵みの価値を計る―生物多様性と生態系サービスの経済的価値の評価―，https://www.biodic.go.jp/biodiversity/activity/policy/valuation/index.html（2023.04.25閲覧）
3) R. Kaplan and S. Kaplan, The Experience of Nature: A Psychological Perspective, Cambridge University Press, 1989.
4) City of New York, Active Design Guidelines, 2010

7. 環境シミュレーションを用いた建築設計
1) 株式会社日建設計：NBF大崎ビル https://www.nikken.co.jp/ja/projects/office/nbf_osaki_building.html
2) 株式会社新建築社：新建築住宅特集2015年4月臨時増刊風のかたち熱のかたち建築のかたち末光弘和＋末光陽子／SUEP.の設計に見る環境と建築の相関，2015
3) 株式会社建築技術：建築技術2021年11月号ケーススタディで知る環境建築の設計手法，2021
4) 川島範久：環境シミュレーション建築デザイン実践ガイドブック，彰国社，2022
5) 中大窪千晶：建築環境シミュレーションを用いた設計製図演習，〈連載〉建築をひろげる教育のいま02，日本建築学会，建築雑誌2020年2月号，pp. 28-29，2020
6) 円井基史：環境シミュレーションによるフロントローディングに着目した建築設計教育の実践，日本ヒートアイランド学会第17回全国大会，2023.9

付図　色度図とマンセル表色系

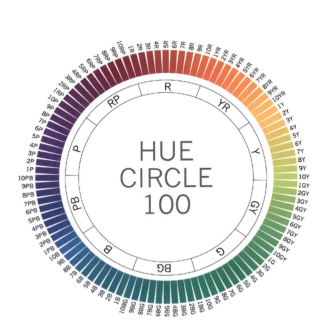

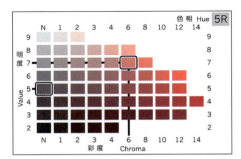
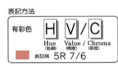

◀マンセル表色系▶

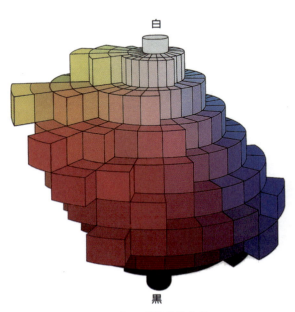

▲マンセル表色系色立体

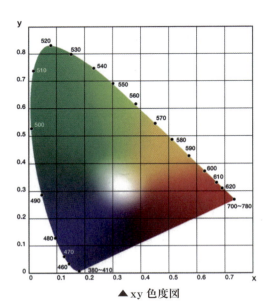

▲xy色度図

（資料提供:日本色研事業株式会社）

第1章
空気・熱環境の
設計と設備

1・1　通風と換気（建築のパッシブデザイン）　　34
1・2　日射調整（建築のパッシブデザイン）　　45
1・3　建築の伝熱と湿気・結露　　53
1・4　温熱環境に対する人体生理と温冷感指標　　61
1・5　冷暖房負荷と湿り空気線図　　66
1・6　空調デザイン・空気調和設備　　78

1.1 通風と換気（建築のパッシブデザイン）

1.1.1 通風と建築計画

建築環境の設計にとって，快適な空気および熱環境を確保することが重要な要素である。すなわち，適切な温度・湿度・気流・空気清浄を確保することである。

鎌倉時代の末期，吉田兼好は，徒然草の55段で「家の作りやうは，夏をむねとすべし。冬は，いかなる所にも住まる。」と述べている。冷房のなかった当時，日本の夏の酷暑を過ごすためには通風を取り入れた建築の計画を旨とされた。冬は室内でものを燃焼させて暖を取り，発生した煙は通風により排出すればよかった。

それに対して現在の建築では，暖房と冷房が普及し，適切な温湿度の確保については，技術面で対応することが可能になっているが，そのためのエネルギー需要が課題となっている。図1.1は，住宅および事務所建築における空気環境を模式的に示したものである。建築において，高断熱・高気密化が進められている一方で，室内における汚染物質などの発生除去のため，空気清浄も重要な課題となり，必要換気量の確保を図られなければならない。高気密化に対して，通風と自然換気の活用は，再生可能エネルギーの利用の点から有効な手法となる。

1.1.2 空気の性質

(1) 空気の組成

一般に空気は，表1.1に示すように窒素と酸素などのガス状のものの混合物として取り扱われることが多い。このような理想的な空気とは異なり，我々の身のまわりその他には多種の物質が存在し，浮遊している。人への影響を考えると，空気の大部分を占める窒素については無害であり，酸素も空気中の含有量が極端に少なくなれば酸欠となるが，一般的にそのような状況になることは稀である。我々の健康に有害となる成分はこれらよりもごく微量存在するもの

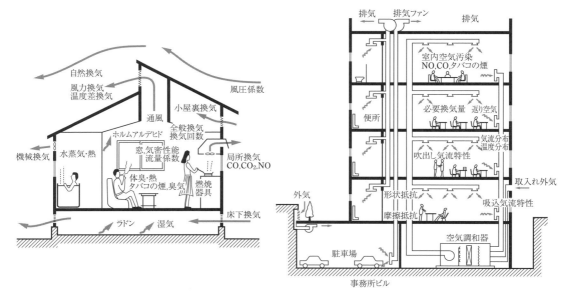

図1.1　住宅および事務所建築における空気環境と空調設備

が対象となる。微量のガス状物質に加えて、粒子状物質、浮遊微生物などがある。我々の身のまわりには、これらの物質が絶えず存在しており、気づかずに呼吸により取り込まれて、それが人に対して有害であれば、汚染物質として健康に被害を及ぼすことになる。よって、空気中の汚染物質となる成分を検出、測定し、基準値などと比較することによりその空間の安全性を確保することが重要となる。

また我々の身のまわりの空気には、上述の乾燥空気の成分の他に、乾燥空気に大きく変動する水分（水蒸気）重要な要素として水蒸気があるを加えたものを湿り空気といい、空気の状態を表すものとして、乾球温度・湿球温度・露点温度・絶対湿度・水蒸気分圧・相対湿度・比エンタルピーなどがある。湿り空気については1.3において詳述する。

(2) 流れの基礎

空気や水のような気体と液体を総称して流体といい、その流れには共通した性質がある。流れは、圧力差に起因するので、室内外の圧力差が換気の駆動力となる。

まず、図1.2のような流管内を考え、空気を非圧縮性流体と考えると質量保存の法則から、次式の連続の式がなりたつ。

$$\rho_1 v_1 A_1 = \rho_2 v_2 A_2 \quad (1\cdot1)$$

断面①、②を考え、連衡による圧力損失を考慮すると、エネルギー保存則であるベルヌーイの定理がなりたつ。

$$p_1 + \frac{1}{2}\rho v_1^2 + \rho g h_1 = p_2 + \frac{1}{2}\rho v_2^2 + \rho g h_2 + \Delta p$$
$$(1\cdot2)$$

ただし、ρ：流体の密度 [kg/m³]
　　　　v：平均流速 [m/s]
　　　　A：流れの断面積 [m²]
　　　　p：圧力 [Pa]
　　　　h：基準面からの高さ [m]
　　　　g：重力加速度9.8 [m/s²]

ここで、p を静圧、$\frac{1}{2}\rho v^2$ を動圧、$\rho g h$ を位置圧、和を全圧という。Δp は、その間の損失である。空気の場合は、位置圧は小さいため無視される。

管内の流れの状態や物体などの周辺の流れの状態は、流体の流れに乱れの少ない層流と渦の生成など乱れの多い乱流がある。このような空気力学的特性を表すのにレイノルズ数が用いられる。これは、流体の慣性力と摩擦力の比であり、幾何学的な流れの相似性を表すが、一般には次式で表される。

$$Re = \frac{VL}{\nu} = \frac{\rho VL}{\eta} \quad (1\cdot3)$$

ただし、Re：レイノルズ数
　　　　V：相対速度 [m/s]
　　　　L：代表長さ [m]
　　　　ν：動粘度（20℃の空気の動粘度 1.56×10^{-4} m²/s）

表1.1　乾燥空気の組成

空気中の成分	重量百分比	体積百分比
酸　素	23.01%	20.95%
窒　素	75.51	78.08
アルゴン	1.286	0.9380
二酸化炭素	0.04	0.04
ネオン	0.0012	0.0018
ヘリウム	0.00007	0.0005

（岩波書店：理化学辞典による）

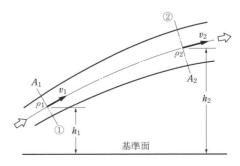

図1.2　管内の流れ

ρ : 流体の密度（20℃の空気の密度 $1.2\,\mathrm{kg/m^3}$）

η : 粘性係数（20℃の空気の粘性係数 $1.81\times10^{-5}\,\mathrm{Pa\cdot s}$）

この式での代表長さとして，ダクトなどの管の場合は管径が，粒子運動の場合は粒子径が一般的には用いられる。管内流れの場合，Re＜2000で層流，Re＞4000で乱流となる。

管路における摩擦損失は，ダルシー・ワイスバッハの式により示される。

$$\Delta p = (p_1 - p_2) = \lambda \frac{l}{d} \cdot \frac{\rho}{2} v^2 \qquad (1\cdot4)$$

lは管の長さ[m]，dは管の直径[m]，vは平均流速[m/s]，λは摩擦損失係数を表す。

1.1.3　建物の換気

室などの空気を外気と入れ換えることによって良い環境を保つことが換気の目的である。換気を行う際，空間全体の空気の流れを効率的にし，局所的な滞留を防ぐ必要がある。そのために設ける送風機その他の装置が換気設備である。換気によって環境保持を行う場合の対象となる環境の項目としては，熱，水蒸気，汚染物質，臭気などがあげられる。

これらの中には，換気によらず処理することが困難なものもあるが，除湿機，空気清浄器などの装置や，空調装置によって処理する場合も

ある。換気によるか他の方式によるかは，目標とする環境条件の程度，汚染などの処理対象の種類・程度，方式の確実性・安全性・経済性などにより検討される。一般の建物で換気は清浄空気の確保のほか，表1.2に示すように熱・水蒸気・汚染ガス・臭気などの除去，燃焼空気の確保など室特有の目的がある。

(1) 必要換気量

換気の性能で最も基本的事項は，必要換気量である。

室内で有害なガスなどの汚染物質が発生するとき，換気によってその濃度を許容濃度以下にしなくてはならない。

図1.3に室内汚染物の発生と換気の概念を示す。

室内の濃度は，汚染物質が室内において完全混合（瞬時一様拡散）すると仮定すると，室容積V，換気量Q，汚染物質発生量M，供給空気の濃度C_o，室内濃度Cの時，微小時間dtにおける室内の汚染物質の増減は，$(M+(C_o-C)Q)dt$であり，これが室内濃度変化dCとなるため，次の物質収支式が成立する。

$$VdC = (M + (C_o - C)Q)dt \qquad (1\cdot5)$$

この方程式を微分方程式として，$t=0$において$C=C_i$として解くと，

$$C = C_o + (C_i - C_o)e^{-\frac{Q}{V}t} + \frac{M}{Q}\left(1 - e^{-\frac{Q}{V}t}\right)$$

$$(1\cdot6)$$

となり，右辺は外気濃度，初期濃度の減衰，発生による濃度上昇を足し合わせたものとなる。なお，$n=Q/V$とすると，n [-/h]は換気回数

表1.2　室と換気の主目的

室	換気の目的
居室	清浄空気の確保
便所	臭気の除去
浴室	水蒸気・熱の除去
湯沸し室・ちゅう房	排気ガス・熱・水蒸気・臭気の除去
駐車場	排気ガスの除去
ボイラー室	熱の除去，燃焼空気供給
電気室	熱の除去

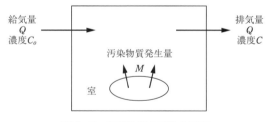

図1.3　汚染物質の発生と換気

という。1時間に室の容積の n 倍の空気が入れ替わることを示す換気の指標の一つである。

この関係式を $t \to \infty$ とすると，次式のように一定値となる。これを定常状態という。

$$C = C_o + \frac{M}{Q} \quad (1 \cdot 7)$$

この式から，室内濃度を低減するには，外気濃度が低いこと，室内の発生量が少ないこと，そして換気量が多いことが有効であることが分かる。また，$C = C_d$（許容濃度）とすると，必要な換気量 Q_R が，次式のように算出される。

$$Q_R = \frac{M}{C_d - C_o} \quad (1 \cdot 8)$$

ただし，Q_R：必要換気量
　　　　M：汚染物質発生量
　　　　C_d：汚染物質の許容濃度
　　　　C_o：給気中の汚染物質濃度

上式は，汚染物質が室内で十分拡散した場合の平均濃度が許容濃度になった場合に相当する。

給気口や排気口の配置が適切でない場合，許容濃度より高い濃度の部分が生ずることがある。また，汚染物質の発生する所から効果的に排気を行っている場合は，室内の大部分が許容濃度以下になる。このように，瞬時一様拡散の仮定が成り立たないことが実空間では多く，換気の効果を評価する必要が生じることがある。換気設備の設計に際しては，省エネルギーも考慮して，最小限の外気取入れ量で目標が過不足なく達成される換気効率の高いシステムを目指すこととなる。換気効率の尺度はさまざまな指標が提案されているが，その一つに，空気齢を用いた換気効率の指標がある。

図1.4に示すように流入口から点Pに到達するまでの時間を年齢にたとえて空気齢という。室内の任意の点に移動するのにかかる平均時間により，室内における場所別の換気の善し悪しを判断することが可能となる。空気齢が小さいほど新鮮な空気であることになる。また，流出口までの時間を空気余命という。さらに，空気齢と空気余命の和を空気の寿命といい，流入口から流出口までたどり着くのに要する時間のこととなる。

室内全般に新鮮空気を行き渡らせたい場合には，均一の空気齢が望ましい。一方，大空間の居住域のみを対象とする場合や床付近の居住域のみを清浄にしたい場合には，対象とする居住域の空間内で空気齢を均一にすれば良い。

(2) 換気の方法

換気の方法は，機械力によらない自然換気と機械力を用いる機械換気に大別される。

自然換気は，建物の壁や屋根に設けた開口部から空気を流入・流出させるもので，自然の風や室内外の温度差を利用している。自然風による換気は，建物周囲が風により圧力分布（風圧係数）が生じ換気の駆動力になる。建物内外の温度差による換気は，室内外の空気温度による空気密度の差と開口部の高さの違いで，圧力差が生じ換気の駆動力となる。これを，煙突効果という。

機械換気は，送風機等を利用する換気方式で，給気と排気の設置方法によって，図1.5に示す3種の方法がある。また，機械換気と自然換気を併用したハイブリッド換気が行われる場合もある。

① 第1種機械換気方式

給気用送風機と排気用送風機を用いる方式で，

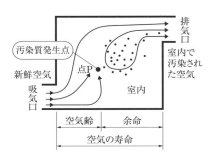

図1.4　空気齢と空気余命の概念
（空気調和・衛生工学会：建築環境工学・建築設備工学入門，自然換気の仕組みと基礎）

最も確実な給排気が行える。給排気風量のバランスにより，圧力制御も可能である。空気調和設備を含む場合が多い。住宅で使用する場合には，全熱交換器を用いることができる。

② **第2種機械換気方式**

給気用送風機と排気口を用いる方式で，室内は給気側に対して正圧になる。室内空気が周囲に拡散しても問題がない場合に採用される。給気にフィルタを設ければ，清浄な空気を供給することで，清浄な空間を作り出すことができる。また，ボイラー室など酸素の必要な室に対しても用いられる。ただし住宅においては，室内の水蒸気が壁体内に流入し，壁体内部結露を生じる危険があり，この方式は敬遠されている。

③ **第3種機械換気方式**

給気口と排気用送風機を用いる方式で，室内は排気側に対して負圧になる。室内で発生する蒸気，汚染物質，臭気などが室周囲に対して影響がある場合に採用される。給気は，給気口やすきまを通じて，周囲より流入するため，外部の汚染から防御したい室の換気には不適切である。駐車場・工場・作業場等のほかに小規模建築，住宅に多い。住宅においては，各居室の給気口から確実に給気するために，各室の気密性を高め，給気口の設置，排気までの流路を確実に確保する必要がある。また，住宅に使用する場合に，給気口から外気が直接入ってくるため，冬季においては室に冷気が直接侵入してくることになる。そのため，給気口の位置については配慮が必要となる。

(3) 自然換気の流量

開口部の流量については，先述したベルヌーイの定理から導き出すことができる。空気が開口部を通過すると圧力損失が発生するが，開口部の形状によって異なってくる。開口面を通過する換気量 Q [m³/s] は，表1.3に示す流量係数 α を用い，速度に開口部面積 A [m²] を乗じることで，以下のように表せる。

$$Q = \alpha A \sqrt{\frac{2}{\rho} \Delta p} \qquad (1 \cdot 9)$$

ρ ：流体の密度 [kg/m³]

Δp ：開口面両側の圧力差 [Pa]

この式を用いることにより，各条件における換気量を見積もることが可能となる。なお，α は，開口の形状などにより決定する係数であり，αA は実効面積または相当開口面積と呼ばれる。

実際の居室の換気量を求めるためには，給気と排気の位置関係を考慮に入れて，多数の開口を合計した総合開口面積を算出する必要がある。並列開口については，図1.6のように前面に

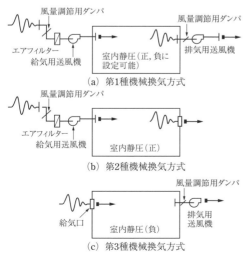

図1.5 換気方式

表1.3 開口部の形状と流量係数

名 称	形 状	流量係数 α
通常の窓		0.65〜0.7
ベルマウス		0.97〜0.99
鎧 戸	β 90° 70° 50° 30°	0.70 0.58 0.42 0.23

（空気調和・衛生工学会：建築環境工学・建築設備工学入門）

かる圧力を p_o とし，その下流側の圧力を p_i とすれば，各開口部の換気量 Q_1, Q_2, Q_3 を加えた Q は，下記のようになる。

$$Q = Q_1 + Q_2 + Q_3$$
$$= (\alpha_1 A_1 + \alpha_2 A_2 + \alpha_3 A_3)\sqrt{\frac{2}{\rho}(p_o - p_i)}$$
(1・10)

図1.7のような2部屋ある直列開口については，風上開口面にかかる圧力を p_o，風上側より1つ目の部屋と2つ目の部屋の圧力を p_{i1}，p_{i2}，下流側の圧力を p_2 とすると，換気量 Q は次式のようになる。

$$Q = \frac{1}{\sqrt{\frac{1}{(\alpha_1 A_1)^2} + \frac{1}{(\alpha_2 A_2)^2} + \frac{1}{(\alpha_3 A_3)^2}}}$$
$$\sqrt{\frac{2}{\rho}(p_o - p_2)} \quad (1 \cdot 11)$$

となる。よって，総合開口面積は，次のようになる。

$$\alpha A = \frac{1}{\sqrt{\frac{1}{(\alpha_1 A_1)^2} + \frac{1}{(\alpha_2 A_2)^2} + \frac{1}{(\alpha_3 A_3)^2}}}$$
(1・12)

図1.8のように直列開口と並列開口の混在する場合には，換気量 Q は次式となる。

$$Q = \frac{1}{\sqrt{\frac{1}{(\alpha_1 A_1)^2} + \frac{1}{(\alpha_2 A_2 + \alpha_3 A_3)^2}}}\sqrt{\frac{2}{\rho}(p_o - p_2)}$$
(1・13)

室内が外気よりも暖かい場合には，室内外の空気の密度差により下部開口部から外気が入り，上部開口部から室内空気が出ることを温度差換気と呼ぶ。図1.9に温度差換気の状態について示す。

換気量 Q は，総合開口面積を直列開口とすると，次式となる。

$$Q = \alpha A\sqrt{\frac{2}{\rho}\Delta p}$$
$$= \frac{1}{\sqrt{\frac{1}{(\alpha_1 A_1)^2} + \frac{1}{(\alpha_2 A_2)^2}}}\sqrt{\frac{2}{\rho}(p_o - p_i)gh}$$
(1・14)

外気の絶対温度 $T_o : t_o + 273$，室内の絶対温度 $T_i : t_i + 273$ とすると，空気密度と絶対温度には，$\rho_o T_o = \rho_i T_i$ の関係があることから，次式のようになる。

$$Q = \frac{1}{\sqrt{\frac{1}{(\alpha_1 A_1)^2} + \frac{1}{(\alpha_2 A_2)^2}}}\sqrt{\frac{2g(t_i - t_o)h}{t_i + 273}}$$
(1・15)

この式から，温度差及び開口部高さの平方根に比例して換気量が増加することがわかる。冬期の暖房時には温度差が大きくなるため，冷気が開口部から多く流入することになる。一方，夏期の冷房時にはこの逆の現象が起こり，上部から下部への流れが形成されるが，温度差が小さいことからさほど問題とならない。また，開口部高さが影響することから，温度差換気の顕著な影響があるのは，吹き抜けのある高層建物になる。室内外温度差がわずかであっても，開口部の高さの差が大きくなるため，大きな圧力差が生まれる。

建物に風が吹き付けると，外壁に圧力分布が生じ，建物外壁と室内の圧力差によって，隙間

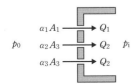

図1.6 並列開口の設定条件

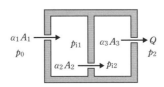

図1.7 直列開口の設定条件

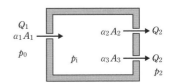

図1.8 直列開口と並列開口の条件

や開口があれば風力による換気が起きる。これを風力換気と呼ぶ。一般に、風上側面では正圧に、風下側面では負圧になる。

図 1.10 に示すように、風力換気による換気量 Q_w は、総合開口面積 αA を用いて、風速 v [m/s] と風圧係数 C を用いると、次式になる。

$$Q_w = \alpha A \cdot v \sqrt{(C_1 - C_2)} \qquad (1 \cdot 16)$$

ここで、C_1 は風上側の風圧係数、C_2 は風下側の風圧係数である。

自然換気の換気量は、温度差と風力による合力によって生じる。暖房時においては同じ方向に、冷房時においては打ち消しあう効果となる。よって、暖房時にはそれぞれの圧力差を足し合わせれば良いので、下記のような式により表現することができる。

$$Q = \alpha A \sqrt{\frac{2}{\rho_o}(p_o - p_i)gh + v^2(C_1 - C_2)}$$

$$(1 \cdot 17)$$

1.1.4 室内空気質と人の健康

室内空気による健康被害については、1970年代前半におけるオイルショックが一つの原因となっている。建築物においては、空調設備による使用エネルギーが多く、効率的なエネルギーの消費が求められた。そのため、換気量の低減が図られたことから、一旦室内で発生した汚染物質は、室内において滞留し、外気との入れ替わりが少なくなり、汚染物質を多く含む室内特有の空気となった。

欧米諸国では、室内がカーペットや什器など接着剤を多用したもので構成されたことから、室内における空気環境が特に悪化し、その労働者が不定愁訴を訴えることが数多く発生した。このようなビルは、省エネルギー対策のために換気量を削減し、気密性を高くし、室内にはカーペットなど接着剤を多用したものとなっていたのが特徴であった。

さらに下記の3つの要件を満たしているとそのビルは、シックビルディング症候群（シックビル症候群）と呼んだ[1]。

・そのビルの居住者の 20% 以上が急性の不快感に基づく症状の訴えを申し出る。

・それらの症状の原因（因果関係）は必ずしも明確ではない。

・それらの症状のほとんどは、当該ビルを離れると解消する。

また、世界保健機関（WHO）では、オフィスビルの労働者に見られる健康被害の観点から、下記のような粘膜刺激症状を主とする症状で定義している。

・眼球結膜・鼻粘膜・咽頭粘膜刺激症状

・粘膜の乾燥

・皮膚の紅斑・じんましん・湿疹

・疲れやすい

・頭痛・気道感染の頻発

・息がつまる感じ・喘鳴

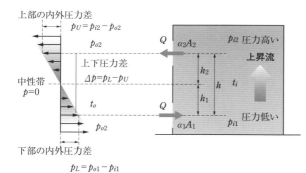

図 1.9　温度差換気による状態

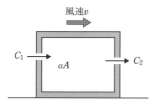

図 1.10　風力換気の条件

・非特異的な過敏症

・めまい・嘔気・嘔吐

　一方，住宅においては，シックハウス症候群として室内空気質悪化による健康被害があった。住宅の新築や改装工事後，住宅建材から室内に発生する化学物質，特に揮発性有機化合物を代表とし，さらにはカビやダニなど居住者が生活しながら発生する汚染物質によって，その居住者が体調不良または健康障害を引き起こすことである。主な症状としてはシックビル症候群と同様に，頭痛，喉の痛み，眼の痛み，鼻炎，嘔吐，呼吸器障害，めまい，皮膚炎などが挙げられている。シックハウス症候群については，従来の日本の住宅では夏場の通風を良くした，畳，漆喰壁の住まいから，現在のフローリングや壁紙など建築室内で接着剤を多用する内装材料が多くなり，化学物質の発生量が増加したことに加え，住宅の高気密化により自然換気が行われなくなったため，室内空気質が悪化したことにある。その後の建物側での材料の選択や換気装置設置の義務化などの法整備で，沈静化したものと考えられている。しかしながら，シックハウスに悩む患者は決して減ってはないとも言われている。

　室内空気汚染物質としては，ガス状物質と粒子状物質に分けられる。この分類には，室内汚染対策としてガス状物質は外気による希釈，粒子状物質は換気と共に空気清浄機などのエアフィルタによる除去が主となること，また測定方法の違いもあることからこの分類は都合が良い。ガス状物質の中には，一酸化炭素や二酸化炭素の他に，シックハウス症候群の主原因となっているホルムアルデヒドやトルエンなどの揮発性有機化合物（VOC：Volatile Organic Compounds）などがある。粒子状物質としては，生物と非生物物質に分けられ，生物物質の中には真菌，細菌，ウイルス，アレルゲンなどそれ自体で人に影響するものがある。これらの物質

が微量ではあるものの，長期にわたり曝露されることにより，急性の中毒とは異なった「シックビル症候群」，「シックハウス症候群」，「化学物質過敏症」などの症状を引き起こす可能性がある。

　建築物における衛生的環境の確保に関する法律（建築物衛生法）は，多数の者が使用・利用する建築物の維持管理に関して，環境衛生上必要な事項等を定めることにより，その建築物における衛生的な環境の確保を図ることを目的としたものである。対象とする建築物は，特定建築物と呼ばれ，興行場，百貨店，店舗，事務所，学校等で不特定多数の人が使用する，一定以上の規模の建築物となっている。これには，建築物環境衛生管理基準として，空気環境の調整，給水及び排水の管理，清掃，ねずみ，昆虫等の防除その他環境衛生上良好な状態を維持するのに必要な項目について定めている。空気環境に関しては，表1.4に示すように，浮遊粉じん，一酸化炭素，二酸化炭素（炭酸ガス），ホルムアルデヒドに加え，温熱環境に関する温度，相対湿度，気流が定められている。この中で，浮遊粉じんについては，室内での喫煙の影響を，一酸化炭素については喫煙と燃焼器具からの影響を考慮したものである。二酸化炭素については，基準値が1,000 ppmとなっているが，この濃度で人への影響がある訳ではなく，換気の指標として用いられている。室内に人がいれば，

表1.4　建築物環境衛生管理基準

項目	基準値
浮遊粉じん	0.15 mg/m³ 以下
一酸化炭素	6 ppm 以下
二酸化炭素	1,000 ppm 以下
温度	18℃〜28℃
相対湿度	40%〜70%
気流	0.5 m/s 以下
ホルムアルデヒド	0.1 mg/m³ 以下

相当量の換気を行わなければこの基準値を守ることができない。オイルショックの1970年代に欧米で問題となった「シックビル症候群」が日本においてはさほど問題とならなかったのは，この法律により換気量が確保されていたのも要因の一つとなっている。なお，住宅に対してはこのような基準値はない。

シックハウス症候群の主原因とされた化学物質に関して，厚生労働省から，13物質の指針値及びTVOC（Total Volatile Organic Compounds）の暫定目標値について示している。これは前述した基準値とは異なり，法律として守らなければならない値ではない。しかしながら，一部の物質については，建築物衛生法および学校環境衛生基準に基準値として採用されている。

表1.5に化学物質の指針値について示す。ここで示した指針値は，室内に発生源がある物質を対象に，現時点で入手可能な毒性に係る科学的知見から，ヒトがその濃度の空気を一生涯にわたって摂取しても，健康への有害な影響は受けないであろうと判断される値を算出したものである。この指針値の設定には，指針値を満足

するような建材等の使用，住宅や建物の提供並びにそのような住まい方を普及啓発することで，多くの人たちが健康悪化を来さないようにすることができることを念頭に置いている。また，TVOCについては，当時国内の室内VOC実態調査の結果から，合理的に達成可能な限り低い範囲で決定したもので，健康影響から算定した値ではない。これは，VOC汚染を全体として低減させ，快適な室内環境を実現するための補完的指標のひとつとして提案されたものである。指針値の適用範囲については，特殊な発生源がない限り住宅に限らずすべての室内空間が対象となる。

表1.5　厚生労働省による室内化学物質の指針値

対象物質	指針値 [μg/m³]	対象物質	指針値 [μg/m³]
ホルムアルデヒド	100	テトラデカン	330
		フタル酸ジ-n-ブチル	17
トルエン	260	フタル酸ジ-n-エチルヘキシル	100
キシレン	200	
パラジクロロベンゼン	240	ダイアジノン	0.29
エチルベンゼン	370	アセトアルデヒド	48
スチレン	220	フェノブカルブ	33
クロルピリホス	1(0.1)	TVOC 暫定目標値	400

1.1 通風と換気（建築のパッシブデザイン） *43*

演習問題 1　人を対象（居室など）とする場合の換気量を，二酸化炭素の濃度を総合的指標として算定せよ。二酸化炭素の許容濃度は，建築物衛生法の **1,000 ppm** とする。1 人当りの二酸化炭素発生量は，人の活動の程度にもよるが，**0.02 m³/h・人**とし，給気中の二酸化炭素濃度は清浄外気の二酸化炭素濃度を **350 ppm** とする。

解答　　$Q_{\min} = M/(C_d - C_o)$

$Q_{\min} = 0.02/(1000 \times 10^{-6} - 350 \times 10^{-6})$

$\qquad = 30.8 \text{ m}^3/\text{h}$

室内の居住者 1 人当り毎時約 30 m³ の換気量が必要となる。

本節に関連する 1 級建築士問題

（1）換気量計算の応用問題

1　室容積 200 m³ の居室に 25 人の在室者がおり，換気回数 4 回で換気がなされているとき，定常状態におけるこの室内の二酸化炭素濃度として最も適当な値は，次のうちどれか。ただし，一人当たりの二酸化炭素発生量は 0.016 m³/(h・人) とし，在室者から発生した二酸化炭素は直ちに室全体に一様に拡散するものとする。また，外気の二酸化炭素濃度は 400 ppm とし，隙間風は考慮しないものとする。

（1）700 ppm 　　　（3）900 ppm

（2）800 ppm 　　　（4）1,000 ppm

《**解答**》　$C = C_0 + M/Q = 400 + (0.016 \times 25)/(200 \times 4) \times 10^6 = 900$

　　　　（3）が適当

2　容積が 100 m³ の室において，室内の水蒸気発生量が 0.6 kg/h，換気回数が 1.0 回/h のとき，十分に時間が経過した後の室内空気の重量絶対湿度として，最も適当なものは，次のうちどれか。ただし，室内の水蒸気は室全体に一様に拡散するものとし，外気の重量絶対湿度を 0.010 kg/kg(DA)，空気の密度を 1.2 kg/m³ とする。なお，乾燥空気 1 kg を 1 kg(DA) と表す。

（1）0.005 kg/kg(DA) 　　　（3）0.015 kg/kg(DA)

（2）0.010 kg/kg(DA) 　　　（4）0.020 kg/kg(DA)

《**解答**》　換気量は，$Q = 100 \times 1.0 = 100$ m³/h，空気の密度 1.2 kg/m³ であるから，

$100 = 0.6/1.2/(C - 0.010)$ より，$C = 0.5/100 + 0.010 = 0.015$ kg/kg(DA)

したがって，（3）が適当。

（2）自然換気に関する応用問題

3　外気温度 5℃，無風の条件の下で，図のような上下に開口部を有する断面の建築物 A・B・C がある。室内温度がいずれも 18℃ に保たれ，上下各々の開口面積がそれぞれ 0.4 m²，0.6 m²，0.7 m²，開口部の中心間の距離がそれぞれ 4 m，2 m，1 m であるとき，建築物 A・B・C の換気量 Q_A・Q_B・Q_C の大小関係として，正しいものは次のうちどれか。ただし，いずれの開口部も流量係数は一定とし，中性帯は開口部の中心間の中央に位置するものとする。なお，$\sqrt{2} \fallingdotseq 1.4$ として計算するものとする。

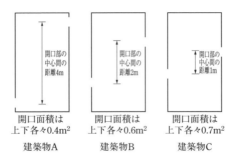

(1) $Q_A > Q_B > Q_C$ 　　(3) $Q_B > Q_C > Q_A$
(2) $Q_B > Q_A > Q_C$ 　　(4) $Q_C > Q_B > Q_A$

《解答》　温度差換気の問題である。開口部の流量は，開口部面積と流量係数に比例し，開口部内外の圧力差の平方根に比例する。温度差換気の比較は，面積×$\sqrt{高さ}$の比較で求めることができる。
A…$0.4 \times 2 = 0.8$，B…$0.6 \times 1.4 = 0.84$，C…$0.7 \times 1 = 0.7$ に比例するため，B＞A＞C　したがって（2）が正しい。

(3) 換気に関する問題

④　換気に関する次の記述のうち，最も不適当なものはどれか。
(1) 全般換気は，室全体の空気を入れ替えることにより，室内で発生する汚染物質の希釈，拡散及び排出を行う換気方式のことである。
(2) 第一種機械換気方式は，給気機及び排気機を用いるため，正圧に保つ必要のある室にも採用することが可能である。
(3) 風圧力によって室内を換気する場合，その換気量は，外部風向と開口条件が一定であれば，外部風速の平方根に比例する。
(4) 温度差による換気において，外気温度が室内温度よりも高い場合，外気は中性帯よりも上側の開口から流入する。

《解説》　風力換気は，外部風速に比例する。よって，（3）が最も不適当である。

⑤　空気寿命が一定の条件では，空気齢が小さいほど，室内のある点で発生した汚染物質が排気口に至るまでの時間は短くなる。（誤）

⑥　汚染空気が周囲から流入してはならない手術室やクリーンルーム等においては，第二種機械換気方式または室内の気圧を周囲より高くした第一種機械換気方式とする。（正）

⑦　住宅の全般換気をトイレ，浴室，台所等の水まわり部分からのファンによる排気によって行う場合，居室に設ける自然給気口は，温熱環境に影響を及ぼさないように，床面から 0.5 m 以下に設置することが望ましい。（誤）

《解説》　自然給気口を床に近いところに設置すると，冬期に床面近くに冷たい空気が滞留してしまうため，上部に設置した方が良い。

⑧　建築物が風圧力のみによって換気される場合，その換気量は，外部風向と開口条件が同じであれば，概ね外部風速に比例する。（正）

⑨　空気齢は，流入口から室内に入った所定量の空気が，室内のある地点に到達するまでに経過する平均時間である。（正）

1.2 日射調整（建築のパッシブデザイン）

1.2.1 日射と日照の基礎と建築計画

地球は，太陽からの光と熱のエネルギーの放射を受けている。地球大気の外側の太陽放射量のうち，雲などにより 30% は反射され，残りの 70% は大気圏内に入り，地表面に 51%，空気中の微量物質，雲などに 19% が吸収される。地表面に吸収された熱は，水の蒸発に伴う気化熱（23%），熱対流（7%），地表面からの熱放射（21%）の形で放出されるが，熱放射のうち，6% は大気を透過する。したがって，64% が大気の加熱に使われ，最終的に，熱放射となって大気から外界に放射される。

太陽放射は，光効果である**日照**と熱効果である**日射**があり，建築環境では重要項目となっている。大気圏外での太陽放射量を**太陽定数**といい，年平均 1,370 W/m^2 であり，図 1.11 のような分光分布をもっている。紫外線の大部分がオゾン層で吸収され，可視光線と赤外線は，大気中の水蒸気・二酸化炭素などにより特定波長域で選択的に吸収される。太陽放射のうち直接地上に到達する部分が**直達日射**であり，大気および微粒子で散乱され地上に達する部分が**天空日射**となる。

日照は，受照面に直達日射があたる状態を指す。このとき影になる部分を**日影**と呼ぶ。直達日射計や回転式日照計による観測値が 120 W/m^2 以上となる時間数を**日照時間**といい，任意の地域における可照時間に対する日照時間の割合を**日照率**と呼ぶ。日照率は冬の降雪や，梅雨の影響などを受けて低下し，地域や季節による差異が大きい。日照は人体のビタミン D 生成に関係があり，かつては東北地方の日本海側でくる病の多発が見られたが，現代では多彩な食物からの摂取により問題ではなくなっている。しかし，特に住宅建築の場合には，屋内の明るさ，暖かさ，乾燥による湿気の排除など，保健衛生上の観点から日照を確保することは建築計画における重要な課題の一つである。日照の確保が通風や眺望の確保と連動していることはいうまでもない。

1.2.2 太陽位置の算定

太陽位置は，**太陽高度** h と**太陽方位角** A（真南を 0°，西方向を +）によって定まり，観測点の緯度・経度，時刻などから計算される（図 1.12, 図 1.13）。ただし，時計の時刻は，東経 135° の明石を基点とする**日本中央標準時**

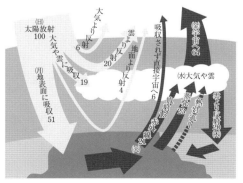
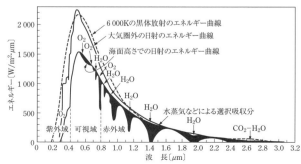

図 1.11　太陽放射の分光分布

によるものであるから，地域ごとに任意の時刻の太陽位置を知るためには，まず，この中央標準時を**真太陽時**（南中時を正午とする時刻体系）に置き換える必要がある。

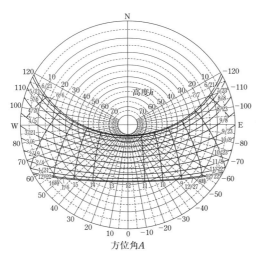

図 1.12　太陽位置図（北緯 35°，極射影）

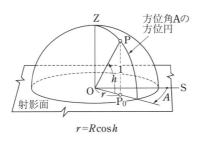

図 1.13　太陽位置

経度 L の地点の真太陽時と時角は，次式で表される。

$$t_h = T\,[時，分] + (L-135) \times 4\,[分] + e\,[分]$$
$$t = (t_h - 12) \times 15\,[°]$$

ここに，t_h：真太陽時［時］（算定結果は［時］で表した後，時角の式に投入）
　　　　T：日本中央標準時［時，分］
　　　　L：計算する地点の経度［°］
　　　　e：均時差［分］
　　　　t：時角［°］

この時の太陽位置は，三角関数の関係から次式により求まる。

$$\sin h = \sin\phi\sin\delta + \cos\phi\cos\delta\cos t$$
$$\sin A = \cos\delta\sin t / \cos h$$

ここに，h：太陽高度［°］
　　　　A：太陽方位角［°］
　　　　ϕ：計算する地点の緯度［°］
　　　　δ：太陽赤緯［°］

計算の際に用いる太陽赤緯と均時差のデータを表 1.6 に示す。

表 1.6　太陽赤緯と均時差のデータ

月日	太陽赤緯 °	′	″	均時差 m	s
1　1	−23	1	38	−3	18.2
1　11	−21	51	13	−7	41.7
1　21	−19	58	20	−11	9.1
2　1	−17	11	30	−13	29.4
2　11	−14	7	45	−14	12.5
2　21	−10	40	31	−13	40.1
3　1	−7	42	36	−12	26.2
3　11	−3	50	30	−10	9.1
3　21	+0	6	23	−7	21.0
4　1	+4	24	53	−4	2.1
4　11	+8	11	47	−1	11.4
4　21	+11	44	58	+1	10.4
5　1	+14	58	44	+2	50.7
5　11	+17	47	51	+3	37.5
5　21	+20	7	9	+3	26.9
6　1	+22	0	34	+2	16.1
6　11	+23	3	39	+0	28.8
6　21	+23	26	15	−1	39.7
7　1	+23	7	40	−3	44.7
7　11	+22	8	42	−5	26.0
7　21	+20	31	46	−6	24.0
8　1	+18	5	41	−6	21.9
8　11	+15	21	38	−5	18.0
8　21	+12	13	5	−3	17.4
9　1	+8	23	41	−0	10.9
9　11	+4	40	40	−3	9.7
9　21	+0	49	44	+6	43.0
10　1	+3	3	40	+10	9.1
10　11	+6	53	55	+13	6.0
10　21	−10	34	46	+15	15.9
11　1	−14	19	20	+16	23.7
11　11	−17	19	40	+16	1.6
11　21	−19	50	15	+14	16.5
12　1	−21	44	52	+11	11.8
12　11	−22	58	3	+7	1.3
12　21	−23	26	2	+2	13.0

1.2 日射調整（建築のパッシブデザイン）

法線面直達日射の算定には，次のBouguer の式がよく利用される。

法線面直達日射　$I_N = I_0 P^{\text{cosec}h}$

$$(1\cdot23)$$

水平面直達日射　$I_H = I_N \sin h$

鉛直面直達日射

$I_V = I_N \cos h \cos(A - A')$

ここに，$I_N,\ I_H,\ I_V$：W/m^2

　　　　P：大気透過率
　　　　I_0：太陽定数［1,370 W/m^2］
　　　　h：太陽高度
　　　　A：太陽方位角
　　　　A'：壁の方位角

天空日射の算定には，Berlage の式が用いられる。

水平面天空日射

$$I_{HS} = 0.5 I_0 \sin h \frac{1 - P^{\text{cosec}h}}{1 - 1.4 \log_e P}$$

鉛直面天空日射　$I_{VS} = \dfrac{1}{2} I_{HS}$　　$(1\cdot24)$

1.2.3　日影曲線と日照の知識

図1.14は，年間の水平面日影曲線である。水平面上のO点に，単位長の棒を垂直に立てた時の影の先端が1日に描く曲線を表しており，この図では夏至と冬至の日を南北の両端のカーブとして，これらに挟まれる年間の影の位置を知ることができる。

また，図1.15は**日影時間図**と呼ばれ，建物により影となる各ポイントの時間数を元にコンターを引いたものである。例えば，4時間日影線よりも建物寄りの位置では1日に4時間以上日影となることを示している。1日中影となる部分は**終日日影**，1年中影となる部分は**永久日影**と称されており，永久日影を回避したい場合は建物形状を検討する必要がある。

建物を東西に2棟配置するとき，両棟の間の北側に周囲よりも日影時間の長い**島日影**が出現する場合がある。このように，日影の検討では，新しく建築する建物だけでなく，既存の建物の状況も加えて影響を考察する必要がある。

図1.16の**日照図表**を用いると，計画する建物が特定の検討点に及ぼす日照の影響を知るこ

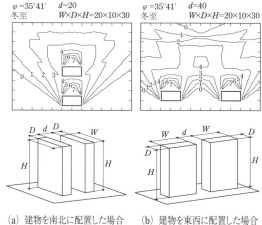

(a) 建物を南北に配置した場合　(b) 建物を東西に配置した場合

図1.15　日影時間図の例

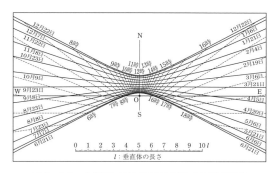

図1.14　年間の水平面日影曲線（北緯35°）

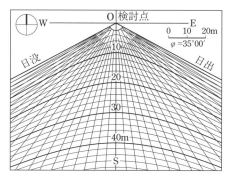

図1.16　日照図表

とができる。この図は，冬至など影が最も長くなる日について利用されることが多く，図 1.17 の例のように，検討点との位置関係と計画建物のそれぞれの高さを図表上に表すことで，検討点が影となる 1 日の時間帯を読み取れるものである。

集合住宅からなるニュータウンなどでは，建物が南北に並行して配置される場合がある。このとき，日照の観点からは，北側の建物 1 階の住戸における日照時間数が問題とされる。南北 2 棟の位置関係が図 1.18 のように表されるとき，D/H を**隣棟間隔係数**と呼び，北緯 35° では 1.8 のときに 4 時間日照が確保されることが知られている。

1.2.4 日射受熱量の算定・日射熱取得と遮蔽

日射は建物内の温熱環境に大きな影響を及ぼし，日射受熱によって冷房負荷および暖房負荷の大きさが左右されるため，建築計画における重要な要素の 1 つである。図 1.19 の壁面方位別日射受熱量からは，次のようなことが読み取れる。

夏至の時期に最も日射受熱が大きいのは水平面（ピークで約 900 W/m²）であり，それに次ぐのが東壁面と西壁面（ピークで 600 W/m² 弱，1 日では約 3 kW·h/(m²·日)）となっている。このときの南壁面の受熱量はピークで 200 W/m² 強，1 日でも約 1.5 kW·h/(m²·日) となっていることを考えると，夏季における建築物の日射受熱を減少させ冷房負荷を小さくする観点からは，東西の壁面・窓面はなるべく小さくし，南の壁面・窓面を大きくとるほうが有利であることがわかる。

また，東西の壁面を比較した場合，西向きの壁面は気温が上昇した午後から日射を受けること，壁体の蓄熱による貫流遅れのために夕方以降も壁面からの放熱が続くこと，などにより西側諸室のほうが温熱環境的に問題とされやすく，日射遮蔽対策も重点的に施されるべきであるが，日射受熱量自体は東西でほとんど差がない。

一方，冬至では南壁面（ピークで 800 W/m² 弱，1 日で約 5 kW·h/(m²·日)）の日射受熱が最も大きく，東西壁面（ピークで 500 W/m² 弱，1 日で 1.5 kW·h/(m²·日)）と比べて終日では 3 倍以上の受熱量となっている。暖房負荷を減ずる観点からも，南面を大きく，東西面をなるべく小さくしたほうがよいことがわかる。ただし，現代の建物は，情報機器などの集積に伴う内部発熱の増大により冬季でも冷房運転を行っているケースが多く，春秋の中間期の冷房負荷対策とあわせて南面の日射遮蔽対策も重要となる。

窓は眺望・採光・換気・通風など，建物の利用者に大きな快適性や機能性をもたらすもので

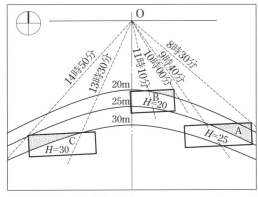

複数棟で高さが違う場合

図 1.17 日照図表による検討例

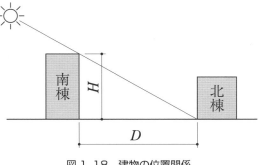

図 1.18 建物の位置関係

あるが，壁体と比較すると一般に単位面積当たりの熱貫流率が大きく，1桁程度相違する場合も多い。つまり，貫流熱の夏季の流入および冬季の流出を防ぐ熱的シェルター機能において窓は壁体に劣るとともに，窓ガラス面から入射する日射熱は暖房負荷を減少させるものの冷房負荷を増大させるという働きもしている。

このように，窓は建築躯体の中でも熱的に弱い部位であるがゆえに，冷暖房負荷を最小化するために窓面の日射調整を行う際や，ビルの省エネルギー化を検討する一環として窓ガラス・ブラインドおよびルーバーなど窓付属物を含めた仕様変更を図る際などには，ガラスに入射する日射熱の遮蔽の仕組みと，窓ガラスおよび窓付属物の遮蔽係数に関する知識をもっていることが重要となる。

図1.20に示すように，窓ガラス面に入射する日射には，透過する成分，反射される成分および吸収される成分の3つがある。これらのうち室内の熱取得となるのは，透過した日射熱と，吸収された日射熱のうち室内側に再放熱された熱の合計値である。フロート板ガラス6mm厚の例では，室内の日射熱取得は太陽からの入射エネルギーに対して84%であり，これを**日射熱取得率**あるいは**日射侵入率**と呼ぶ。3mm厚では88%となる。日射熱取得率はガラスの種類・厚さ，中空の空気層を含む複層化や金属膜コーティング層の有無などの構成等によって大きく相違する。

窓面の熱性能を表す重要な指標として**遮蔽係数**があり，次式で定義される。

$$遮蔽係数 = \frac{各種ガラスや窓付属物が付いた場合の日射熱取得}{3mm厚の透明フロート板ガラスの日射熱取得}$$

遮蔽係数を用いることによって，（3mm厚の透明フロート板ガラスの日射熱取得）を基準（1.00）とした場合の，（各種ガラスや窓付属物が付いた場合の日射熱取得）の比を，簡単に表示し理解することが可能となる。これは，窓面における日射熱取得の低減の検討に用いられる。数値の詳細については，1・5・2において紹介する。

また，窓面における日除けには，庇，ルーバー，ブラインド，サンスクリーン，オーニングなどがある。壁面外側に日除けを設置しにくい

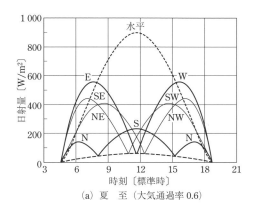

図1.19 東京における壁面方位別日射受熱量
（日本建築学会：建築環境工学用教材・環境編，丸善による）

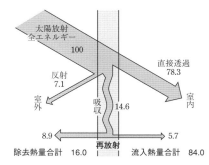

図1.20 ガラスの日射熱遮断蔽のメカニズム
（フロート板ガラス6mmの例）

建物では，遮蔽係数の大きい窓ガラスの選択や，内側ブラインドの設置を検討するが，建築化した比較的大規模な外部日除けを設置できる建物では，風通しと一定の眺望が確保できる利点を考え，ルーバータイプのものが利用されるケースが多い。

1.2.5 窓回りの複層化による外皮性能の向上

建築物のペリメータゾーンにおける熱負荷を軽減するために，ダブルスキンやエアフローウィンドーなどが計画される。窓回りを複層化することで，断熱性能が向上するとともに，冷房負荷対策として重要な日射遮蔽の役割を果たすことが期待されている。

一般に，図1.21に示す4タイプに分類される。**エアバリア**，**簡易型エアフローウィンドー**，**エアフローウィンドー**，**ダブルスキン**の4種である。

エアバリアは，窓の上下にファンを設置し，ガラス面とブラインドの間に空気を流すことで，外界と建物内部を熱的に遮断するエアのバリアを設ける方法である。排気ファンのみを設置するタイプや，夏冬で気流の向きを逆転させる運転タイプなど，様々なバリエーションがある。

簡易型エアフローウィンドーは，エアフローウィンドーがガラスを内外に設けるのに対し，内側をロールスクリーンとしたものを指して呼ばれる。通常，ガラス面とロールスクリーンの間にはブラインドが設置されるが，ロールスクリーンの性能や敷地・建物条件などを考慮して，省略することも可能である。

エアフローウィンドーは，室内の空気を取り込み2枚のガラスに挟まれた空間の高温空気を排気して，日射による冷房負荷を低減させるしくみである。ブラインドが設置される。

ダブルスキンは，建物外皮が2重のガラス面で構成され，基本的に複数階に渡って計画される。外ブラインドを設置するとともに，ガラス面の汚れに対するメンテナンス上の観点から，フロアごとにグレーチングが設置され，人が中に入って歩ける程の幅を取っている場合が多い。夏はダブルスキン上部の排気ファンで熱気を外へ抜き，冬はこの加熱空気を暖房の予熱空気として利用することもある。

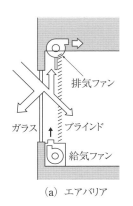
(a) エアバリア

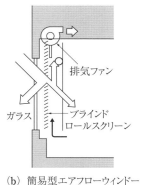
(b) 簡易型エアフローウィンドー

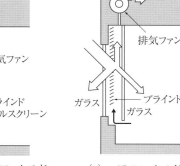
(c) エアフローウィンドー

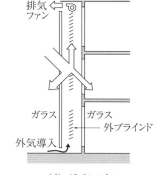
(d) ダブルスキン

図1.21 熱性能向上のための建築外皮

1.2 日射調整（建築のパッシブデザイン） *51*

演習問題2 水平面および鉛直面の日射量

6月21日の中央標準時14時00分における東京の(1)真太陽時，(2)太陽高度，(3)太陽方位角，(4)水平面直達日射，(5)水平面天空日射，(6)水平面全天日射を求めよ。次に，(7)西向き鉛直面直達日射を求めよ。

ただし，大気透過率 P は 0.7，太陽定数は 1,370 W/m^2 とし，天空日射量の算定には Berlage の式を用いること。ただし，東京の緯度は 35°41′，経度は 139°46′ である。

解答 (1) 真太陽時

$$t_h = 14 \ [時] + (139°46′ - 135°) \times 4 \ [分] - 1 \ [分] \ 40 \ [秒]$$

$$= 14 \ [時] \ 17 \ [分] \ 24 \ [秒] = 14.29 \ [時]$$

すなわち，時角 $t = 34.35$ [°]

また，表 1.6 より，太陽赤緯 $\delta = 23°26′15″ = 23.44$ [°]，$\phi = 35°41′ = 35.68$ [°]

(2) 太陽高度

$$h = \arcsin(\sin 35.68° \sin 23.44° + \cos 35.68° \cos 23.44° \cos 34.35°) \fallingdotseq 57.91 \ [°]$$

(3) 太陽方位角

$$A = \arcsin(\cos 23.44° \sin 34.35° / \cos 57.91°) \fallingdotseq 77.07 \ [°]$$

(4) 水平面直達日量

法線面直達日射 $I_N = 1370 \times 0.7^{(1/\sin 57.91°)} \fallingdotseq 899 \ [\mathrm{W/m^2}]$

すなわち，$I_H = 899 \times \sin 57.91° \fallingdotseq 762 \ [\mathrm{W/m^2}]$

(5) 水平面天空日量

$$I_{HS} = 0.5 \times 1370 \times \sin 57.91° \left((1 - 0.7^{(1/\sin 57.91°)}) / (1 - 1.4 \log_e 0.7) \right) \fallingdotseq 133 \ [\mathrm{W/m^2}]$$

(6) 水平面全天日射量 $\quad I = I_H + I_{HS} = 895 \ [\mathrm{W/m^2}]$

(7) 西向き鉛直面直達日射 $\quad I_{VW} = 899 \times \cos 57.91° \cos(77.07° - 90°)$

$$\fallingdotseq 466 \ [\mathrm{W/m^2}]$$

演習問題3 垂直ルーバーの設計

カーテンウォールのビルが東京に建っている。西向き外壁面外側に垂直ルーバーを取り付け，6月21日の14時まで，直達日射が窓面に当たらないようにしたい。

(1) 幅 200 mm の板材を，200 mm 間隔で設置するとき，この板材の角度は東西軸から何度，南に振ればよいか。

(2) 以上の条件下で，窓面から西の景色を望むとき，景色が見える割合を3割にしたい。板材の幅を何 mm とすればよいか。

ただし，算定上の安全側配慮のため，板材の厚さはここでは考えない。（ヒント：作図により求める。カーテンウォールのため太陽方位角のみ考慮。太陽高度は無視してよい。定規，分度器，コンパスなど使用）

解答 前の演習問題の結果を利用し，作図を行う．
(1) 図1.22より，約64°
(2) 図より，約290 mm

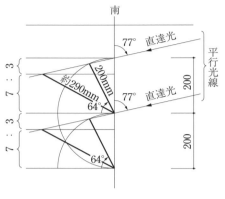

図1.22 演習問題3の作図

本節に関連する1級建築士問題

(1) 日射調整に関する正誤問題

① 日影図において日影時間の等しい点を結んだものを，等時間日影線という．（正）

② 夏至の日に終日日影となる部分を，永久日影という．（正）

③ 建築面積と高さが同じ建築物の場合，一般に，平面形状が正方形より東西に長い形状のほうが「4時間日影」の面積は大きくなる．（正）

④ 東西に二つの建築物が並んだ場合，それらの建築物から離れたところに島日影ができることがある．（正）

⑤ 南向き窓面に水平ルーバーを設けることは，日射・日照調整に有効である．（正）

⑥ ライトシェルフは，その上面で反射した昼光を室内の奥に導き，室内照度の均斉度を高める．（正）

⑦ 日射の温熱環境への影響を調整するために，建築物の西側に落葉樹を植えることは，一般に，夏期の日射遮蔽に効果的である．（正）

⑧ 西向き窓面に設置する縦型ルーバーは，一般に，日照・日射調整に有効である．（正）

⑨ 日影図の作成において，真太陽時の影の方向を測定することにより真北を求めることができる．（正）

⑩ 日照時間とは，ある点においてすべての障害物がないものと仮定した場合に，日照を受ける時間である．（誤）
 《解答》 これは可照時間の説明となっている．日照時間は，周囲の地形や天候の影響下で観測される．

⑪ 年間の水平面の日差し曲線を1枚の図としてまとめたものを，日照図表という．（誤）
 《解答》 日照図表は，最も影が長くなる冬至の日など，特定の日について作成される．

1.3 建築の伝熱と湿気・結露

1.3.1 建築の伝熱

建築外皮における太陽放射による熱の伝達，あるいは室内外で温度差がある場合の熱の流れなどについて，熱伝導，熱伝達，熱貫流，断熱といった概念を用いて述べる。

(1) 熱の流れ

熱は基本的に，温度の高い方から低い方へ移動する。熱の移動の形態は基本的に**熱伝導**，**熱対流**，**熱放射**の3つがある。図1.23のように壁をはさんだ両側に温度差がある場合，高温側から低温側に向かって熱が流れる。これを**熱貫流**という。熱貫流は，壁表面での熱のやり取りである**熱伝達**と，壁の内部を流れる熱伝導によって伝わる。熱伝達はさらに，**対流熱伝達**と**放射熱伝達**に分けられる。また，対流熱伝達と放射熱伝達を合わせて総合熱伝達という。

こうした熱の出入りを考えるとき，温度などが時間によって変化する過渡的な状態を**非定常状態**といい，一方，温度などが時間によって変化しない安定した状態を**定常状態**という。実際の状況では，外界気象条件が時々刻々と変化するため，定常状態となることは少ない。しかし，熱の流れの理解には定常状態が基礎となり，実務上でも非定常状態を定常状態に置き換えて考えることが多い。

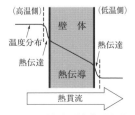

図1.23 壁を通した**熱貫流**

(2) 熱伝導

熱伝導は，熱エネルギーが主として固体中を高温部から低温部へ移動する現象である。固体は，構成原子が共有結合で互いに強く結び付いており，温度状態に応じた振動をしながら定位置を占めている。固体の一部が加熱されると，原子の振動が大きくなり，共有結合を通じて隣接する原子へと振動が伝わり，振動の大きさに応じて温度上昇が観察されることになる。

厚さd [m] の材料の両側に温度差 ($\theta_1 - \theta_2$) [℃] があるとき，温度勾配（壁1mあたりの温度差）に比例して熱の移動量が定まる。このとき，材料内部を流れる熱の移動量 q [W/m^2] は，材料の**熱伝導率** λ [W/(m・K)] に温度勾配を乗じた式（1・25）で表される。

$$q = \lambda/d \cdot (\theta_1 - \theta_2) \qquad (1・25)$$

ここに，q：熱の移動量 [W/m^2]
λ：熱伝導率 [W/(m・K)]
d：材料の厚さ [m]
$\theta_1 - \theta_2$：材料の両面の温度差

この熱伝導率は，建築材料の熱の伝わりやすさを示す重要な指標である。図1.24は，各種の建築材料の熱伝導率を密度との関係で示したグラフであり，全体として密度が小さい材料ほど熱伝導率も小さいことが表されている。熱伝導率が0.03～0.04 W/(m・K) の辺りにグラスウール等の**断熱材**のグループが分布し，これよりもおよそ1オーダー大きい0.1～0.2 W/(m・K) 辺りに木・畳のグループが存在している。さらに1オーダー大きい1～3 W/(m・K) 前後には，ガラス・タイル・コンクリートなどをはじめとする土石類が集まり，これより2オーダーほど離れて金属のグループが分布している。アルミニウムは金属の中では延伸性に富み，複雑な断面形状でも押出し成型が可能なことか

らサッシに多用されるが，熱伝導率が 210 W/(m·K) と大きく，外気温が低下する冬季に表面結露を生じやすい。近年はこの対策として樹脂を間に挟んだ断熱サッシが実用化されている。

(3) 熱伝達

固体表面においては，熱が対流と放射により伝達されるが，それぞれを**対流熱伝達，放射熱伝達**という。空気中の気体分子は固体分子と異なり，熱運動によって自由に動き回り，移動・衝突によって熱が伝えられる。これが**熱対流**による熱の移動プロセスである。また，物体表面と他の物体表面での電磁波による熱のやりとりが，**熱放射**による熱の移動プロセスである。なお対流には，温度差で生じる浮力による**自然対流**と，ファンなどの外部的な駆動による**強制対流**がある。

壁表面と空気との間における対流による熱移動量 q_c および，壁と物体間の放射による熱移動量 q_r は，式 (1·26)(1·27) で求められる。

$$q_c = \alpha_c(\theta_s - \theta_a) \qquad (1·26)$$
$$q_r = \alpha_r(\theta_s - \theta_r) \qquad (1·27)$$

ここに，q_c：単位面積あたりの対流による熱移動量 [W/m^2]
α_c：対流熱伝達率 [W/(m^2·K)]
θ_s：物体表面温度 [℃]
θ_a：空気温度 [℃]
q_r：単位面積あたりの放射による熱移動量 [W/m^2]
α_r：放射熱伝達率 [W/(m^2·K)]
θ_r：壁を取り囲む物体の温度 [℃]

対流熱伝達率は，室内側鉛直壁面（水平熱流）で 4 W/(m^2·K) 程度（自然対流熱伝達率），外気側（3 m/s 風速下）で 18 W/(m^2·K) 程度である。また，放射熱伝達率は内外ともに約 5 W/(m^2·K) である。

上記の対流熱伝達と放射熱伝達の式において，

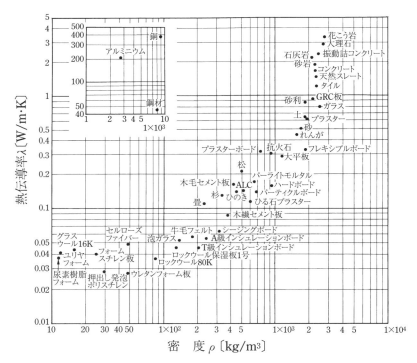

図 1.24　建築材料の密度と熱伝導率の関係
（日本建築学会：建築環境工学用教材・環境編による）

空気温度と壁を取り囲む物体の放射温度を同値とすれば，壁面での総合熱伝達は次のように整理できる。

$$q = (\alpha_c + \alpha_r)(\theta_s - \theta_a) = \alpha(\theta_s - \theta_a) \quad (1\cdot28)$$

ここに，q：単位面積あたりの対流と放射による熱移動量 [W/m²]
α：総合熱伝達率 [W/(m²·K)]

このαを**総合熱伝達率**という。通常，鉛直壁面の総合熱伝達率は室内側で 9 W/(m²·K) 程度，屋外側で 23 W/(m²·K) 程度として扱われることが多い。

(4) 熱貫流

建物の壁体をはさんで両側にある空気の温度が，時間によらず一定の定常状態にあるとき，室内側の空気温度が高いとして，室内側から外気側へと壁体を通じて流れる熱移動量，すなわち熱貫流量 Q は式（1・29）で表すことができる。

$$Q = K(\theta_{ai} - \theta_{a0}) = 1/R(\theta_{ai} - \theta_{a0}) \quad (1\cdot29)$$

ここに，Q：熱貫流量 [W/m²]
θ_{ai}：室内空気温度 [℃]
θ_{a0}：外気温度 [℃]
K：熱貫流率 [W/(m²·K)]
R：熱貫流抵抗 [m²·K/W]

熱貫流抵抗 R は，室内空気から壁体表面へ熱が伝わるときの熱伝達抵抗値と，壁体内部で伝わるときの熱伝導抵抗値，さらに，壁体表面から外気へと伝わるときの熱伝達抵抗値の合計であることから，式（1・30）となる。

$$K = \cfrac{1}{\cfrac{1}{\alpha_i} + \sum_j \cfrac{\delta_j}{\lambda_j} + r_a + \cfrac{1}{\alpha_o}} \quad (1\cdot30)$$

ここに，r_a：静止空気層の熱伝達抵抗 [m²·K/W]

このように熱貫流率は，壁体における単位面積当たりの熱の通しやすさを表しており，建築物の熱性能を表す一つの指標として重要である。

(5) 中空層（空気層）

中空層（空気層）は熱抵抗を有するため，複層ガラスなどに応用され，壁体の熱貫流率を小さくするのに利用されている。図 1.25 中，「鉛直空気層水平熱流」が鉛直壁の空気層の熱抵抗を表しており，厚さ 40 mm 前後のときに最大の熱抵抗値 0.18 m²·K/W が得られる。複層ガラスとしては，空気層厚さ 12 mm と 6 mm のタイプがそれぞれ市販されているが，新築住宅などでは 12 mm のタイプを採用した方が熱抵抗値が大きくなることは図から明らかであろう。薄い 6 mm タイプのものは，単板ガラスのサッシ枠をそのまま使用できるため，簡易なリフォーム工事などに適している。

中空層の空気が密閉状態ではなく，外部と通じている半密閉や有隙の状態では，密閉空気層に比較して熱抵抗値が 1/2～1/3 程度にまで低下する。また逆に，壁体内の中空層の片面にアルミ箔などの金属膜を施すと，放射熱伝達成分

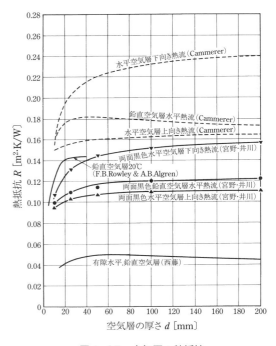

図 1.25 空気層の熱抵抗
（日本建築学会：建築環境工学用教材・環境編による）

56 第1章 空気・熱環境の設計と設備

が反射されるために熱抵抗値は1/3程度上昇する。

(6) 日射と相当外気温度

外壁など建築外皮に日射が当たると，外壁表面温度が上昇し，熱貫流が増加して室内環境に影響を与える。日射が当たった外壁から室内側へ流入する熱量 q は，式（1・31）で表される。

$$q = \alpha_0(\theta_a - \theta_s) + aJ \qquad (1 \cdot 31)$$

ここに，　q：外壁表面から流入する熱量
　　　　　　[W/m²]

　　　　　α_0：外壁面の屋外側総合熱伝達率
　　　　　　[W/(m²·K)]

　　　　　θ_a：外気温度［K］

　　　　　θ_s：外壁表面温度［K］

　　　　　a：日射吸収率

　　　　　J：外壁表面が受ける日射量
　　　　　　[W/m²]

式（1・31）を変形すると式（1・32）が得られる。

$$q = \alpha_0[(\theta_a + aJ/\alpha_0) - \theta_s] \qquad (1 \cdot 32)$$

式（1・32）の右辺の（　）内を**相当外気温度**（SAT：Sol-Air Temperature）という。日射が当たる外壁では，外気温を相当外気温度に置き換えて計算すれば，日射の影響を考慮した熱貫流量を求めることができる。

(7) 室温と熱負荷

室温は日射，照明や電化製品，人体等による熱の影響を受ける。室内の温熱環境を考える上で，日射や室内で発生する熱で室内が暖まる**熱取得**と，室内が屋外より高温になり室内の熱が屋外へ放出される**熱損失**を考慮することが大切である。夏季においては，日射や内部発熱に加え，壁や窓での熱貫流や換気も室温上昇に寄与する。冷房（または暖房）の稼働がない状態で熱取得と熱損失が行なわれた室温を，**自然室温**という。室温が上昇しないよう冷房する場合に要する熱量（または室内から取り除く熱量）を**冷房負荷**という。一方冬季においては，壁や窓

での熱貫流，換気により室内の熱が外気へ流出し，室温低下に繋がる。室温が低下しないよう暖房を行う場合に要する熱量を**暖房負荷**という。

(8) 熱損失

冬季などにおいて建物内の熱は，壁・床・天井等で熱貫流によって失われるとともに，換気によっても失われる。熱貫流と換気により損失する熱量を総合的に判断する指標として**熱損失係数**があり，次のように示される。

　　　熱損失係数＝総合熱貫流率/延べ床面積

$$\qquad\qquad (1 \cdot 33)$$

ここで**総合熱貫流率**とは，室内外の気温差が1℃のときの，熱貫流や換気（すき間風を含む）による建物全体の熱損失の和である。暖房時における外皮の熱性能を評価する指標として，**外皮平均熱貫流率**（U_A 値）[W/m²·K] があり，次のように示される。

　　　外皮平均熱貫流率＝単位温度差あたりの総
　　　　　　　　　　　　熱損失量/外皮表面積

$$\qquad\qquad (1 \cdot 34)$$

(9) 断熱性と熱容量

夏暑く，冬寒い日本においては，室内での熱的快適性を高めるにために，夏季は冷房，冬季は暖房を用いて，室温を一定に保つことが多い。冷暖房負荷を減らすためには，建物の断熱性を高めることが重要となる。断熱材を躯体の外側に設ける工法を**外断熱**，内側に設ける工法を**内断熱**という。鉄筋コンクリート造など熱容量の大きな建物においては，冬季暖房する場合，外断熱では暖房開始直後，熱が躯体に蓄熱されるため，室温上昇が遅くなる。しかし暖房停止後も部屋が冷めにくく，暖房効果が持続しやすい。

建物の温熱環境を考えるにあたり，室内外の熱の流出入に加えて，建物の**熱容量**を考慮することが重要である。熱容量とは，ある物体の温度を1K上昇させるのに必要な熱量のことであり，次のような関係が成り立つ。

熱容量［kJ/K］＝比熱［kJ/(kg・K)］×密度［kg/m³］×体積［m³］
(1・35)

コンクリートなど重くて厚い壁は，木の板壁などに比べて熱容量が大きく，熱しにくく冷めにくい材料といえる。図1.26に，建物の熱容量と断熱性による暖房開始・停止後の室温変化を示す。暖房開始時に着目すると，熱容量が大きい，または断熱性が悪い建物は，室温の上がり方が緩やかである。熱容量が小さく，断熱性が良い場合は，室温はすぐに上昇する。暖房停止後に着目すると，熱容量が大きい，または断熱性が良い建物は，室温の下がり方が緩やかである。熱容量が小さく，かつ断熱性が悪い場合，室温はすぐに低下する。

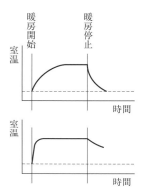

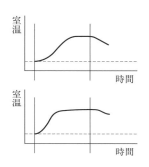

図1.26 熱容量・断熱性と暖房開始・停止後の室温変化
（出典　日本建築学会　建築設計資料集成1.環境　丸善1978年）

演習問題4　壁体貫流熱量

図1.27のような，3層からなる壁体の熱貫流率 K を求めよ。仕様は下表に示すとおりである。次に，室内が21℃，外気が3℃のとき，この壁体 50 m² を通じて失われる貫流熱量 Q を求めよ。

	厚さ [mm]	熱伝導率 [W/(m・K)]
鉄筋コンクリート	120	1.60
グラスウール	50	0.04
石こうボード	10	0.20

解答

$$K = \dfrac{1}{\dfrac{1}{23} + \dfrac{0.12}{1.60} + \dfrac{0.05}{0.04} + \dfrac{0.01}{0.20} + \dfrac{1}{9}}$$

$= 0.65$ ［W/(m²・K)］

$Q = 0.65 \times (21 - 3) \times 50 = 585$ ［W］

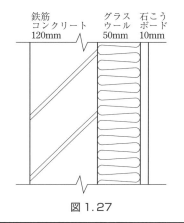

図1.27

演習問題 5 　壁体内温度分布

演習問題 4 の壁体について，壁体内温度分布を求めよ。

解答

	厚さ [mm]	熱伝導率 [W/(m²·K)]	熱抵抗 [m²·K/W]
① 外表面境界層	—	—	0.043
② 鉄筋コンクリート	120	1.60	0.075
③ グラスウール	50	0.04	1.250
④ 石こうボード	10	0.20	0.050
⑤ 内表面境界層	—	—	0.111
		(計)	1.529

1) ①—②間の温度は，

$$\frac{0.043}{1.529} \times (21-3) + 3 ≒ 3.5 \text{ [℃]}$$

2) ②—③間の温度は，

$$\frac{0.043 + 0.075}{1.529} \times (21-3) + 3$$

$$≒ 4.4 \text{ [℃]}$$

3) ③—④の温度は，

$$\frac{0.043 + 0.075 + 1.250}{1.529} \times (21-3) + 3$$

$$≒ 19.1 \text{ [℃]}$$

4) ④—⑤間の温度は，

$$\frac{0.043 + 0.075 + 1.250 + 0.050}{1.529} \times (21-3) + 3 ≒ 19.7 \text{ [℃]}$$

よって，壁体内温度分布は，図1.28のようになる。

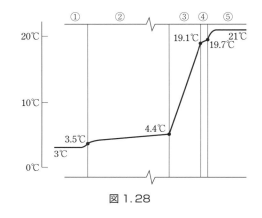

図 1.28

1.3.2 　湿気・結露

(1) 　湿度と湿り空気線図

空気は，水蒸気をまったく含まない**乾燥空気**に水蒸気を混合した**湿り空気**と捉えることができる。この湿り空気内の水蒸気量は，**相対湿度**，**絶対湿度**，または**水蒸気圧**などで表すことができる。これらの関係を空気温度（**乾球温度**）と組み合わせて示したグラフを**湿り空気線図**という（図1.29）。湿り空気線図は，大気圧が一定であれば，乾球温度，**湿球温度**，相対湿度，絶対湿度などのうち，どれか2つがわかれば，他のすべてを知ることができ，湿り空気の状態を把握できる。ここで乾球温度とは乾球温度計，つまりは普通の温度計が示す温度で，通常，気温のことをいう。湿球温度は，球部を湿ったガーゼで包んだ湿球温度計が示す温度のことである。絶対湿度 [kg/kg (DA)] とは，湿り空気に含まれる水蒸気の質量を指し，乾き空気1 kgに対する水蒸気の重量比となる。相対湿度 [%] は，湿り空気に含まれる水蒸気（水蒸気分圧）と，その空気が飽和状態になったときの

水蒸気（飽和水蒸気圧）との比となる。

密閉された空間内に水を放置すると，水は蒸発して水蒸気になるが，水蒸気の圧力がある一定の値に達すると，蒸発は見かけ上止まり，水と水蒸気の間に平衡状態が成立する。このときの空気を**飽和空気**，このときの水蒸気の量を**飽和水蒸気量**，圧力を**飽和水蒸気圧**または単に**蒸気圧**という。このとき相対湿度は 100% となる。飽和水蒸気圧は空気温度によって変化し，空気温度の上昇とともに急激に大きくなる。

(2) 結露

冬季，窓ガラスが曇ったり水滴がついたりする現象が起きる。これは室内の温度の高い湿り空気が，その空気の**露点温度**以下の冷たいガラスや壁に触れ，水蒸気として存在できず凝縮し，水滴となったためである。この現象を**結露**という。室内では人体からの水蒸気発生をはじめとして，入浴・洗濯・炊事，開放型暖房器具の使用など，さまざまな生活行為から水蒸気が発生しており，それらが結露や室内の湿気に起因する諸問題の元となっている。人体からは椅座安静時で室温により 30～60 g/h 程度の水蒸気発生がみられ，歩行時（4.8 km/h）には 190～280 g/h 程度と，数倍に増大する。また，生活行為による水蒸気発生量として，例えば灯油を用いた開放型暖房器具からは，灯油の消費量以上の水蒸気が発生し（例えば灯油 320 g の燃焼に対して水蒸気発生量は約 450 g），これにやかんをかけるなどの行為によって，室内の水蒸気発生量はさらに増大することになる。

結露は，室内における湿気の害の代表的な現象であるが，窓ガラスや金属製のサッシ枠，断熱性の低い外壁などで，目に見える室内表面に発生する結露を**表面結露**と呼ぶ。一方，壁内部

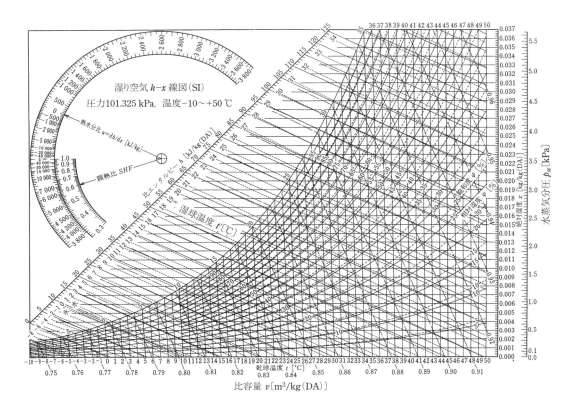

図 1.29 湿り空気線図
（空気調和・衛生工学会：空気調和・衛生工学便覧（第 13 版）による）

で発生する結露を**内部結露**という。結露の発生
は，木製部材の腐朽や繊維系断熱材の下がり・
無力化など躯体性能を損なうばかりでなく，カ
ビの発生につながり人間の健康への影響も問題
となる。結露を防止するには，以下の点に留意
する必要がある。

① 室内での水蒸気発生を抑制する。室内で発
　生した水蒸気は，換気により屋外へと排出
　する。
② 断熱性能の高い外壁・窓とし，その表面温
　度を室内空気の露点温度よりも高く保つ。
　窓下に放熱器を設置する。
③ 壁や窓の付近の空気を滞留させない。家具
　やカーテンの裏，押入などで通気を図る。

④ 壁体に**透湿抵抗**の高いポリスチレンフィル
　ムなどによる防湿層を設け，壁体内への水
　蒸気の流入を抑制する。（内部結露防止）
⑤ 壁体の屋外側に通気層を設け，水蒸気を屋
　外へ放出する。（内部結露防止）

　外壁面において断熱材が入っていない部分
（柱，梁も含まれる）や，壁体構成材の一部で
ある断熱材を，何らかの理由で他の熱伝導率の
高い材料が貫通している場合，これを**熱橋（ヒ
ートブリッジ）**と呼ぶ。冬期にはこの部分の室
内側表面温度が低下して，表面結露を生じやす
くなる。木造住宅の施工において，火打ち梁を
接合するボルトの頭をウレタン発泡スプレーで
処理するなどは熱橋対策の一つといえる。

1.4 温熱環境に対する人体生理と温冷感指標

1.4.1 人体生理と暖冷房に関する室内環境基準

(1) 体温調節とエネルギー代謝

人間は，体内での産熱と体外への放熱の収支がバランスすることによって，一定の体温を保ち，正常な生命活動を維持することができる。人体の細胞は，血液やリンパ液から必要な酸素や栄養を受け取り，代謝を行って老廃物を運び出すことにより生きており，体外の環境変化に関わらず，こうした生体恒常性を保とうとする生理反応が働く。寒ければふるえによって産熱量を増大させ，暑ければ発汗によって気化熱という形で放熱を増大させるなどの反応である。また，寒さ・暑さに対処するために衣服の着脱を行うことや，熱的シェルター機能を期待して家を建てるなどの行為は，行動性体温調節と呼ばれる。

摂取した食物がエネルギー源となって，人間は活動と産熱が可能となる。人間の産熱量をエネルギー代謝量といい，皮膚の単位表面積当たりで表す。椅座（椅子に腰掛けた状態）安静時のエネルギー代謝量は 58 W/m^2 である。

作業の強弱を表現するときには，エネルギー代謝率（Met）が使用される場合が多く，式（1・36）で表される。

$$\text{Met} = \frac{（任意の作業時のエネルギー代謝量）}{（椅座安静時のエネルギー代謝量）}$$

(1・36)

表 1.7 は，作業程度による人体放熱量を顕熱と潜熱に分けて示している。顕熱分は人体と環境との温度差により放熱される熱であり，潜熱分は汗の蒸発により放熱される熱である。たとえば，エネルギー代謝率が 1.0 Met の椅座安静時には，20℃ で顕熱放熱が 69 W/m^2，潜熱放熱が 21 W/m^2 となっているのに対し，28℃ では顕熱放熱が 44 W/m^2 へと低下する一方，潜熱放熱は 46 W/m^2 にまで増加し，潜熱による放熱量が顕熱を上回る。また，エネルギー代謝率が 3.7 Met の重作業では，20℃ でも潜熱放熱量のほうが顕熱放熱量を上回る様子が読みとれる（顕熱 164 W/m^2 に対し，潜熱 211 W/m^2）。

表の右欄の水分蒸発量をみると，1.0 Met の椅座安静時・20℃ では 31 g/h，28℃ では 66

表 1.7 エネルギー代謝率と人体放熱量・水分蒸発量

作業状態	適用建物	エネルギー代謝率 [Met]	放　　熱　　量 (W/m^2)										水分蒸発量 (g/h)				
			室内温度 20℃		室内温度 22℃		室内温度 24℃		室内温度 26℃		室内温度 28℃		室内温度 (℃)				
			顕熱	潜熱	顕熱	潜熱	顕熱	潜熱	顕熱	潜熱	顕熱	潜熱	20	22	24	26	28
椅座（安静時）	劇場，小・中学校	1.0	69	21	65	26	59	31	53	38	44	46	31	38	46	56	66
椅座（軽作業時）	高等学校	1.1	75	30	68	35	62	42	54	50	45	58	44	51	62	74	85
事務作業	事務所・ホテル	1.2	77	40	71	46	63	54	54	62	45	71	59	68	80	91	104
立　居	銀行・デパート	1.4	79	51	72	57	66	64	55	74	45	84	75	84	94	109	123
椅座（中作業時）	レストラン	1.2	86	56	80	62	71	71	60	82	48	95	82	91	104	121	140
椅座（中作業時）	工場	2.0	101	94	89	105	76	118	62	133	48	147	138	154	173	196	216
ダンス（中程度）	ダンスホール	2.2	110	110	97	122	84	137	68	152	56	165	162	180	201	223	243
歩行（4.8 km/h）	工場	2.5	125	132	113	147	88	162	83	176	68	191	194	216	238	259	281
重作業	工場・ボーリング	3.7	164	211	150	225	136	240	124	252	116	262	310	331	353	370	385

日本人とアメリカ人の男子の標準体表面積の割合 1.6 : 1.8（m^2）で換算した。女子は 0.85 倍，子供は 0.75 倍する
（日本建築学会，建築環境工学用教材・環境編による）

g/h であること，3.7 Met の重作業時・20℃ では 310 g/h に達することなどが示されている。

（2）　室内環境基準における温度と相対湿度

表 1.4 は，厚生労働省による建築物環境衛生管理基準を示している。2022 年 4 月に，温度の低温側の基準がそれまでの 17℃ 以上から，18℃ 以上へと，改正・施行された。WHO（世界保健機関）が，冬期の高齢者における血圧上昇に対する影響等を考慮し，室内温度のガイドラインにおける低温側の基準として 18℃ 以上を勧告したことを踏まえた措置である。これにより，温度の基準値は「18℃ 以上 28℃ 以下」となった。また，「居室における温度を外気の温度より低くする場合は，その差を著しくしないこと。」という規定は，以前より継続している。特に季節によって数値を定めている訳ではないが，人間の温冷感は，温度以外にも湿度や放射熱，気流，活動量や着衣量の影響を受けるため，季節や人間のおかれた状況によって，適切な温度管理を実施し，低温による冷房病や脳卒中の発症，高温による建材からの化学物質の発散などを抑制することが重要と考えられる。

相対湿度の基準値は，「40% 以上 70% 以下」と定められている。

1.4.2　人体の温冷感指標

人体の温冷感は，次の 6 つの要素によって左右される。

① 温度
② 湿度
③ 風速（室内では気流速度という）
④ 放射熱
⑤ 活動量
⑥ 着衣量

①〜④は人体がおかれた環境としての要素であり，⑤，⑥は人体の要素である。⑤の活動量は前項で示したエネルギー代謝率 Met で表現可能である。⑥の着衣量は衣服の熱抵抗を示す

clo 値（クロ値）で表される。気温 21℃，相対湿度 50%，気流速度 0.05 m/s 以下の室内で，人体からの放熱量が 1 Met のエネルギー代謝量と平衡し，温熱快適性を感じるときの衣服の熱抵抗 0.155 m²/(K・W) を 1 clo と定義している。背広姿で 1 clo 程度，半袖シャツ姿で 0.6 clo 程度である。

これまでに開発されてきた温熱快適性を表す代表的な指標には，ET，OT，ET*，SET*，PMV などがある。

有効温度（ET，Effective Temperature）は，実効温度とも呼ばれ，1923 年にヤグロー（Yaglou）とホートン（Houghton）によって提案された。任意の室内空気温度 θ_a，相対湿度 ϕ，気流速度 v の室があるとき，これと同じ温冷感となる相対湿度 100%，気流速度 0 m/s（無風の意味で，実際には 0.1 m/s 前後）の室の空気温度で表される。これら空気温度と快適範囲は，被験者実験を通じて定められた。

作用温度（OT，Operative Temperature）は，効果温度とも呼ばれ，1937 年にウィンスロウ（Winslaw）らによって提案された。式（1・37）で表される。

$$\mathrm{OT} = a\theta_a + b\theta_r \qquad (1・37)$$

ここに，θ_a：室内空気温度［℃］

θ_r：平均放射温度（MRT）［℃］

a：体感温度に対する対流の寄与の割合

b：体感温度に対する放射の寄与の割合

通常の暖房状態では，a＝b＝1/2 として，式（1・38）で作用温度を求める場合が多い。式をみれば分かるが，湿度の影響が反映されないので，発汗が意識されるような環境では用いられない。

$$\mathrm{OT} = \frac{\theta_a + \mathrm{MRT}}{2} \qquad (1・38)$$

また，図 1.30 に示すグローブ温度計を用い

てMRT（平均放射温度）を求める場合には，次式が用いられる。

$$\mathrm{MRT} = \theta_g + 2.35\sqrt{v}\,(\theta_g - \theta_a) \quad (1\cdot39)$$

ここに，
$\quad\theta_g$：グローブ温度［℃］
$\quad v$：気流速度［m/s］

グローブ温度計は，放射熱環境を簡易に測定するために用いられるもので，直径15 cmの中空の銅製球体に，放射率を1.0に近づけるために黒色艶消し塗装を施している。球の中心位置に棒状温度計の感温部や熱電対の先端を挿入して測定する。周壁からの放射熱と，気流による対流熱が平衡したときの温度を測定するため，設置後15分程度経過してから温度を読み取る。

次に，新有効温度（ET*，イーティースター）は，1971年にガジェ（Gagge）らによってASHRAEで提案された指標である。椅座安静時，着衣量0.6 clo，静穏な気流の状態を基準として，湿り空気線図上で相対湿度50%のライン上の室温として表される。

現在，よく用いられる温冷感指標としては，標準有効温度SET*と予測平均温冷感申告PMVがある。

標準有効温度（SET*，Standard Effective Temperature，エスイーティースター）は，実存環境（空気温度 θ_a ［℃］，平均放射温度 θ_r ［℃］，相対湿度 ϕ ［%］，気流速度 v ［m/s］）におかれた人間（代謝量 M ［Met］，着衣量 I ［clo］）が，ASHRAEの定める標準環境（相対湿度50%，気流速度0.1～0.15 m/s，代謝量1.1 Met，着衣量0.6 clo，平均放射温度は空気温度と同じ）に移動したときに，同様の温冷感が得られる空気温度で表されるものである。図1.31は，湿り空気線図上に，等SET*線とASHRAEの快適域を示している。

予測平均温冷感申告（PMV, Predicted Mean Vote）は，1970年頃ファンガー（Fanger）によって提案された。温冷感の6要素に基づき，−3から+3の範囲で算定され，表1.8の7段階尺度で表現される。また，PMVは予測不満足者率PPD（Predicted Percentage of Dissatisfied）と関連づけて表示され（図1.32），

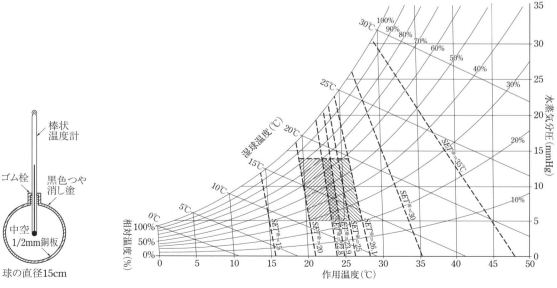

図1.30 グローブ温度計

図1.31 標準有効温度線図
（坂本雄三，建築熱環境，東京大学出版会）

PMV の快適域を $-0.5 \leq PMV \leq 0.5$ とするときでも，PPD は 10% 程度になることが知られている。

> **ASHRAE**（アシュレと呼ぶ。）米国暖房冷凍空調学会
> American Society of Heating, Refrigerating and Air-Conditioning Engineers

表 1.8 PMV における温冷感の 7 段階尺度

スケール (PMV)	温冷感カテゴリー
+3	hot
+2	warm
+1	slightly warm
0	neutral
-1	slightly cool
-2	cool
-3	cold

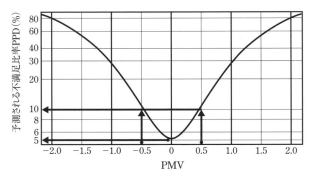

図 1.32 予測平均温冷感申告 PMV と不満足者率 PPD との関係
（坂本雄三，建築熱環境，東京大学出版会）

> **コラム　不快要因としての室内上下温度分布**
>
> 人体温冷感を左右する局部的な要因として，不均一放射，ドラフト，上下温度差，床温度の 4 つが指摘されている。このうち，上下温度差については，ISO-7730 において，腰掛けた状態の頭部の位置（床上 1.1 m）とくるぶし（床上 0.1 m）の温度差を，（上のほうが温度が高い場合に）3℃ 以内と推奨している。図 1.33 は，オルセン（Olsen）らによって提示された上下温度差と不満足者率との関係を表している。
>
>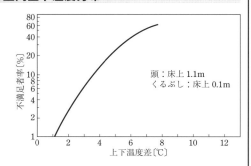
>
> 図 1.33 上下温度差と不満足者率の関係

1.4 温熱環境に対する人体生理と温冷感指標 **65**

本節に関連する1級建築士問題

（1）室内の温熱環境

1　室内の温熱環境に関する次の記述のうち，最も不適当なものはどれか。

（1）予測平均温冷感申告（PMV）の値が0に近づくに従って，予測不満足者率は（PPD）は高くなる。（誤）

（2）平均放射温度（MRT）は，グローブ温度，空気温度及び気流速度から求められる。

（3）冷たい壁面による不快感を生じさせないためには，放射の不均一性（放射温度の差）を10℃未満にすることが望ましい。

（4）着席安静時における日本人の平均的な体格の成人男性の代謝量は，約100 W/人である。

（2）温熱環境に関する正誤問題

1　エネルギー代謝率は，労働代謝の基礎代謝に対する比率で表され，人間の作業強度を表す指標である。（正）

2　作用温度（OT）は，一般に，発汗の影響が小さい環境下における熱環境に関する指標として用いられ，空気温度と平均放射温度の重み付け平均で表される。（正）

3　PMVは，室内における人の温熱感覚に関係する，気温，放射温度，相対湿度，気流速度，人体の代謝量及び着衣量を考慮した温熱環境指標である。（正）

4　着衣による断熱性能は，一般に，クロ［clo］という単位が用いられる。（正）

5　SET*が24℃の場合，温冷感は「快適，許容できる」の範囲内とされている。（正）

6　温熱6条件とは，気温・湿度・気流・熱放射・代謝量・着衣量のことである。（正）

7　グローブ温度計は，つや消し黒塗りの無発熱球の放射と対流とによる平衡温度を測定するものである。（正）

8　椅座安静状態における成人の単位体表面積当たりの代謝量は，約100 W/m²である。（誤）

　《解答》　単位体表面積当たりの代謝量は約58 W/m²である。（本文参照）

　　　　　1人当たりの代謝量は，体表面積（1.6〜1.8 m²/人）を乗じると，約100 W/人になる。

9　作用温度は，空気温度，放射温度及び湿度から求められる。（誤）

　《解答》　式（1・38）に示したように，作用温度は，空気温度と平均放射温度から求まる。湿度は関係しない。

10　新有効温度（ET*）は，人体の熱負荷に基き，熱的中立に近い状態の人体の温冷感を表示する指標である。（誤）

　《解答》　これは，PMVの解説文である。

1.5 冷暖房負荷と湿り空気線図

1.5.1 空気調和の基礎としての冷暖房負荷

人のいる空間を健康・快適に保ち，オフィス等であれば能率的に仕事ができる環境を整えるには，空気調和が必要となる。呼吸による二酸化炭素発生や，人体・什器などからの臭気及び化学物質等の発生に対応して換気が求められるし，前節で学んだ室内環境基準に定められる温度範囲，相対湿度範囲に保とうとすると，空気の冷却，加熱，さらには除湿，加湿が要求されるときがある。また，外気に含まれる粉じんや花粉の除去のためには，空気の清浄化（通常はエアフィルターの設置）も必要とされる。

(1) 室・空気調和機・熱源機の繋がり

建築物における室と空気調和設備の構成例を図1.34に示す。室を一定の温度や相対湿度に維持し，外気を取り入れるとき，季節や時間帯に応じて冷暖房負荷が発生する。図はダクト方式の例で，室内負荷に対して給気ダクトを通じて冷風あるいは温風を供給する。送風元が空気調和機（空調機）であり，新鮮外気を取り入れるとともに，室内からの還気も半分程度取り込んで，冷却あるいは加熱熱量の低減を図る。病院など，感染対策が必要な建物では，空気調和機への取入れを全量，新鮮外気とするケースがある（オールフレッシュと呼ばれる）。空気調和機内には，上流側から順に，エアフィルター，冷却器（冷却コイル），加熱器（加熱コイル），加湿器，送風機が設置される。梅雨時などに冷却除湿を行った後，そのまま室に空気を送ると寒く感じられる場合があることから，除湿後の加熱を考慮して，コイルの順番は冷却器，加熱器とするのが一般である。

これら冷却器と加熱器には，熱源機から冷水，温水がポンプを介して送水されている。図の例

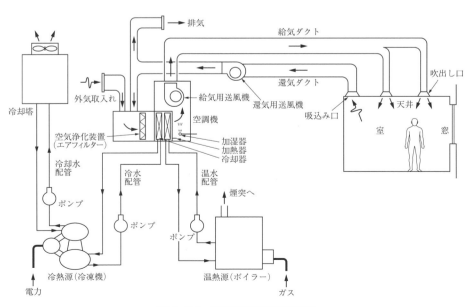

図 1.34 空気調和設備の構成例
（空気調和・衛生工学会編 「空気調和・衛生設備の知識」改訂2版による）

では,冷熱源として冷凍機,温熱源としてボイラーが置かれ,冷凍機は屋上の冷却塔と繋がっている。

(2) 熱負荷の構成と要素

表1.11に冷暖房負荷計算を行う際の,負荷の要素名を整理している。3つに大別されており,室内負荷は室で発生する熱負荷,装置負荷は空気調和機段階での熱負荷,熱源負荷は熱源機における熱負荷である。

表1.11 冷暖房負荷計算の要素

	負荷構成要素		冷房側	暖房側
室内負荷	ガラス窓透過日射熱負荷		○	△
	貫流熱負荷	壁体(SH)	○	○
		ガラス窓(SH)	○	○
		屋根(SH)	○	○
		土間床・地下壁(SH)	×	○
	透湿熱負荷(LH)		△	△
	すきま風熱負荷(SH, LH)		○	○
	室内発熱負荷	照明(SH)	○	△
		人体(SH, LH)	○	△
		器具(SH, LH)	○	△
	間欠空調による蓄熱負荷(SH)		△	○
装置負荷	室内負荷(SH, LH)		○	○
	送風機による熱負荷(SH)		○	×
	ダクト通過熱負荷(SH)		○	○
	再熱負荷		○	―
	外気負荷(SH, LH)		○	○
熱源負荷	装置負荷		○	○
	ポンプによる熱負荷		○	×
	配管通過熱負荷		○	○
	装置蓄熱負荷		×	△

(空気調和・衛生工学会,空気調和衛生工学便覧による)

図1.35を参照すると分かり易いように,室内負荷は装置負荷(空調機負荷とも呼ばれる)に含まれ,次に装置負荷は熱源負荷に含まれることから,3者の大小関係は次のようになる。

　　室内負荷 ＜ 装置負荷 ＜ 熱源負荷

(3) 室内負荷

表1.11の室内負荷をみると,ガラス窓透過日射熱負荷,貫流熱負荷,透湿熱負荷,すきま風熱負荷,室内発熱負荷,間欠空調による蓄熱負荷の6要素から成っている。貫流熱負荷は,壁体,ガラス窓,屋根,土間床・地下壁などの部位ごとに算定し,また,室内発熱負荷は,照明,人体,器具に分けて積算する。

表には冷房側と暖房側に分けて,○△×印が付されている。○は必ず算定する要素,△は算定しない場合がある要素,×は算定しない要素を表現している。建物の最大熱負荷を算定し,空気調和機のコイルや熱源機の容量を定めたいとき,例えば,暖房負荷計算においてガラス窓透過日射熱負荷を算入すると,これは取得熱となって暖房負荷の値を下げることになり,雨天や曇天の日に空気調和システムの能力不足が生じると予測される。室内発熱負荷についても,同様の理由で△と表示されている。これを,熱負荷計算における安全側の判断,と呼ぶ。冷房負荷計算において,貫流熱負荷のうち土間床・地下壁が×表示となっているのは,通常の室内冷房設定温度26℃と比較して,土間床及び地

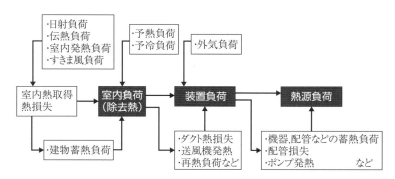

図1.35 熱負荷の包含関係

68 第1章 空気・熱環境の設計と設備

下壁の表面温度の方が低く，冷房負荷にならないためである。

ただし，冷暖房負荷計算は最大熱負荷を求めるためだけでなく，年間の冷暖房運転におけるエネルギー消費量や二酸化炭素排出量などをシミュレーションしたい場合にも行われる。そのときは，年間365日24時間（計8,760時間）の時刻ごとの負荷計算用気象データや，建物側の室使用スケジュールなどに従い計算されることから，表1.11で△印となっていた要素も含めて算定されることに留意しておく必要がある。

表中のSH，LHは，それぞれSensible Heat（顕熱），Latent Heat（潜熱）を表している。湿気の内外の移動や発生がある場合に，LHと表記されており，当然のことながら熱負荷計算では，顕熱分だけでなく，潜熱分についても別個に算定，積算される。

（4）　装置負荷（空調機負荷）

次に，表1.11の2段目，装置負荷についてみると，室内負荷の他に，送風機による熱負荷，ダクト通過熱負荷，再熱負荷，外気負荷から構成されている。数値的に大きいのは，室内負荷と外気負荷である。送風機はモーターであるから，自身が発熱して冷房時に熱負荷を生ずる。また，ダクトは断熱が巻かれているが，内外に温度差があれば通過熱負荷が発生する。再熱負荷は，冷却器で除湿冷却した後に，加熱する熱

表1.12　室内条件の負荷計算用基準値

	夏　期	冬　期
一般建物 （事務所など）	26℃（25〜27℃） 50%（50〜60%）	22℃（20〜22℃） 50%（40〜50%）
工業用建物 （工場など）	28℃（27〜29℃） 50%（50〜65%）	20℃（18〜20℃） 50%（40〜50%）

（空気調和・衛生工学会，空気調和衛生工学便覧による）

表1.13　主要都市における冷暖房設計用時刻別温湿度

地点	時刻		1	2	3	4	5	6	7	8	9	10	11	12	13	14	15	16	17	18	19	20	21	22	23	24	日平均
札幌	暖房用	乾球温度〔℃〕	-11.5	-11.9	-12.2	-12.7	-13.0	-13.1	-12.5	-11.7	-10.7	-9.7	-8.7	-7.9	-7.6	-7.5	-7.6	-8.0	-8.5	-9.0	-9.3	-9.6	-9.9	-10.3	-10.7	-11.1	-10.2
		絶対湿度〔g/g(DA)〕	.0009	.0009	.0009	.0009	.0008	.0008	.0009	.0009	.0010	.0010	.0010	.0010	.0010	.0010	.0010	.0010	.0010	.0009	.0010	.0010	.0010	.0010	.0009	.0009	.0009
	冷房用	乾球温度〔℃〕	23.5	23.2	23.1	23.2	23.5	24.1	25.4	26.8	28.2	29.2	30.1	30.5	30.8	30.7	30.3	29.4	28.4	27.3	26.4	25.5	24.8	24.4	24.0	23.8	26.5
		絶対湿度〔g/g(DA)〕	.0148	.0150	.0151	.0149	.0148	.0153	.0158	.0164	.0164	.0164	.0164	.0163	.0167	.0169	.0170	.0166	.0159	.0155	.0156	.0159	.0160	.0156	.0152	.0148	.0157
仙台	暖房用	乾球温度〔℃〕	-4.4	-4.7	-5.0	-5.3	-5.5	-5.5	-4.9	-4.0	-3.1	-2.4	-1.4	-0.7	-0.9	-1.1	-1.7	-2.3	-2.8	-3.1	-3.3	-3.9	-4.1	-3.3			
		絶対湿度〔g/g(DA)〕	.0017	.0016	.0016	.0016	.0016	.0016	.0016	.0017	.0017	.0017	.0017	.0016	.0016	.0016	.0016	.0016	.0017	.0017	.0017	.0017	.0017	.0016			
	冷房用	乾球温度〔℃〕	25.2	24.8	24.6	24.3	24.4	24.8	26.4	28.1	30.1	31.1	31.8	32.1	32.1	31.8	31.4	30.9	30.3	29.6	28.7	27.8	27.0	26.4	26.0	25.6	28.1
		絶対湿度〔g/g(DA)〕	.0174	.0172	.0171	.0171	.0171	.0173	.0176	.0181	.0184	.0186	.0187	.0189	.0187	.0186	.0184	.0183	.0182	.0181	.0180	.0180	.0178	.0177	.0177	.0176	.0179
東京	暖房用	乾球温度〔℃〕	0.3	-0.1	-0.4	-0.8	-1.1	-1.2	-0.7	0.0	0.3	1.7	2.4	3.1	3.3	3.4	3.3	3.2	3.0	2.8	2.4	2.0	1.6	1.3	0.9	0.6	1.3
		絶対湿度〔g/g(DA)〕	.0014	.0014	.0014	.0014	.0014	.0014	.0014	.0014	.0014	.0014	.0013	.0013	.0013	.0013	.0013	.0013	.0014	.0014	.0014	.0014	.0014	.0014	.0014	.0014	.0014
	冷房用	乾球温度〔℃〕	27.6	27.4	27.2	26.9	26.8	27.0	28.1	29.4	30.7	31.7	32.5	33.1	33.4	33.4	33.1	32.4	31.6	30.7	30.0	29.3	28.8	28.4	28.1	27.9	29.8
		絶対湿度〔g/g(DA)〕	.0184	.0184	.0183	.0183	.0184	.0184	.0184	.0185	.0185	.0186	.0187	.0189	.0187	.0186	.0185	.0185	.0186	.0186	.0186	.0186	.0186	.0185	.0185	.0185	.0185
大阪	暖房用	乾球温度〔℃〕	0.0	-0.2	-0.4	-0.7	-1.1	-1.1	0.5	0.4	1.3	2.1	2.8	3.4	3.7	3.8	4.0	3.9	3.6	2.7	2.1	1.5	1.0	0.7	0.4	0.2	1.3
		絶対湿度〔g/g(DA)〕	.0020	.0020	.0020	.0020	.0020	.0020	.0021	.0021	.0022	.0021	.0021	.0020	.0020	.0020	.0019	.0019	.0018	.0018	.0018	.0019	.0019	.0019	.0019	.0020	.0020
	冷房用	乾球温度〔℃〕	28.3	28.1	27.9	27.6	27.5	27.7	28.4	29.8	31.1	32.3	33.3	34.1	34.5	34.6	34.4	33.8	33.0	32.0	31.1	30.2	29.5	29.1	28.7	28.5	30.7
		絶対湿度〔g/g(DA)〕	.0185	.0185	.0184	.0184	.0184	.0185	.0184	.0185	.0186	.0186	.0186	.0186	.0186	.0186	.0186	.0185	.0186	.0187	.0189	.0189	.0187	.0186	.0185	.0185	.0185
鹿児島	暖房用	乾球温度〔℃〕	-0.2	-0.5	-0.8	-1.3	-1.7	1.7	-0.9	0.2	1.5	2.7	3.8	4.7	5.0	5.0	4.8	4.4	3.9	3.4	2.7	2.1	1.5	1.0	0.6	0.2	2.5
		絶対湿度〔g/g(DA)〕	.0025	.0024	.0024	.0024	.0024	.0024	.0024	.0026	.0026	.0026	.0025	.0024	.0024	.0024	.0024	.0024	.0024	.0024	.0025	.0025	.0025	.0025	.0025	.0025	.0025
	冷房用	乾球温度〔℃〕	28.0	27.9	27.8	27.6	27.6	27.7	28.4	29.2	30.2	31.2	32.9	33.4	33.7	33.6	32.9	32.1	31.1	30.3	29.6	29.0	28.6	28.4	28.2	30.3	
		絶対湿度〔g/g(DA)〕	.0199	.0199	.0198	.0198	.0198	.0198	.0201	.0203	.0206	.0207	.0208	.0208	.0207	.0205	.0204	.0203	.0202	.0201	.0201	.0201	.0201	.0201	.0201	.0202	
那覇	暖房用	乾球温度〔℃〕	10.9	10.9	10.9	10.8	10.7	10.7	11.0	11.4	11.8	12.0	12.1	12.2	12.3	12.3	12.3	12.1	11.9	11.8	11.7	11.6	11.4	11.2	11.0	11.6	
		絶対湿度〔g/g(DA)〕	.0046	.0046	.0046	.0046	.0046	.0046	.0046	.0047	.0048	.0048	.0048	.0048	.0048	.0048	.0048	.0047	.0046	.0046	.0046	.0046	.0046	.0046	.0046	.0047	
	冷房用	乾球温度〔℃〕	28.4	28.2	28.1	27.9	27.9	28.0	28.6	29.4	30.2	30.9	31.5	32.0	32.1	32.1	31.9	31.5	31.0	30.5	29.9	29.4	29.1	28.7	28.6	28.5	29.8
		絶対湿度〔g/g(DA)〕	.0213	.0213	.0213	.0213	.0212	.0212	.0212	.0213	.0214	.0215	.0216	.0217	.0217	.0217	.0216	.0216	.0215	.0214	.0213	.0213	.0213	.0213	.0213	.0214	

注　1）　暖房設計用温湿度：12〜3月におけるTAC（危険率）2.5%の値

　　2）　冷房設計用温湿度：（夏期）6〜9月におけるTAC（危険率）2.5%の値

　　3）　乾球温度と絶対湿度は，それぞれ単独にTAC処理（統計処理）したものであって，同時生起性は考慮していない。すなわち，両データを同時に使用して設計計算を行うことは安全側ということになる。

（空気調和・衛生工学会，空気調和衛生工学便覧による）

量を指している。

外気負荷は、室の冷暖房温湿度設定と、建物が立地する地域の外界条件との差により生ずるものであり、表1.12に室内の熱負荷計算用基準値を、また表1.13に、札幌、仙台、東京、大阪、鹿児島、那覇の緯度別6地点の冷暖房設計用時刻別温湿度の一覧表を示す。表下の注釈に示されているTAC温度（タックおんど）は、ASHRAEの技術諮問委員会（TAC）が定めた設計用外気温度のことである。一般に夏期・冬期の4か月間について、過去数年以上の毎時気温の累積度数に基づき、超過度数が2.5%以内などとなるように定められる。

(5) 熱源負荷

表1.11の3段目、熱源負荷についてみると、装置負荷の他に、ポンプによる熱負荷、配管熱負荷、装置蓄熱負荷がある。間欠空調では、熱源機が夜間などに停止している間に、冷凍機は昇温し、ボイラーは降温するなど、熱取得や熱損失が生じる。翌朝に熱源機が運転を開始すると、これらの熱が熱源負荷に上乗せされることになる。これが装置蓄熱負荷である。

1.5.2 室内負荷の計算方法

室内負荷の計算式を、表1.14に一覧表として示す。また、計算に必要な諸表を、表1.15～表1.20に掲げる。

(1) ガラス窓透過日射熱負荷

表中の算定式に示すように、ガラス窓透過日射熱負荷 q_{GR} は、ガラス窓標準日射熱取得 I_G に、遮蔽係数 SC、ガラス窓面積 A_G を掛けることにより求められる。

表1.15のガラス窓標準日射熱取得は、東京の夏期の数値を例示しており、実務では地域ごとの数値を参照できるようになっている。また、これは透明ガラス3mm厚のデータとして整備されており、ガラスの厚さの変更や窓附属物（ブラインドなど）の設置、窓面の複層ガラス

化には、表1.16に示される遮蔽係数の選択により対応する仕組みとなっている。遮蔽係数は、次式で定義される。

遮蔽係数＝（各種ガラスや窓付属物が付いた場合の日射熱取得）／（3mm厚の透明フロート板ガラスの日射熱取得）

ガラス窓標準日射熱取得（東京夏期）について、方位による時別最大値を抽出すると、東向きでは7時に603 W/m²、西向きでは16時に609 W/m² となっている。南向きガラス面では太陽高度が高くなり、ガラス面に対して斜めに日射が射し込むことから、12時の最大値でも180 W/m² 程度と、東西面の最大値のおよそ3分の1に留まることが理解される。

表1.16には各種ガラスの遮へい係数 SC と熱貫流率 K を、表1.17には透明ガラス3mmと各種日よけを組み合わせた場合の遮蔽係数 SC と熱貫流率 K を示している。設計条件に合わせ、適宜選択して負荷計算に使用する。

(2) 貫流熱負荷

貫流熱負荷は、ガラス窓のほかに壁体や、土間・地下壁についても計算する。原則、部位の熱貫流率とその面積、内外温度差を乗じて求められるが、冷房負荷計算を行うときは、日射熱を考慮する必要性から、内外温度差の代わりに実効温度差 ETD を用いる。表1.19に、東京における実効温度差 ETD を示す。表1.20は壁タイプⅠ～Ⅳの選定表である。タイプⅠからⅣに掛けて、実際の壁厚が厚くなるとともに、熱的性能も高くなっていく。例えば、タイプⅡの ETD で最大値を呈するのは、東向きの外壁では10時及び11時の19℃、西向きの外壁では17時及び18時の23℃ などとなっている。表1.15のガラス窓標準日射熱取得と比較して、ピークの時間帯が数時間、後ろにずれ込む点に注目する必要がある。

暖房負荷計算として、土間・地下壁の貫流熱負荷を算定するときは、表1.18の地表面より

70 第1章　空気・熱環境の設計と設備

表1.14　冷暖房負荷計算の方法

ガラス窓	日射取得熱量	$q_{GR}=I_G\,SC\,A_G$（冷房負荷計算）	q_{GR}：ガラス窓透過日射熱負荷 [W] I_G：ガラス窓標準日射熱取得 [W/(m²)]（表1.15） SC：遮蔽係数 [-]（表1.16　表1.17） A_G：ガラス窓面積 [m²]	顕熱
	貫流熱量	$q_G=K_G\,A_G\,\Delta t$	q_G：ガラス窓貫流熱負荷 [W] K_G：ガラス窓の熱貫流率 [W/(m²·K)] A_G：ガラス窓面積 [m²] Δt：室内外の温度差 [K]（表1.19タイプ0）	顕熱
外壁・屋根	貫流熱量	$q_{wo}=K_{wo}\,A_{wo}\,ETD$（冷房負荷計算） $q_{wo}=K_{wo}\,A_{wo}\,\Delta t$（暖房負荷計算）	q_{wo}：外壁・窓の貫流熱負荷 [W] K_{wo}：外壁・屋根の熱貫流率 [W/(m²·K)] A_{wo}：外壁・屋根の面積 [m²] ETD：実効温度差 [K]（表1.19, 20 壁方位・壁タイプ） Δt：室内外の温度差 [K]	顕熱
内壁	貫流熱量	$q_{Wi}=K_{Wi}\,A_{Wi}\,\Delta t$	q_{Wi}：外壁・窓の貫流熱負荷 [W] K_{Wi}：外壁・屋根の熱貫流率 [W/(m²·K)] A_{Wi}：外壁・屋根の面積 [m²] Δt：隣室との温度差 [K]	顕熱
土間・地下壁	貫流熱量	$q_e=K_e\,A_e\,(t_i-t_e)$（暖房負荷計算） $\dfrac{1}{K_e}=\dfrac{1}{\alpha_i}+\Sigma\,\dfrac{l}{\lambda}+\dfrac{l_e}{\lambda_e}$	q_e：土間・地下壁の貫流熱負荷 [W] K_e：土間・地下壁の熱貫流率 [W/(m²·K)] A_e：土間・地下壁の面積 [m²] t_i：室内温度 [K] t_e：暖房設計用地中温度 [K]（表1.18） α_i：土間・地下壁の室内側熱伝達率 [W/(m·K)] λ：土間・地下壁の熱伝導率 [W/(m²·K)] λ_e：土の熱伝導率 [W/(m²·K)] l：土間・地下壁の厚さ [m] l_e：熱的に影響する土の厚さ [m]	顕熱
すきま風	侵入熱量	$q_{is}=c_p\rho\Delta t\,Q_i$（顕熱） $q_{iL}=r\,\rho\Delta x Q_i$（潜熱）	q_{is}：すきま風による顕熱負荷 [W] q_{iL}：すきま風による潜熱負荷 [W] Q_i：すきま風風量 [m³/h]　$Q_i=nV$ Δt：室内外の温度差 [K] Δx：室内外の絶対湿度差 [kg/kg(DA)] ρ：空気の密度 [1.2 kg(DA)/m³] c_p：空気の定圧比熱 [1000 J/(kg·K)] r：水の蒸発潜熱 [2500 J/g] n：換気回数 [回/h] V：室容積 [m³]	顕熱 潜熱
内部発熱負荷	人体	$q_{ps}=N\,h_s$（顕熱） $q_{pL}=N\,h_L$（潜熱）	q_{ps}：人体からの顕熱負荷 [W] q_{pL}：人体からの潜熱負荷 [W] N：在室者数 h_s：人体からの顕熱発熱量 [W]（表1.8） h_L：人体からの潜熱発熱量 [W]（表1.8）	顕熱 潜熱
	照明	$h_E=kWf$	h_E：照明の発熱負荷 [W] k：照明発熱係数 W：照明ワット数 [W] f：器具使用率 [-]	顕熱
	機器	$h_{ES}=W_S\,f$（顕熱） $h_{EL}=W_L\,f$（潜熱）	h_{ES}：機器からの顕熱発熱負荷 [W] h_{EL}：機器からの潜熱発熱負荷 [W] W_S：機器発熱量（顕熱）[W] W：機器発熱量（潜熱）[W] f：機器使用率 [-]	顕熱 潜熱

1.5　冷暖房負荷と湿り空気線図　**71**

の深さに応じた地中温度 t_e と，表1.14中に示す片側が空気でなく地盤であるときの熱貫流率 K_e などを用いて算定を行う。

(3)　すきま風熱負荷

　すきま風熱負荷は，窓サッシの隙間や，扉の開閉により生ずるもので，外壁自体に隙間があ

るケースも含まれる。顕熱分と潜熱分に分けて算定される。顕熱分は，空気の定圧比熱，空気の密度，内外温度差，すきま風風量の積として求められる。また潜熱分は，水の蒸発潜熱，空気の密度，内外の絶対湿度差，すきま風風量の積で求まる。

表1.15　ガラス窓標準日射熱取得（透明ガラス3mm）　　　　[W/m²]

都市名 時期 (月/日)	方位	時刻														日積算
		5	6	7	8	9	10	11	12	13	14	15	16	17	18	
東京 夏期 (7/23)	日影	8	24	33	38	42	43	43	43	43	43	40	36	30	20	486
	水平	16	122	308	498	653	765	829	843	807	723	591	419	224	63	6862
	N	20	100	55	38	42	43	43	43	43	43	40	38	76	99	722
	E	43	480	603	591	491	319	121	43	43	43	40	36	30	20	2902
	S	8	24	33	40	77	131	171	180	157	108	56	36	30	20	1071
	W	8	24	33	38	42	43	43	50	202	400	543	609	572	349	2957

（空気調和・衛生工学会：空気調和衛生工学便覧第14版 1基礎編より抜粋）

表1.16　各種ガラスの遮へい係数 *SC*，熱貫流率 *K*

ガラス種別		遮へい係数 *SC*			熱貫流率 *K* [W/(m²·K)]	
		ブラインド なし	明色 ブラインド	中間色 ブラインド	ガラス	ガラス＋ ブラインド
単層ガラス	透明ガラス　3mm	1.00	0.54	0.66	6.47	5.06
	透明ガラス　6mm	0.96	0.53	0.63	6.29	4.95
	熱線吸収ガラス3mm	0.93	0.52	0.61	6.47	5.06
	透明膜熱線反射ガラス8mm	0.74	0.48	0.55	6.19	4.88
複層ガラス	透明ガラス3mm＋透明ガラス3mm	0.89	0.54	0.63	3.50	3.05
	熱線吸収ガラス3mm＋透明ガラス3mm	0.81	0.48	0.56	3.50	3.05

注）　複層ガラスの空気層の厚さはすべて6mmである。

表1.17　透明ガラス3mmと各種日よけを組み合わせた場合の遮へい係数 *SC* と熱貫流率 *K*

普通カーテン		遮光用カーテン		レース（白色）		障子		室内側反射ルーバ	
SC	*K*	*SC*	*K*	*SC*	*K*	*SC*	*K*	*SC*	*K*
0.66	5.81	0.39	5.93	0.71	4.88	0.52	5.58	0.89	5.47

（空気調和・衛生工学会 空気調和衛生工学便覧第14版 1基礎編による）

表1.18　暖房設計用地中温度（東京）

地表面よりの深さ〔m〕	1	2	3	4	5	6	8	10
地 中 温 度〔℃〕	5.1	9.0	11.3	12.7	13.5	13.9	14.4	14.6

（空気調和・衛生工学会：空気調和衛生工学便覧（3　空気調和設備設計篇）表2·8による）

72　第1章　空気・熱環境の設計と設備

表1.19　東京における実効温度差 *ETD*［℃］

壁タイプ	方位	1	2	3	4	5	6	7	8	9	10	11	12	13	14	15	16	17	18	19	20	21	22	23	24
タイプ0	—	2	1	1	1	1	1	2	3	5	6	7	7	7	7	7	6	6	5	4	3	3	2	2	2
タイプI	日影	2	1	1	1	1	1	2	3	5	6	7	7	7	7	7	6	6	5	4	3	3	2	2	2
	水平	2	1	1	1	1	7	14	21	27	32	35	36	35	32	28	22	15	8	4	3	2	2	2	2
	N	2	1	1	1	2	6	6	6	5	6	7	8	9	9	9	9	9	10	9	4	3	2	2	2
	E	2	1	1	1	2	17	23	24	22	18	13	9	9	9	9	8	7	5	4	3	2	2	2	2
	S	2	1	1	1	1	2	2	5	9	13	15	16	15	14	11	8	7	5	4	3	2	2	2	2
	W	2	1	1	1	1	2	3	5	6	8	10	17	22	26	27	25	17	4	3	3	2	2	2	2
タイプII	日影	2	2	2	2	1	1	1	2	2	3	4	5	6	7	7	7	7	6	6	5	4	4	3	3
	水平	3	2	2	2	1	2	4	9	14	19	25	29	32	33	32	30	26	21	16	11	8	6	4	3
	N	3	2	2	2	1	3	5	5	5	6	7	8	8	9	9	9	9	7	6	4	4	3	3	3
	E	2	2	2	2	1	3	9	14	18	19	19	16	14	12	11	10	9	8	7	6	5	4	3	3
	S	2	2	2	2	1	2	2	4	6	9	11	13	14	14	12	11	9	7	6	5	4	3	3	3
	W	3	2	2	2	1	1	2	3	5	6	9	12	16	20	23	23	20	14	10	7	5	4	4	3
タイプIII	日影	4	3	3	3	2	2	2	2	2	2	3	4	5	6	6	6	6	5	5	5	5	4	4	4
	水平	9	8	7	6	5	5	5	6	8	10	13	17	20	22	24	25	25	24	22	20	17	15	13	11
	N	5	4	4	3	3	3	3	3	4	5	6	6	7	7	7	8	8	8	8	7	6	6	5	5
	E	5	4	4	3	3	4	9	11	13	13	13	13	12	12	11	10	10	9	8	7	6	6	6	6
	S	5	4	4	3	3	2	3	4	6	9	10	10	10	10	9	8	8	7	6	6	6	6	6	6
	W	8	7	6	5	4	3	3	3	4	6	7	9	12	14	16	16	16	14	12	11	9	9	9	9
タイプIV	日影	4	4	4	4	3	3	3	3	3	3	3	3	4	4	4	4	4	4	4	5	4	4	4	4
	水平	14	14	13	12	11	11	10	10	10	10	11	12	13	16	17	18	18	18	17	17	16	15	14	15
	N	6	5	5	5	5	4	4	4	4	4	4	5	5	6	6	6	6	6	6	6	6	6	6	6
	E	8	7	7	7	6	6	6	6	7	8	9	10	10	10	10	10	9	10	9	9	9	8	8	8
	S	6	6	6	6	5	5	5	4	5	5	6	6	7	7	7	8	7	8	7	7	7	7	7	7
	W	10	9	9	8	8	7	7	6	6	6	6	7	8	9	10	10	11	11	11	11	11	11	11	10

（空気調和・衛生工学会：空気調和衛生工学便覧第14版　1基礎編による）

表1.20　壁タイプ選定表

壁体構成	断熱なし 普通コンクリート 単層壁 d[mm]	断熱なし 気泡コンクリート板 単層壁 d[mm]	内断熱（外断熱）普通コンクリート複層壁 普通コンクリート d[mm]／スチレン発泡板 l[mm]／石こう板または同等品 12mm（外断熱の場合に対応） l=25	50	100	内断熱（外断熱）普通コンクリート複層壁 普通コンクリート d[mm]／スチレン発泡板 l[mm]／空気層 半密閉／石こう板 9mm／岩綿吸音板 12mm l=0	25	50	断熱あり 金属板 複層壁 鋼板1.5mm 吹付け岩綿 l[mm]	断熱あり 金属板 複層壁 アルミ板3.0mm 空気層 半密閉 吹付け岩綿 l[mm] 石こう板 12mm
壁タイプ I	d=0~5~30	d=0~30	—	—	—	—	—	—	l=0~30	l=0~20
II	30~100~140	30~130	d=0~100 (d=0~70)	d=0~90 (d=0~60)	d=0~80 (d=0~50)	d=0~100	d=0~90 (0~20)	d=0~80 (0~20)	30~60	20~50
III	140~190~230	130~210	100~190 (d=70~140)	90~180 (60~140)	80~170 (50~130)	100~200	90~190 (20~100)	80~180 (20~80)	60~90	50~80
IV	230~320~	210~	190~ (d=140~)	180~ (140~)	170~ (130~)	200~	190~ (100~)	180 (80~)	90~	80~

(注)屋根の場合は,類似構成の壁を選べばよい。

（空気調和・衛生工学会：空気調和衛生工学便覧第14版　1基礎編による）

すきま風風量は、換気回数法や、扉開閉と窓面積またはすきま長に基づく方法により定められるが、最も簡便なのが換気回数法である。コンクリート造の小規模建築で、換気回数 n を暖房時に 0.2〜0.6、冷房時に 0.1〜0.2 の範囲で選択することが標準的とされている。コンクリート造の大規模建築ではこれより小さい換気回数、一方、木造住宅ではこれより大きい換気回数となる。

（4）　内部発熱負荷

a）　人体発熱負荷

人間は呼吸と皮膚表面からの放熱により、室に負荷を与えている。呼気には水蒸気が含まれているし、皮膚からは汗が蒸発するため、顕熱負荷だけでなく潜熱負荷も算定する必要がある。表 1.7 を参照し、在室者のエネルギー代謝率と室温に応じた人体からの顕熱負荷と潜熱負荷を定め、それに在室者数を乗じて人体発熱負荷を得る。

b）　照明発熱負荷

照明発熱負荷は、顕熱のみである。室内に設置されている照明器具のワット数に、照明発熱係数と器具使用率を乗じて算定する。蛍光灯の場合、安定器の電力消費が加わることから、照明発熱係数は 1.2 とする。LED 電灯では 1.0 としてよい。また、照明器具を個別に ON・OFF する場合や、照度の制御を行う場合は、器具使用率にその点灯割合を反映させて照明発熱負荷を求める。

c）　機器発熱負荷

オフィスであればパソコンやディスプレイ、プロジェクター等からの発熱、ホテル客室ではテレビ、冷蔵庫などからの発熱を算定する。また、水蒸気発生を伴う機器については、潜熱分も算定する。機器使用率を考慮するので、連続して使用する機器か、稼働率がどの程度かなどを検討しつつ、対象機器について集計を行う。

1.5.3　空気調和プロセスと湿り空気線図上の表現

湿り空気線図は、例えば温湿度計で取得した乾球温度と相対湿度の値をプロットし、交点を求めることで空気の状態点が 1 つに定まり、他の諸量、すなわち比エンタルピーや絶対湿度、水蒸気分圧、湿球温度、比容量、露点温度などを得ることが可能となるグラフである。

空気調和では、空気の混合（空気調和機入口での外気と還気の混合）や、加熱・冷却（コイル）、加湿（スプレー）、除湿（冷却コイル）などが行われる。本節では、それを湿り空気線図上に表現する方法について、表 1.21 を用いて説明する。

（1）　空気の混合

空気の混合は、①と②の状態点の空気が、それぞれの空気量 G_1 と G_2 で混じるとき、混合空気の状態点は③となることを示している。G_1 と G_2 が等量のときは、③は①②を結ぶ線の中央に来るし、この例では③が中央よりも②に寄っているので、G_1 よりも G_2 の値が大きいことが分かる。空気の混合による状態点を求めるときは、まず 2 つの状態点を直線で結び、①からは②の空気量を、一方、②からは①の空気量を用いて内分点を定めればよい。湿り空気線図上で③の値を読み取って混合空気の乾球温度 t（X 軸）、絶対湿度 x（Y 軸）、比エンタルピー h（斜め軸）などを定めても良いし、表 1.21 の中に示す混合の式を用いて算定してもよい。

（2）　加熱・冷却

加熱コイルなどによって加熱されると、空気の状態点は①から②へと、水平方向に右へ移動する。このとき絶対湿度は一定である。逆に、冷却コイルなどによって冷却されると、水平方向に左へ移動する。飽和線（相対湿度 100% の線）と交差する露点温度までの範囲の冷却では、絶対湿度は一定で推移する。

表 1.21 空気調和プロセスの湿り空気線図表現

(1) 空気の混合

空気調和プロセスでは，外気と還気（室内から空調機に戻る空気）など温湿度が異なる空気を混合する必要がある。状態点①（温度 t_1，絶対湿度 x_1，比エンタルピー h_1）の空気量 G_1〔kg/h〕，状態点②（温度 t_2，絶対湿度 x_2，比エンタルピー h_2）の空気量 G_2〔kg/h〕を混合したとき，混合空気の状態点③は，次のようになる。

$$h = \frac{G_2 h_1 + G_1 h_2}{G_1 + G_2} \quad x = \frac{G_2 x_1 + G_1 x_2}{G_1 + G_2}$$

空気線図上では，状態点③は，①②を結ぶ線を $G_2:G_1$ に内分する点となる。

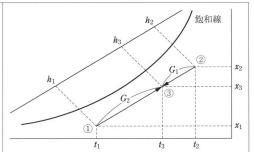

(2) 加熱・冷却

加熱コイルや電気ヒータなどの加湿を伴わない加熱は，空気線図上では，絶対湿度が一定の変化である。比エンタルピーは増加し，相対湿度は低下する。
冷却の場合は，冷却コイル表面温度が露点温度以上の時には絶対湿度が一定の変化となる。コイル表面温度が露点温度以下の場合には表面で結露が起こるため，(4)冷却除湿となる。

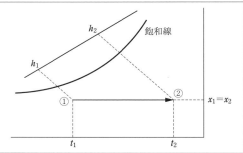

(3) 加湿

加湿は，水噴霧や蒸気加湿器によって行うが，水は蒸発によって気化潜熱を必要とし，蒸気は熱量をもっているため，加湿後には温度湿度が変化する。空気線図上では，熱水分比 u（増加する水分量に対する比エンタルピーの値）により空気の状態変化が表される。

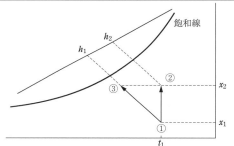

(4) 除湿

除湿は，乾燥剤による化学除湿する場合もあるが，一般には図に示すように露点温度以下のコイル表面温度による結露により水分量を落とす冷却除湿が利用されている。場合によっては必要温度まで再加熱を行う。

状態点①の空気を冷水コイルなどにより空気を冷却していくと，やがて露点温度②に達してコイル上で結露が始まる。さらに冷却すると温度も下がるが，絶対湿度も飽和蒸気線に沿って下がり状態点③に達する。コイル表面で除湿される空気と周囲を通過すると除湿されない空気の混合空気となるため，飽和蒸気線（相対湿度100%）には達せず，相対湿度が95%程度の状態で推移する場合が多い。目的とする絶対湿度まで冷却し，必要に応じ再加熱し状態点④となる。

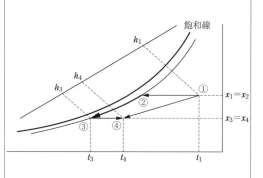

(5) 吹出し空気と顕熱比（冷房時）

吹出し空気は，室内負荷により，室内空気の状態となる。吹き出し空気の顕熱比 SHF は，

$$\text{SHF} = \frac{q_s}{q_s + q_L} = \frac{\Delta t}{\Delta h}$$

であるので，エンタルピー変化と湿度変化の比が一定となる。吹出空気から室内空気への状態変化にあたる。冷房時の状態変化を示す右図の⑤から①への変化である。

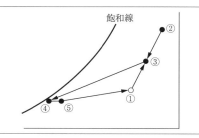

加熱により比エンタルピーは増加し，相対湿度は低下する。この相対湿度の低下については，実際の湿り空気線図（図1.29）上で確かめた方が分かり易いであろう。

(3) 加湿

加湿は，水噴霧加湿と蒸気加湿に大別される。蒸気加湿では，空気の状態点は①から②へと移動する。加湿であるから絶対湿度は上昇するが，乾球温度はほぼ変化していない。一方の水噴霧加湿では，加湿によって空気の乾球温度が低下するという特徴がある。また，水噴霧加湿では状態点③が飽和線に近づいているが，蒸気加湿による状態点②の上部には飽和線との間にスペースが残されていることから，加湿の必要性が高い場合には，蒸気加湿の採用が検討される。

(4) 除湿

冷却コイルで状態点①の空気を冷却するとき，露点温度以下になるとコイル表面で結露を生じつつ，状態点③に到達する。いわゆる冷却除湿の原理である。乾球温度が t_1 から t_3 にまで低下する中で，絶対湿度は (x_1-x_3) の分だけ低下し，除湿が行われる。一般に冷却除湿は5〜7℃の冷水を用いて行われることから，冷却除湿後の空気をそのまま室内に吹き出すと寒さが感じられて不都合な場合がある。状態点④まで再加熱を行うのは，この理由による。

(5) 吹出し空気と顕熱比 SHF

図は，冷房時の湿り空気線図上の状態点変化を表している。室の負荷計算を行い，顕熱負荷 q_s と潜熱負荷 q_L が求まれば，顕熱比 SHF は顕熱負荷を全熱負荷で除して定められる。湿り空気線図の比エンタルピー目盛り線の外側に，顕熱比の傾きを得るための原点と目盛りが記されており，ここで得た傾きを湿り空気線図内に平行移動することで（手描きの場合は三角定規2枚を使用），⑤の室内吹出し口の状態点と，①の室内空気（室内から排気される空気を指している。室の中央で測定した空気の状態などでは

ないので注意する）の状態点の間の変化を表現できるようになる。

実際には，冷房時の①の状態が乾球温度26℃，相対湿度60% RH などと決まっていることから，①から左下方向に SHF の傾き線を引き，冷却除湿後の④の状態点から右方向へ加熱の水平線を引いて，これら2つの線が交わる点が室の吹出し空気⑤の状態点となる。

1.5.4 冷房時加湿能力の重要性

建築物における衛生的環境の確保に関する法律（建築物衛生法）に定められている室内の環境衛生管理基準の項目（温度，相対湿度，気流，浮遊粉じんの量，一酸化炭素の含有率，二酸化炭素の含有率，ホルムアルデヒドの量）のうち，最も不適合率が高いのが相対湿度である。相対湿度の基準は，「40% 以上70% 以下」であり，過去数十年間の平均でおよそ5割のビルが不適合となっている。特に冬季に相対湿度40% を確保するのが難しい状況にある。低湿度環境ではインフルエンザウイルスの空中での生存時間が延びるなど，健康上の問題が生じやすくなる。ビルにおける空気調和システム設計のポイントの1つに，加湿能力の確保があることを認識しておきたい。

(1) 加湿による状態変化

加湿による湿り空気線図上の状態変化を，前項で概観した。ここでは，熱水分比 u（エンタルピー変化量/絶対湿度変化量）の概念を用いて，状態変化の方向を特定してみる。

a) 水噴霧加湿

水噴霧式・気化式の加湿では，水温が20℃のとき熱水分比 u は次の様になる。

　　u＝20［kcal/kg］＝84［kJ/kg］

これはほぼ，湿球温度一定となる左斜め上方向の状態変化である。

b) 蒸気加湿

蒸気加湿式では，蒸気の温度が100℃のとき，

$$u = 597.5 + 0.441 \times 100 ≒ 640 \text{ [kcal/kg]}$$
$$≒ 2,680 \text{ [kJ/kg]}$$

となり，これは真上からやや右方向の状態変化となる。蒸気の温度によって方向が変わるため，実務上は乾球温度一定の状態変化として扱われる場合が多い。

(2) 冬季冷房時における加湿量の大きさの認識

冬季の室内が20℃，50% RHのときの絶対湿度は約0.0074 [kg/kg (DA)] であるのに対し，5℃，50% RHの外気の絶対湿度は約0.0026 [kg/kg (DA)] と3分の1程度に過ぎないから，換気回数が5回程度はあるオフィスビルの換気によって，屋内が乾燥して行くことは明白である。

また，東京など太平洋岸の都市では，冬季でも日中に冷却塔が稼働し，水蒸気が立ち昇っているビルをよく目にする。透過日射負荷と近年のパソコン等による室内発熱負荷の増加が原因と考えられる。このため，冬季冷房時における加湿は，暖房時における加湿よりも難しいことを理解しておく必要がある。

空気調和の系統が図1.36で表されるとき，図1.37の湿り空気線図上に，冬季における冷房加湿と暖房加湿の相違を表現している。

暖房加湿は一部破線で表示しており，この時に必要な加湿量は $(X_1 - X_2)$ である。

一方，冷房加湿は実線で表示しており，空気調和機に入った空気3を冷却器で冷却し，4の状態となったところから蒸気加湿で5まで絶対湿度を持ち上げて室に吹き出す。この時に必要な加湿量は $(X_1 - X_3)$ であり，
$$(X_1 - X_3) > (X_1 - X_2)$$
の関係にあることは一目瞭然である。ビルの計画時に通年冷房が予想されるケースでは，加湿器の選定に留意する。

冬季の冷房加湿に有効な対策として，次の3つが挙げられる。

1) 外気調和機への加湿器の設置：コイルを設置し，外気の取り入れ温度を上昇させることで，加湿器による加湿が有効となる。コイルを設置しない場合は蒸気加湿を行う。

2) 空気調和機への加湿器の設置：水噴霧式よりも蒸気加湿式の加湿器が有効である。水噴霧式は元々加湿効率（湿度上昇に寄与した水分量/噴霧量）が40%程度であるが，給気温度が20℃以下になると噴霧量のほとんどがドレン水となって排水されてしまうと指摘されている。

3) 加湿装置の室内設置：空気調和装置の運転に関係なく加湿が可能で，有効な方法である。（家庭用の加湿器を置くという意味ではない。ビルスケールでは水の補給が非現実的なレベルの作業となる）

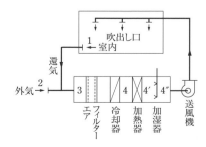

図1.36 空気調和の系統（単一ダクト方式）

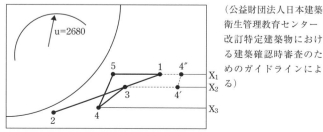

図1.37 冬季冷房加湿と暖房加湿の相違

（公益財団法人日本建築衛生管理教育センター 改訂特定建築物における建築確認時審査のためのガイドラインによる）

本節に関連する1級建築士問題

(1) 空気線図と空調システム

1 図1.38は，ある事務室の一般的な定風量単一ダクト方式による空気調和設備の模式図を示し，図1.39は，湿り空気線図の模式図を示している。図1.39の事務室を空調する場合，湿り空気線図上の空気の状態変化に関する次の記述のうち，最も不適当なものはどれか。

(1) 暖房時において，混合空気③を温水コイル（送水温度45℃）によって加熱（③→⑤）すると，乾球温度の上昇に伴い，絶対湿度は減少する。（誤）
(2) 冷房時において，混合空気③を冷水コイル（送水温度7℃）によって露点温度以下まで冷却（③→④）すると・冷水コイル表面で結露が発生し，空気中の水分は減少する。
(3) 暖房時に，蒸気加湿器によって加湿（⑤→⑥）すると，絶対湿度は上昇するが，乾球温度はほとんど上昇しない。
(4) 混合空気③の状態点は，湿り空気線図の還気①と外気②のそれぞれの空気の状態点を結んだ直線上において，それらの質量流量［kg(DA)/h］の比によって求めることができる。
(5) 暖房時において，事務室に送風される空調機出口の空気⑦の乾球温度は，一般に，蒸気加湿器出口の空気⑥の乾球温度より高くなる。

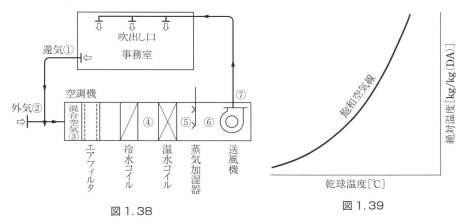

(2) 湿り空気の基礎知識

2 室内の湿り空気に関する次の記述のうち，最も不適当なものはどれか。ただし，対象とする湿り空気は1気圧とし，また，室内は無風状態とする。

(1) 相対湿度が同一でも，乾球温度が異なれば，空気1m³中に含まれる水蒸気量は異なる。
(2) 乾球温度が一定の場合，相対湿度が低くなるほど露点温度は低くなる。
(3) 乾球温度と湿球温度が与えられれば，その空気の相対湿度及び水蒸気分圧を求めることができる。
(4) 相対湿度を一定に保ったまま，加熱と除湿を同時に行う必要がある。（誤）

(3) 本節に関する正誤問題

3 湿り空気線図（または空気線図）は，温度，湿度，比エンタルピー等の空気の状態を表したもので，空調の負荷計算や空気の状態変化の解析に用いられる。（正）

4 露点温度は，絶対湿度を一定に保ちながら空気を冷却した場合に，相対湿度が100％となる温度である。（正）

78　第1章　空気・熱環境の設計と設備

1.6　空調デザイン・空気調和設備

1.6.1　概要

　空気調和の方式は，その目的に応じて多様な組み合わせが存在し，建物用途や様々な要求仕様，コストなどによって選択することになる。表1.22に分類の一例を示す。大別すると中央式と個別式に分類され，さらに使用する熱媒体によって細分化される。

　中央式は対象とするゾーンに1対1で空調ユニットを対応させる方式であり，個別方式は空調ユニットが受け持つエリアをより小さくし，小型の空調ユニットで対象エリアを空調する方式である。主なシステムについて表1.23，代表的な定風量単一ダクト方式と変風量単一ダクト方式の特徴を表1.24に示す。

表1.22　空調方式の分類例

熱媒体による分類		システム名称
中央式	全空気方式	定風量 (CAV) 単一ダクト方式
		変風量 (VAV) 単一ダクト方式
		二重ダクト方式
	水-空気方式	ファンコイルユニット方式ダクト併用
		誘引 (インダクション) ユニット方式
		放射冷暖房方式 (パネルエア方式)
	水方式	ファンコイルユニット方式
個別式	冷媒方式	ルームエアコンディショナ方式
		パッケージ型エアコンディショナ方式 (中央式)
		パッケージ型エアコンディショナ方式 (ターミナルユニット方式)

1.6.2　空調方式の分類

　表1.22のように，従来からの分類では「中央方式」と「個別方式」さらに「空気式」と「水式」とされていることが多いが，現在システムが多様化しており，上記のように単純に分類することは適当ではない[3]とされている。空調の目的は「外皮負荷の処理」「室内負荷の処理」「換気や排気に応じた外気導入に関わる負荷（外気負荷）の処理」などの熱負荷処理と，「室内発生汚染物質の処理」「換気や排気に応じた外気導入において外気中に含まれる汚染物質の処理」などの空気浄化がある。これらについて，一般オフィスビルなどに適用される空調方式としてまとめたものを表1.25に示す。

　主な空調方式は，快適性・環境性・省エネルギー性・信頼性・経済性などを勘案し，表1.25記載の外気処理①〜③・内部処理①〜④・外壁処理①〜⑦の組み合わせを選択することになる。なお，表中の複合方式とはタスク空間（作業域）とアンビエント空間（周辺域）をそれぞれ制御するタスク・アンビエント空調方式を示しており，タスクは個別空調（事務室においてOA機器などの顕熱処理など），アンビエントはベース空調（室全体の空気環境を制御）を示している[3]。表1.26に複合方式（タスク・アンビエント空調）の一例を示す。これらはインテリア空調を主目的としており，ペリメータを空調する際は，表1.25の外壁処理①〜⑦が必要になる場合もある[3]。

表 1.23 主な空調方式と特徴

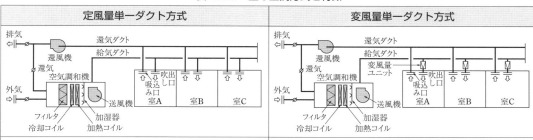

定風量単一ダクト方式	変風量単一ダクト方式
定風量方式は，熱負荷の変化に対応して，給気温度を変化させる方式である。各室の熱負荷が同じ割合で変化しない場合，自動制御用の検出器がある代表室以外は目標温度を維持できない欠点がある。この欠点を緩和するために，負荷の変化の仕方が比較的類似している室を用途・方位等でグループ化（これをゾーンと呼ぶ）し，一つの系統とする場合が多い。　各室を厳密に制御する場合には，室入口部のダクトにレヒータを入れて，その室の負荷に応じて再熱することも行われる。　この方式では，外気を系統の送風量まで取入れるシステムとすることが可能で，室内空気の清浄度維持には有利であり，中間期などに外気冷房することも可能である。	変風量方式は，各室に一定温度の空気を供給し，熱負荷に応じて，供給風量を変化させ対応する方式である。各室の熱負荷が同じ割合で変化しない場合でも，各室の負荷に応じた風量に変化させることにより目標温度を維持することができる。　各室の負荷に応じて風量を変化するために，変風量（VAV）ユニットが用いられる。　この方式では，熱負荷が少なく，風量が減少した場合，気流分布が悪化したり，外気取入れ量も減少するので，室内空気の清浄度が悪化する可能性がある。この場合は，供給空気温度の設定値を変え風量を増やす等の対策が必要となる。

ファンコイルユニット（ダクト併用）方式	ターミナルユニット方式
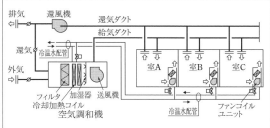	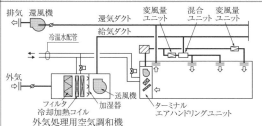
ファンコイルユニット（ダクト併用）方式は，定風量単一ダクト方式に，熱負荷の多い各室外周部に配置されるファンコイルユニットを組合わせた方式である。　ダクトから供給した空気で内部ゾーンを空調するとともに室に必要な外気を供給する。一方，外周ゾーンはファンコイルユニットに供給する冷・温水にて調整される。　この方式は熱負荷の多い外周部を水で処理するため，負荷変動の少ない内部負荷相当のダクトでよく，省スペースな方式であり，採用例の多い方式である。	ターミナルユニット方式は，端末ユニットとしてファンコイルユニットよりも高性能なユニットを用いていることが特徴で，室の熱負荷に応じた冷却加熱コイルの選択，高性能フィルタの採用など高品位な空調空間が達成されやすい。　図に示したシステムは，変風量ユニットで風量制御し，外調機による外気系に混合ユニットを用いた例である。

表 1.23　主な空調方式と特徴（続き）

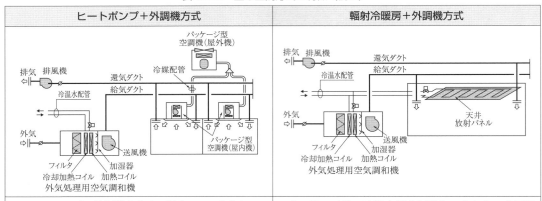

ヒートポンプ＋外調機方式	輻射冷暖房＋外調機方式
ヒートポンプ＋外調機方式は，端末ユニットとして，ヒートポンプ空気調和機を利用し，外気を外気処理用空調機（外調機）から供給する方式であり，ファンコイルユニット（ダクト併用）方式より個別制御性を高めている。 　ヒートポンプ空気調和機として，空気熱源方式を採用することにより，水配管が熱源設備と外気処理空気調和機部分に限定できる。	床，壁，天井に冷温水管を埋設し，それらの表面温度を冷却加熱して，人体との間で熱輻射により直接冷暖房する方式である。 　この方式も，一般的には外調機を用いて外気導入が図られる。また，冷房時に冷却体での結露防止のため除湿が必要になる場合が多い。パネルエア方式ともいわれる。

（システム図は，ビル管理教育センター「新版 建築物の環境衛生管理」による）

表 1.24　定風量単一ダクトと変風量単一ダクト方式の比較

	定風量単一ダクト方式	変風量単一ダクト方式
長所	①定常的に必要換気量の確保が可能 ②空気質に対し，高度処理が一元管理できる ③吹出風量が変化しないため，室内気流分布が安定している ④設備費は比較的安価で保守管理も基本的に空調機廻りのみでよく容易	①VAVユニットを室あるいはゾーンごとに配置することで個別制御・ゾーン制御が可能 ②全ての室あるいはゾーンにおける最大熱負荷の同時発生はないため，定風量方式に比べ空調機風量や主ダクトおよび枝ダクトのサイズを小さくできる ③負荷変動に応じて送風量の制御をするため，熱源・搬送エネルギーの削減につなげることができる ④間仕切り変更のほか，一定範囲内（空調機等の機器仕様による制限あり）の負荷増にも対応しやすい ⑤VAVユニットの機能により，試運転時の風量調整が容易
短所及び留意点	①負荷特性の異なる複数ゾーンに対し，負荷変動の対応不可 ②室ごとあるいはゾーンごとなど，個別の空調発停不可 ③温湿度センサの設置位置が決めにくい ④CO_2濃度による風量制御はやりにくく，実施する場合でもCO_2センサの設置位置に注意が必要 ⑤将来用の用途変更，負荷増などへの対応困難 ⑥送風量は年間を通して最大負荷を処理する風量のため，搬送動力にかかるエネルギー消費量が大きい	①送風量を減じた際の室内気流分布が悪くならないよう，最小風量の設定などの配慮が必要 ②送風量の減少時においても必要外気量を確保するよう，VAVユニットの制御が必要 ③湿度条件が厳しい場合，レヒータ（再熱器）設置などの対応も必要 ④各室，各ゾーンにおける給気量と還気量のバランスを維持し，設計趣旨に反するような空気の流れをつくらないこと ⑤必要に応じて，VAVユニット動作時の発生騒音を許容値以下に抑えること

1.6 空調デザイン・空気調和設備 **81**

表 1.25 各種空調方式の分類

要素	ペリメータ空調	インテリア空調	
	外壁処理	外気処理	内部処理
目的	外壁等からの熱負荷処理 夏期（熱取得）：日射熱 　　　　　　　天空放射熱 　　　　　　　伝熱 冬期（熱損失）：伝熱	必要外気量取入（必要換気量確保，排気に伴う外気取入）に対する温調 外気汚染物質処理	室内発熱負荷処理（人体，照明，OA 機器等） 人体からの発汗および CO_2 発生処理 室内発生汚染物質処理（たばこ煙，ホルムアルデヒドなど） すきま風に対する対応（温湿度，汚染物質処理）
空気処理方法	冷却，加熱	冷却，加熱，減湿，加湿，空気清浄装置（フィルタ等）	冷却，加熱，空気清浄装置（フィルタ等）
方式	①ファンコイルユニット ②パッケージエアコン ③空調機（専用/インテリア兼用）（CAV/VAV） ④ウォールスルーユニット ⑤直接暖房方式（蒸気/温水/電気） ⑥ペリメーターレス空調方式（エアフローウインドウ）（ダブルスキン）（Lo-E ガラス）など ⑦放射冷暖房方式	①外気処理空調機または外気処理パッケージエアコン ②外気処理換気（全熱交換） ③内部処理と兼用 ※外気冷房時，上記方法によらない外気取入システム時は空気質を考慮すること ※省エネのために外気量を絞る制御（CO_2 制御など）あり，必要換気量は確保すること	①空調機＋ダクト（CAV/VAV）など ②大・中型パッケージエアコン＋ダクト（CAV/VAV） ③小型分散パッケージエアコン（ビル用マルチエアコン）（空冷/水冷）＋ダクト/直吹出し ④複合方式（タスクアンビエント空調など） ※中間期のように外気温＜室内設定温度の場合，省エネのために外気を積極的に導入して冷房する外気冷房を行う場合あり

1.6.3　特殊な空調システム

表 1.26 に含まれる方式について，抜粋して下記に示す。

(1)　床吹出方式

床吹出空調は，一般的な事務所に用いられる二重床の床下空間を給気プレナムチャンバとして利用し，床に設置された吹出口から空調空気を吹き出す方式である。表 1.27 に各種床吹出方式の概要を示す。

(2)　放射空調

室内の床・壁・天井などを直接加熱または冷却，あるいは壁や天井に加熱または冷却した金属パネルなどを取付け，居住者との間で放射熱交換を行って，快適感を保つようにする空調方式である[3]。

表 1.26　タスク・アンビエント空調の組み合わせ例

方式名称	アンビエント空調	タスク空調
ターミナル FCU 方式	空調機＋単一ダクト（CAV）	ファンコイルユニット
ターミナルパッケージ方式	空調機/PAC＋ダクト（CAV）	小型分散 PAC（水冷または冷媒）
天井・床吹出方式 ※アンビエントとタスクの空調方式を逆にする場合あり（その場合アンビエントは CAV，床吹出は部分空調対応	空調機/PAC＋床吹出	空調機＋ダクト（VAV）（天井）
全床吹出方式	空調機/PAC＋床吹出	床吹出（部分空調対応）/ターミナルクーラー ※空調機/PAC＋床吹出（部分空調対応）の場合あり
放射冷暖房方式	外調機＋天井又は床放射パネル	空調機/PAC＋ダクト（VAV）
ターミナルリヒート方式	空調機/PAC＋ダクト（CAV/VAV）	ターミナルリヒート
注　FCU：ファンコイルユニット，PAC：パッケージエアコン，CAV：定風量装置，VAV：変風量装置		

代表的な方式は「床面方式」「天井方式」「壁方式」「室内設置パネル方式」であり，このうち床面・天井方式について概要図を図1.40に示す。床面方式は，床面に配管を埋め込み，冷水または温水を供給する方式である。また電力による床暖房方式もあり，特に一般住宅で普及している方式である。冷房時は足元が冷えやすくなるため，床表面温度を23℃程度まで抑えることが望ましい[2)]。天井方式は，チューブが組み込まれた天井パネルを敷設する方式で，チューブに冷水や温水を供給して天井パネルを冷却・加熱する方法であり，電熱ヒータが組み込まれたパネルもある。放射面を大きくとりやすいため放射熱効果を得やすいが，頭部への放射熱影響が大きくなる場合があり，不快感をもたらすことがあるので注意を要する。なお室内設

表1.27 各種床吹出方式の概要

加圧式	ファン付吹出式	ターミナルファン式	滲み出し式
①吹出に要する差圧分を加圧 ②必要 ③空調機の送風機 ④二重床チャンバと室内との差圧で送風機制御 ⑤一般的には不可 ⑥◎	①微プラス圧にする ②不要 ③床吹出口付属の小型送風機 ④付属の小型送風機の制御，発停や2～3段階，比例制御など ⑤所要エリアの機器を運転することは可能 ⑥○	①微プラス圧にする ②不要 ③二重床内のターミナルファン ④ターミナルファンの制御，発停や2～3段階，比例制御など ⑤所要エリアの機器を運転することは可能 ⑥△	①吹出に要する差圧分を加圧 ②必要 ③空調機の送風機 ④- ⑤一般的には不可 ⑥◎

注（表中の丸囲み数字）：①室内と二重床チャンバとの差圧　②二重床の漏気防止　③吹出差圧を負担する機器　④吹出温度差に追従する運転制御　⑤空調区画内の部分空調　⑥コスト（イニシャル，ランニング）
（文献2をもとに作成）

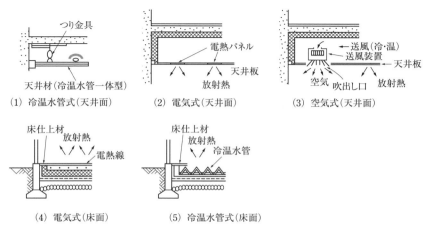

図1.40　放射冷暖房方式の種類（文献2をもとに作成）

置パネル方式は，放射パネルを室内各面へ取付ける放射暖房方式で，燃焼ガスや電熱によりパネル表面を加熱し，赤外線や遠赤外線を放射する。特に表面温度の高い赤外線方式は，工場・プール・体育館などで良く使われている。

(3) その他

その他，代表的な特殊空調システムとしては，以下システムがある。

① パーソナル空調システム

多数の人が同一空間に共存するオフィス空間等で用いられ，執務者個人の温熱環境を調整することができる。前述したファン付床吹出口や什器などに組み込まれた吹出口から空調空気を供給することが多い。図1.41に主な種類を示す。

② デシカント空調システム

冷却コイルにより除湿を行う空調システムとは異なり，乾燥剤（Desiccant）を用いて空気中の水分を除去する。一般的には除湿機能の特化したものをデシカント除湿機，温度調節機能も有するものをデシカント空調機という。除湿剤としては，塩化リチウムや臭化リチウムなどの水溶液を用いる湿式と，シリカゲルやゼオライトなど固体を用いる乾式に分類される。空調分野では乾式が用いられており，連続的に除湿と除湿剤の再生が可能なローター式の採用が多い。用途としては，再生熱源が豊富な工場での特殊空調での利用が多かったが，近年空気質向上への期待などからオフィスビルなどでの採用例も多い。表1.28に主な用途を示す。また，図1.42にフロー事例と外観図を示す。

1.6.4 熱源システム

(1) 概要

熱源は，空調システムの要求に応じて，冷水・温水・蒸気などの冷温熱媒をつくり出し，空調システムへ必要量を供給する設備である。熱源システムの規模は建物規模や用途によって大きく変わるほか，場合によっては複数の建物を含むエリアへ供給することもある。表1.29に代表的な冷熱源方式の比較を示す。

こうした熱源の設計では，建物規模・建物用

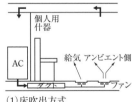
(1)床吹出方式
空調機(AC)出口空気をダクトもしくは床下チャンバへ送り，床面のファン付もしくはチャンバ付吹出口から供給する方式

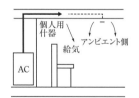
(2)天井吹出方式
空調機(AC)出口空気をダクト搬送し，個人用の小型吹出口から供給する方式

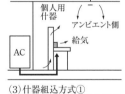
(3)什器組込方式①
空調機(AC)出口空気を什器へ供給し，什器に設けられた吹出口から供給する方式

(4)什器組込方式②
マルチタイプのパッケージ(PAC)の室内機を小型化，什器内に収める方式

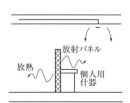
(5)什器組込方式③
放射冷暖房を行うペルチェ(熱電素子)パネルを什器と組み合わせ他方式。通常サブシステムとして用いる

図1.41　パーソナル空調の種類（文献3をもとに作成）

表 1.28 デシカント空調システムの主な用途

用途	概要	適用項目						
		冷房	暖房	換気	除湿	除菌	除じん	除臭
食品売場	・冷凍，冷蔵ケースの省エネルギー化 ・商品とショーケースの霜付防止 ・コールドアイルの解消	—	●	●	●	—	●	●
食品製造工場	・結露，カビ防止 ・空調の省エネルギー化（再生空気排熱利用） ・ドライキッチンの実現で HACCP に貢献	—	●	●	●	●	●	●
老人ホーム 病院	・快適空調（過冷却なし） ・臭気抑制，除菌効果（湿式）		●	●	●	●	—	●
映画館・劇場	・快適空調（過冷却なし） ・内部発生潜熱の処理	●	●	●	●	—	●	●
レストラン	・快適空調（過冷却なし） ・新鮮外気の導入	●	●	●	●	—	●	●
プール スーパー銭湯	・内部発生潜熱の処理 ・結露，カビ防止	—	●	●	●	—	●	●

（文献3をもとに作成）

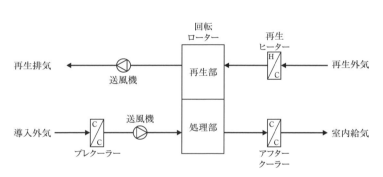

図 1.42 デシカント空調機：フロー事例と外観 （テクノ菱和技術資料）

表 1.29 主な冷温熱源方式の比較 （文献2をもとに作成）

区分	種別	冷温熱源機器の組合せ	（駆動）エネルギー			ヒートシンク ヒートソース		評価項目 定性通常評価			備考
			電力	燃料	その他	空気	水	供給熱媒温度		適用建物例	
								冷熱	温熱	用途	
中央方式	電気燃料併用	電動冷凍機＋蒸気ボイラー	○	○		○ —	(○) —	7℃	蒸気	業務用建物 (病院ホテル)	
		電動冷凍機＋温水ボイラー	○	○		○ —	(○) —	7℃	100℃<	業務用建物	
	電気主体	電動ヒートポンプ 〔空気熱源〕	○ ○			○ —		7℃	45℃	業務用建物	
		電動ヒートポンプ 〔水熱源〕	○ ○				○ ○	7℃	45℃	業務用建物	
		ダブルバンドルヒートポンプ〔空気熱源〕	○ ○			○ ○		7℃	45℃	業務用建物	
	燃料主体	二重効用吸収冷凍機＋蒸気（または高温水）ボイラ		○ ○		○ —	(○) —	7℃	蒸気 (高温水)	業務用建物 病院・ホテル	排熱ボイラ利用（CGSなど）システムへの適応も可
		単効用吸収式冷凍機＋温水ボイラ		○ ○	太陽熱	○ —	(○) —	7℃	100℃<	業務用建物	排熱の中温水回収利用可
		直だき冷温水発生機		○ ○		○ —	(○) —	7℃	60℃<	業務用建物	

中央方式	燃料主体	背圧タービン駆動遠心冷凍機＋単効用吸収冷凍機＋蒸気ボイラ	○ ○			7℃	蒸気	DHC・工場 病院・ホテル	
	コージェネレーションシステム	タービン駆動発電機＋二重効用吸収冷凍機＋熱交換機	○（ガス） ○	排ガスジャケット排熱		7℃		DHC・工場 病院・ホテル	コージェネレーションシステムは，排熱（回収熱）の有効利用を図り効率の向上を図る必要がある。
		エンジン駆動発電機＋二重効用または単効用吸収冷凍機＋熱交換機	○（ガス・油） ○	排ガスジャケット排熱		7℃	85℃<	病院・ホテル スポーツ施設	
		燃料電池＋二重効用吸収冷凍機＋熱交換機	○（ガス） ○	排ガス		7℃	70℃<	病院・ホテル スポーツ施設	
冷媒方式・個別方式	電気・燃料方式	水冷パッケージ＋冷却塔＋蒸気（または温水）ボイラ	○	○			任意	業務用建物	
	電気主体	空気熱源電動ヒートポンプパッケージ	○ ○					業務用建物	
	燃料主体	ガスエンジン駆動ヒートポンプパッケージ	○（ガス） ○					業務用建物	エンジン排熱利用で暖房能力大ゆえ，寒冷地に適

表 1.30　熱源システム選定上の要因

決定要因		検討事項
エネルギー	安定性	供給安定性，価格安定性，エネルギー特性
	経済性	エネルギーコスト，引込費用，貯蔵費用，受入設備費
	信頼性	災害時供給能力，復旧時間，耐寒性
熱源方式（機器）	省エネ性	定格効率，部分負荷特性，制御性，台数分割
	信頼性	実績，耐用年数，運転・保守・管理
	建築関連	スペース，荷重，騒音，振動，搬出入ルート
	経済性	イニシャルコスト，メンテナンスコスト，管理コスト
環境性		地球温暖化・オゾン破壊防止，法的規制（大気，水質，騒音，高圧ガスなど）
供給熱源		使用条件，温度，圧力，搬送方法

途・社会要素・エネルギーインフラ事情・供給熱媒・維持管理などを総合的に検討して，選定していく必要がある。表1.30に熱源システム選定上の要因を示す。

(2)　一般熱源

① 冷熱源

冷水を供給する冷凍機は機種・使用冷媒・容量とも多岐にわたっており，電動機を用いて冷媒蒸気圧縮サイクルを行う容積式もしくは遠心式，各種熱利用により冷水を取り出す吸収式に大別される。

a) 蒸気圧縮式（圧縮式）

図1.43に冷凍サイクルの概要図を示す。冷媒ガスを機械的に圧縮して高温高圧にする「圧縮機」，高温高圧の冷媒ガスを周囲の空気や水で冷却して中温高圧の液冷媒にする「凝縮器」，中温高圧の液冷媒の圧力を下げて低温低圧の液冷媒にする「膨張弁」，低温低圧の液冷媒と使用温度より高くなった冷水と熱交換し，奪った熱を液冷媒に与えることで冷媒ガスにする「蒸発器」で構成されている。この4つの機器のうち，「圧縮機」の圧縮方法の違い，シリンダ容積の変化による容積式と回転する羽根車の遠心力を利用する遠心式（ターボ式）に大別される。両方式の使用上の分岐点は350 kW（冷凍容量ベース）程度といわれていたが，モジュール連

結方式の採用により，近年2,000 kW程度まで容積式の領域が拡大している[3]。

ア．容積式

容積式は往復動（レシプロ）式と回転式に大別され，前者のうち小型のものは主に冷凍冷蔵領域で使用されている。一方，回転式は振動・騒音が比較的小さく，小型化・高効率化が可能となっている。

イ．遠心（ターボ）式

水冷冷凍機として代表的な方式であり，冷凍容量が300 kW程度以上の中・大型冷凍機として使用されている。密閉型と開放型があり大半は密閉型であるが，開放側は地域冷暖房向けなどの大容量機に限られている[3]。

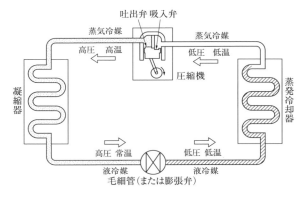

図1.43　冷凍サイクル

b)　吸収式

蒸気圧縮式と同様の機能を有する「蒸発器」と「凝縮器」もあるが，蒸気圧縮式冷凍機のサイクルと異なり圧縮機はなく「吸収器」「ポンプ」「再生器」で構成される。また，冷媒のほかに吸収液も必要となる。図1.44に吸収サイクルを示す。

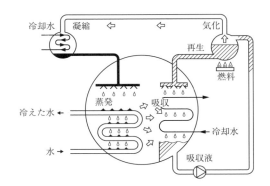

図1.44　吸収サイクル

c)　定格時の効率

冷凍機やヒートポンプの効率を表す指標として，成績係数（COP：Coefficient of Performance）が一般的に使われており，ある条件下において熱源機器の目的とする出力を全入力エネルギーで除した数値で表される。特に定格運転条件下（一般的には温度条件）の成績係数は最大能力時の機器効率を把握する指標として使用されている。

$$\varepsilon = E_O/E_I \qquad (1\cdot48)$$

ここに　ε：成績係数

　　　　E_O：熱源機器の目的とする出力エネルギー

　　　　E_I：熱源機器の全入力エネルギー

入力エネルギーとしては，主機のエネルギー消費量（二次換算値）のほか，内蔵ポンプなどの補器類も含まれる。電動冷凍機及びヒートポンプの主機だけを考慮した場合，図1.45に示されるように成績係数は「蒸発器・凝縮器における吸熱量，放熱量」と「圧縮機の仕事量」から与えられる。この図から明らかなように，蒸発温度が高く，凝縮温度が低いほど成績係数の値は高くなる。

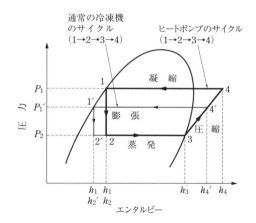

図1.45 冷凍機, ヒートポンプの効率

d) 部分負荷を考慮した効率

熱源の運転環境を一年通してみたとき，最大負荷での運転は非常に少なく，最大負荷の40〜70％程度の負荷が大半を占めている。そこで2006年に期間エネルギー算出基準が導入された。パッケージエアコンではJIS B 8616 (2006) にAPF（Annual Performance Factor）が規定されている。

APF＝(冷房期間＋暖房期間で発揮した能力 [kWh])/(冷房期間＋暖房期間の消費電力 [kWh])

一方，業務用冷凍機ではAPFの代用として米国冷凍空調工業会の基準IPLV（Integrated Part Load Value）が用いられることもある。

なお，近年では各種冷凍機にもインバータが用いられるようになり，部分負荷に対しても効率的な運転が出来るようになっている。ただし容量制御において，容量を下げるに従って圧縮機単体の効率低下は避けられない。そこで，複数の定速スクロール圧縮機を並列配置し，台数制御のみを行うモジュール連結方式（モジュールチラー）が普及しているが，最近では容量制御を活かした製品も上市されている。

e) 自然冷媒

オゾン層破壊，地球温暖化といった問題に対し，フロン冷媒が多大な影響を与えているとの観点から，フロン冷媒の規制や段階的な削減がなされている。冷凍設備で長年使用されてきたCFC冷媒（R12等）は1995年に全廃となり，代替冷媒であるHFC冷媒も「キガリ改正（モントリオール議定書）」により2019年から段階的な削減がなされている。冷媒取扱メーカーもGWP（Global Warming Potential，地球温暖化係数※CO_2の地球温暖化への影響を1とした時の数値）値による生産量の規制を受けており，GWP値の高い冷媒は徐々に入手困難になってきているのが現状である。そこで近年では二酸化炭素やアンモニアなどの自然冷媒を用いた冷凍機が製品化されているが，アンモニアは毒性，二酸化炭素は高圧，炭化水素は可燃性などの課題が存在し，それら対策を含め導入コストは高い。なお，HFO冷媒はGWPが低くグリーン冷媒として位置付けられ製品化もなされているが，安全性や省エネ性低下等の課題が残存しており，今後の技術開発が期待されている。表1.31にフロン系冷媒と自然冷媒のODP（Ozone Depletion Potential，オゾン層破壊係数※R11のオゾン破壊影響を1とした時の数値）とGWPの比較を示す。

(3) 温熱源

空調設備で用いられる温熱源としては，「燃焼（ボイラ）方式」「ヒートポンプ方式」に大別される。

a) 燃焼（ボイラ）方式

温熱源として古くから使用されている設備であるが，近年の環境対策つまり二酸化炭素排出量の抑制が求められている社会情勢から，導入時や更新時にヒートポンプ方式との比較検討が多くなっている。そのようななか，熱効率を飛躍的に向上させている機種も登場しており，近年では伝熱面積100 m^2 未満のボイラを複数台で構成し，要求温熱量に応じてボイラの稼働台数を自動的に制御するパッケージボイラを導入する事例が多い[3]。ボイラの形式としては，炉

88　第1章　空気・熱環境の設計と設備

筒煙管式・水管式・貫流式など様々な機種が存在する。表1.32に容量・圧力範囲・用途などの特徴を示す。

ボイラの設置，運転については，本体および付属設備も含めて，消防・労働安全・公害防止などの法規制や行政指導を受けるものが多く，実際の施工にあたっては所轄消防署や役所の担当部門と事前協議を行うことが望ましい。

b)　ヒートポンプ方式[3]

ヒートポンプは冷凍サイクルに基づき，低温の採熱源から蒸発器により吸熱し，高温の凝縮器からの放熱を暖房に利用するものである。そ

表1.31　フロン系冷媒と自然冷媒のGWPとODP

	フロン系						自然冷媒		
	HCFC冷媒※特定フロン	主なHFC冷媒※1代替フロン，段階的な削減計画※2 GWP数値は環境省（R5.7月）による				HFO冷媒		NH₃	CO₂
	R22 2020年全廃	R134a	R404A	R410A	R448A	R1234yf			
GWP	1,810	1,300	3,940	1,920	1,270	4	<1		1
ODP	0.055	0	0	0	0	0	0		0
主な用途	パッケージエアコン，GHPなど	ターボ冷凍機	冷凍冷蔵ユニット，チリングユニット	パッケージエアコンなど	冷凍冷蔵ユニット	スクリューチラーなど	スクリューチラーなど		冷凍冷蔵ユニット，ブラインチラー

表1.32　ボイラの種類と特徴

種類		規模	圧力[MPa(G)]	効率[%]	長所	短所	用途
炉筒煙管式		中〜大	〜1.6	85〜96	負荷変動に安定性給水制御容易水処理は比較的簡単	起動時間長い（保有水量多いため）分割搬入不可（耐圧部分離不可）	大規模建築や地域冷暖房の蒸気ボイラ向け
水管式（パッケージ型）		中〜大	〜2.0	85〜95	保有水量少，高寿命高圧用途・屋外設置も容易に対応可省エネ制御対応	比較的高価	大規模病院・ホテル・地域冷暖房など蒸気を大量に必要なところのほか，蒸気タービン用発電熱源など向け
セクショナル式（鋳鉄製組合せ）		小〜大	〜0.1（蒸気用）〜0.5（温水用）	80〜90	分割搬入可，高寿命取扱い・給水処理容易安価保有水量比較的少なく沸き上がりも早い	低圧・小容量材質もろい内部清掃困難	中小規模建物向け蒸気用のほか普通温水ボイラとしても使われる
多管貫流式	小型	小〜大	〜1.0	80〜96	保有水量極めて少なく，起動時間短い軽量で据付面積小多缶設置で大規模まで対応可能伝熱面積10 m²以下は小型ボイラ適用で法規制緩和伝熱面積30 m²以下は小規模ボイラ適用で法規制緩和	負荷変動に弱く，蒸気圧の低下や蒸気の質（乾き度）に課題ある厳密な水処理要す寿命はやや短い	近年，様々な用途に使用され設置数が増加負荷変動に弱い短所を多缶設置および台数制御の改善で対応している
	小規模	小〜中	〜2.0				
鋼板製立型		小	〜0.1（温水）	80〜90	据付面積小取扱い容易水処理不要・安価	低圧・小容量腐食に弱く，やや寿命短い	住宅の暖房・給湯用向け中小規模の建物にも使われる場合あり防食保護を施した製品もある
温水発生器	真空式	小〜中	〜0.5（温水）	85〜90	本体は腐食に強い多回路可能伝熱面積に関係なく運転資格不要	缶内が複雑で高価	中規模建物などの給湯・暖房向け
	無圧式						
	潜熱回収式	小〜中	〜0.5（温水）	95〜105注	超高効率	潜熱回収ドレンの中和器が必要	家庭用から中規模等の給湯・暖房用途向け

注：ボイラ効率は低位発熱量基準で示すため100%を超えることがある。なお燃焼ガス中の水蒸気の凝縮潜熱も含めた高位発熱量基準では100%以下となる

のためヒートポンプの種類としては冷凍機と同様，容積式・遠心式・吸収式があるが，一般空調には容積式の利用が多い。

一方，吸収式は温水吸収ヒートポンプと蒸気発生吸収ヒートポンプに分類される。温水吸収ヒートポンプは吸収冷凍機と同様のサイクルを用い，蒸発器より排熱を回収し，吸収器・凝縮器から温水を取り出す。蒸気発生吸収ヒートポンプは吸収冷凍機のサイクルを逆に回し，吸収器から低圧蒸気を取り出す方式である。

(4) 未利用エネルギーと自然エネルギー

未利用エネルギーとは人間の生活や生産活動などの結果として生じた，様々な温度レベルの熱エネルギーである。これらは，そのまま周辺環境へ放出されているなど，有効に回収されていないエネルギーである。なお，自然界に豊富に存在し，その活用が都市環境へ生態学的に有意な影響を与えないと考えられるものを自然エネルギーという[3]。表1.33に未利用エネルギーおよび自然エネルギーの種類を示す。これら未利用エネルギーの特徴は以下の通りである。
① 広範囲かつ希薄に分布（密度は薄い）
② 季節および時間変動が大きい
③ 需要地との距離がある場合が多い

1.6.5 機器類

(1) 冷却塔

冷却塔は冷却水の一部を蒸発させることで，残りの水を冷却させる装置で冷凍機や生産装置類の冷却水などに利用されており，通常送風機

表1.33 未利用/自然エネルギーの種類

区分	温度レベル		
	低：<50℃	中：50〜100℃	高：100℃<
未利用エネルギー（都市設備）	冷房排熱，生活排水，調理排煙	―	固形廃棄物，燃焼排熱
	冷房換気排熱，各種排水，プロセス排熱	蒸気ドレン，プロセス排熱	ボイラ排熱，発電排熱
	変電排熱，排水処理場，発電排熱，地中送電ケーブル，下水道，工業用水道	―	ごみ処理場排熱，発電排熱
自然エネルギー	河川水，池水，排水	―	―
	地熱，太陽熱	太陽熱	太陽熱

（文献3をもとに作成）

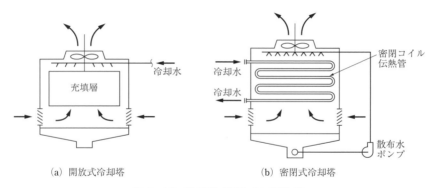

(a) 開放式冷却塔　　(b) 密閉式冷却塔

図1.46　冷却塔（開放式と密閉式）

によって空気を強制的に取り入れて冷却水を冷却する強制通風冷却塔（以下冷却塔）が用いられる。冷却塔は開放式と密閉式に大別され，空調用としては開放式が広く採用されている。図1.46に開放式と密閉式の概要を示す。密閉式は熱交換器（多管式・フィン付き管式・プレート式）を介して冷却水を冷やすため，所要静圧が増加つまり送風機動力が大きくなるうえコストも掛かるが，冷却水が汚れないため冷凍機の性能低下などの問題が少なくなる。

(2) 空気調和機

空気調和機（以下空調機）は外気や循環空気を冷却・加熱・加湿するほか，空気の清浄化（一般的に制御対象は塵埃）を行う装置で，熱交換器（冷却コイル，加熱コイル）・加湿器・エアフィルタ・送風機とそれらを収めるケーシングで構成されている。表1.34に分類を示す。このなかでエアハンドリングユニットは，一部制限のある形式はあるものの，目的に応じて構成機器の仕様を決めることができるほか，様々な組み合わせが可能であり，形状も横型・立型・コンパクト型・天吊型などがある。図1.47に空気調和機の構成例を示す。

表1.34　空気調和機の種類

熱媒	種類	
冷水 温水 蒸気 水 冷媒	エアハンドリングユニット	セントラル型
		ターミナル型
		オールフレッシュ型
		コンピューター室用
		クリーンルーム用
		システム型空調機
		デシカント型空調機
冷温水	ファンコイルユニット	
冷媒	パッケージ型空調機	
	マルチパッケージ型空調機	
	ルームエアコンディショナ	

図1.47　空気調和機の構成例

(3) 加湿器

加湿器は，蒸気式・水噴霧式・気化式などが利用されている。蒸気式は，蒸気を直接小穴から噴霧して加湿する蒸気加湿器と蒸発皿を加熱して水蒸気を発生させ加湿するパン型加湿器があり，水噴霧式には，水を霧状に噴霧する水スプレー式と超音波で水を蒸発させる超音波加湿器がある。超音波加湿器は加湿水の微生物汚染に対する配慮が必要である。表1.35に加湿方式の種類および特徴等について示す。

(4) 送風機

空気調和設備・換気設備など，空気を搬送する設備として，送風機（ファン）が用いられる。送風機は，羽の形状と気流の方向により，遠心送風機・軸流送風機・横流送風機・斜流送風機に分類できる。空気調和に最も利用されているものとして，遠心送風機に分類される多翼送風機（シロッコファン）があげられる。

(5) ポンプ

ポンプは，空気調和設備の温水・冷水・冷却水などの水の循環と搬送やオイルの供給など，給排水衛生設備における搬送，揚水，給水，排水，循環など幅広く利用されている。ポンプの種類は多種あり，ライン型・渦巻型（単段，多段，立軸単段（水中型），立軸多段（水中型））・単段歯車型などがある。空気調和設備で

表1.35　加湿方式の種類

種類		加湿原理	特徴・注意事項	空気線図上の変化
蒸気式	電極式	加湿器内の貯水タンク内の電極に交流を通電することで蒸気を発生させる	電極は発熱しない 比例制御可能 軟水・純水は不可	
	電熱式	加湿器内の貯水タンク内のシーズヒータで水を加熱，蒸気にする	蒸気発生の立上りと応答性に優れる 比例制御可能 軟水・純水の利用可	
	間接蒸気式	加湿器内の貯水タンク内の蒸気コイルに蒸気が通ることで水を加熱，蒸気にする	軟水，水道水を利用 供給蒸気の質に関わらずクリーンな加湿蒸気を供給可能 比例制御可能	
水噴霧式	高圧スプレー式	小型ポンプで加圧した水を中空ノズル管の小孔から気流中に噴霧し，水を蒸発させる	イニシャルコストが低く，大容量加湿に適する 比例制御不可	
	超音波式	加湿器内の水槽に取付けた超音波振動子から超音波を発振し，水を霧化させる	加湿効率や給水利用率は高いが，供給水質により溶存不純物による白い粉が発生する恐れがある 比例制御可能 微生物汚染に注意を要する	
気化式	滴下浸透気化式	加湿材に水分を滴下浸透させ，これに気流を通すことで水分を気化蒸発させる	水を常温のまま供給して加湿に利用可能 加湿材が濡れた状態のままだと菌発生しやすい 他方式と異なり蒸発吸収距離は不要	

（文献4を元に作成）

は，主にライン型と渦巻型が使用される。

1.6.6 空調システムの計画

(1) 基本設計と実施設計

実際の建築案件においては，例えば新築であれば「基本計画」→「基本設計」→「実施設計」→「施工」という流れに沿って進行していく。ただし，基本計画までしか対応しない場合もあれば，実施設計以降から参画する場合があるなど，請負う立場に応じて様々な携わり方がある。表1.36に基本設計と実施設計の内容事例を示す。

(2) 配管系の設計

配管は水や蒸気など，各種流体を搬送するための設備であり，目的や流体に応じて様々な種類がある。設備用途で分類すると，空調設備・衛生設備・プラント（工場）設備に大別でき，うち空調設備における配管設備の主目的は熱搬

送であり，熱負荷（外気負荷や室内負荷など）を処理するため，空調機，ファンコイルユニット，放射パネル，各種熱交換器などの各所へ熱媒体を送っている。これら配管の一般的な設計手順は以下のように行われる。

① 配管方式および管材の決定

② 配管経路の検討および決定

③ 負荷に応じた冷却量及び加熱量により流量算出

　　※水冷式冷凍機の冷却水などは必ずメーカー技術資料を確認すること

④ 配管径の決定（流量，圧力損失などにより一般的には摩擦損失線図から決定）

⑤ 配管抵抗を算出し，ポンプ仕様を決定

配管径の決定においては，単位長さ当たりの圧力を一定にして，使用流量との関係から管径を選定する等摩擦法が一般的に用いられている。図1.48に配管用炭素鋼鋼管（SGP（Steel Gas

表1.36　空調換気設備の基本設計と実施設計内容例

	1. 情報収集	2. 条件設定	3. 比較検討	4. 総合化	5. 成果図書
基本設計	①条件把握 ②現地調査など ③類似事例調査 ④関係法令調査 ⑤関係官庁打合せ ⑥スタッフ選任 ⑦スケジュール調整 ⑧各種打合せ	①設計条件設定 ・要求性能 ・法令ほか制約条件 ・工事予算把握 ②設計方針設定 ・設計理念確立 ・必要設備設定 ・仕様程度設定 ・機器設置場所設定	①設備方式検討 ②省エネルギー性検討 ③使用機器・材料検討 ④工事費概算 ⑤施工性検討 ⑥維持管理上の問題点検討	①内外環境計画策定 ②空調設備計画策定 ③換気設備計画策定 ④特殊設備計画策定 ⑤工事費配分計画策定	①空調換気設備計画概要書 ②仕様概要書 ③工事費概要書 ④各種技術資料 注：これらは建築（総合）・基本設計の成果図書に含まれる場合あり
実施設計	①条件詳細把握 ②現地調査および確認 ③使用機器・材料調査 ④各種法令手続の打合せ ⑤スケジュール調整 ⑥各担当打合せ・調整	①基本計画に基づく設備設計方針の詳細確定 ・要求性能確定 ・法令ほか制約条件の把握 ②工事費把握 ③基本設計に基づく設計方針展開 ・機器類配置，使用方式設定 ・配管，ダクト系統及び経路設定	①空調方式等検討 ・空調方式，系統，熱源検討 ②換気方式検討 ③自動制御方式検討 ④特殊設備検討 ⑤工事費検討 ⑥施工技術検討 ⑦維持管理上の問題点検討 ⑧関係法令などとの照合および検討	①空調設備設計 ②換気設備設計 ③特殊設備設計 ④使用機器および仕様決定 ⑤工事費概算との調整	①敷地案内図，配置図 ②空調設備系統図 ③空調設備平面図 ④換気設備系統図 ⑤換気設備平面図 ⑥特殊設備設計図 ⑦部分詳細図 ⑧屋外設備図 ⑨工事予算書 ⑩各工事仕様書 ⑪各種計算書 ⑫省エネルギー計算書 ⑬LCA評価 ⑭防災計画書：建築，設備全体

注：文献3　表1.2および1.3を元に作成

1.6 空調デザイン・空気調和設備

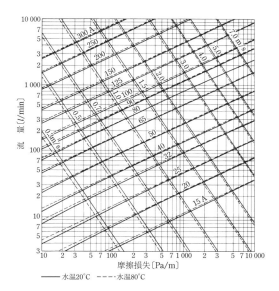

図 1.48 配管用炭素鋼管の流量線図（摩擦損失線図）

Pipe)) の摩擦損失線図を示す。なお，冷温水・冷水・温水の場合における流量算出，および直管部と局部の圧力損失算出は下式による。

冷温水・冷水・温水の流量算出

$$Q = 60 \times \left(\frac{q}{C \times \Delta t}\right) \qquad (1\cdot49)$$

ここに，Q：流量 [kg/min]
　　　　q：交換熱量 [kW]
　　　　C：比熱 [kJ/(kg·K)]
　　　　Δt：温度差 [℃]

直管部圧力損失

$$R = \lambda \frac{l}{d} \frac{v^2}{2} \rho \qquad (1\cdot50)$$

ここに，R：直管の圧力損失 [Pa]
　　　　λ：摩擦係数

l：管の長さ [m]
d：管の内径 [m]
v：流体の流速 [m/s]
ρ：流体の密度 [kg/m³]

局部抵抗による圧力損失

$$R_l = \zeta \frac{v^2}{2} \rho \qquad (1\cdot51)$$

ここに，R_l：局部抵抗による圧力損失 [Pa]
　　　　ζ：局部抵抗係数
　　　　v：流速 [m/s]
　　　　ρ：流体の密度 [kg/m³]

(3) ダクト系の設計

ダクトは，外気の取入口・空調機・送風機・吹出口・吸込口などを繋いで，空気を媒体として，熱・水分・ガス・じん埃・汚染物質などを搬送する設備である。設備用途で分類すると，空調設備・換気設備・排煙設備・排気設備などに大別できる。また形状としては円形ダクト

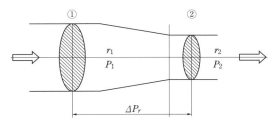

図 1.49 ダクト系のモデル図

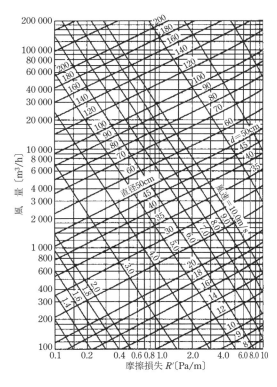

図 1.50 ダクト流量線図（摩擦損失線図）

94　第1章　空気・熱環境の設計と設備

（スパイラルダクト）と長方形ダクト（角ダクト）がある。ダクト系における一般事項としては，図1.49のようなダクト系において，空気の流れ方向の2点間でベルヌーイの法則が成立する。

$$P_1 + \frac{\rho v_1^2}{2} = P_2 + \frac{\rho v_2^2}{2} + \Delta P_r \qquad (1 \cdot 52)$$

ここに，P_1, P_2：断面①，②における圧力［Pa］

　　　　ΔP_r　：断面①から②までの圧力損失［Pa］

　　　　v_1, v_2：断面①，②における風速［m/s］

　　　　ρ　　：空気の密度［kg/m³］

これらダクトの一般的な設計手順は以下のように行われる。

① 必要風量の決定

② 吹出口・吸込口の決定（位置および個数）

③ ゾーニング・ダクトルートの決定

④ ダクトサイズ・局部形状の決定

　※この時点で概略圧力損失を算出し，場合によってはサイズ等を再検討

⑤ 圧力損失計算　　　　　　　（図1.50）

⑥ 送風機の選定

⑦ 騒音のチェック

ダクトはダクト内の圧力により，一般空調や換気ダクトに使用される低圧ダクト（常用圧力 +500 Pa以下，-500 Pa以内），排煙や工場排気ダクトなどに使用される高圧ダクトに分類され，JISではそれぞれ常用圧力と制限圧力（ダンパ急閉など一時的な圧力上昇の制限値）が定められていることに留意する必要がある。低圧ダクトの設計は等摩擦法で行い，一般に事務所では1.0 Pa/m，工場などでは1.5 Pa/mでダクトサイズを決定していく。

なお，対象室に対する必要送風量は熱負荷を処理するのに必要な風量から決定することになるが，空調換気システムによっては，その中に「必要換気量（外気量，法的要求事項）」や「排気量に見合う外気量」が含まれているか確認する必要がある。熱負荷処理に必要な送風量は次式による。（$|t_r - t_s|$）は吹出温度差といい，顕熱比・コイル・吹出口などの条件で変わるが，一般的に冷房時で8～10℃程度，暖房時で14～18℃程度で設計されている。

$$Q = \frac{3,600 \times q}{C_p \rho (|t_r - t_s|)} \qquad (1 \cdot 53)$$

ここに，Q　：送風量［m³/h］

　　　　q　：顕熱取得量または顕熱損失量［W］

　　　　C_p：空気の定圧比熱［J/(kg・K)］

　　　　ρ　：空気の密度［kg/m³］

　　　　t_r　：室内空気の乾球温度［℃］

　　　　t_s　：吹出空気の乾球温度［℃］

本節に関連する1級建築士問題

（1）空気調和設備に関する正誤問題

① 定風量単一ダクト方式において，外気冷房システムを用いた場合，冬期における導入外気の加湿を行うためのエネルギーを削減することができる。（誤）

② デシカント空調では潜熱を効率よく除去可能であり，潜熱と顕熱を分離処理する空調システムに利用できる。（正）

③ 外気冷房システムは，内部発熱が大きい建築物の中間期及び冬期におけるエネルギー使用量の低減に有効である。（正）

④ 空気調和設備におけるVAV方式は，室内の冷暖房負荷に応じて，主として，吹出し空気の温度を変化させる方式である。（誤）

⑤ 床吹出空調は事務所等で使用され，冷房・暖房とも居住域の垂直温度分布が良好である。（誤）

《解説》垂直温度分布が良好な方式は天井面に放射パネルを配した放射空調方式。

1.6 空調デザイン・空気調和設備 **95**

⑥　代替フロン（HRC）はオゾン破壊係数はゼロであるが地球温暖化係数は高い。（正）

⑦　蓄熱方式を採用することにより，熱源装置の負荷のピークを平準化し，その容量を小さくすることができる。（正）

⑧　空調運転開始後，予熱・予冷時間において，外気取入れを停止することは，省エネルギー上有効な場合が多い。（正）

⑨　冷却塔による冷却効果は，主に，冷却水の蒸発潜熱により得られ，この冷却作用を有効に利用するため外気取入口付近に設置計画する。（誤）

⑩　空調用冷凍機等に用いられる冷媒のノンフロン化にともない，自然冷媒であるアンモニア，二酸化炭素又は水が冷媒として用いられることがある。（正）

⑪　SHF とは空調機により空気に加えられまたは除去される熱量のうち，潜熱量の占める割合のことをいう。（誤）

《解説》　顕熱量の占める割合

⑫　開口の通過風量は，開口の内外の圧力差を 2 倍にすると 2 倍になる。（誤）$\sqrt{2}$ 倍となる。

⑬　冷却塔と建築物の外気取入れ口との離隔距離は，冷却塔における冷却水からのレジオネラ属菌による汚染防止のために，一般に，10 m 以上とする。（正）

⑭　円形ダクトにおいて，ダクトサイズを大きくし，風速を 30% 下げて同じ風量を送風すると，理論的には，送風による圧力損失が約 1/2 となり，送風エネルギー消費量を減少させることができる。（正）

《解説》　$\Delta \zeta = \dfrac{1}{2} \zeta \rho (0.7 v)^2$

$\qquad\qquad = 0.49 \times \dfrac{1}{2} \zeta \rho v^2$ で正しい。

⑮　長方形ダクトを用いて送風する場合，同じ風量，同じ断面積であれば，形状を正方形に近くするほど，送風エネルギー消費量を減少させることができる。（正）

⑯　一般の事務所ビルにおいて，窓，壁，屋根等の構造体からの熱負荷を 50% 減少させると，冷房用エネルギー消費量を 50% 減少させることができる。（誤）

《解説》　内部発熱，外気等の負荷があるので，誤り。

⑰　照明の電力消費量を減少させると，冷房用エネルギー消費量も減少させることができる。（正）

⑱　遠心冷凍機の冷水出口温度を高く設定すると COP は低くなる。（誤）

《解説》　COP は高くなる。

⑲　風量 7,200 m³/h，有効開口率 0.33 の外気取入れがらりの面積は，2〜3 m² 程度が望ましい。

《解説》　がらりの面風速は 3 m/s 程度であり，7200/3600 = 0.33 × s × 3 より，s = 2 m² 程度である。

⑳　デシカント空調はコージェネレーションシステム（CGS）の排熱を利用することで CGS の総合効率向上に寄与する。（正）

㉑　ファンコイルユニット方式は，個別制御が容易であるので，病室やホテルの客室の空調に用いられることが多い。（正）

㉒　空調機の外気取入れに全熱交換器を使用することにより，冷凍機・ボイラ等の熱源装置容量を小さくすることができる。（正）

㉓　中央式空調設備を設ける病院において，機械室（空調・換気・衛生設備）の床面積は，一般に，延べ面積（駐車場は除く）の 3% 程度である。（誤）

《解説》　5〜8% 程度となる。

㉔　熱負荷の時刻別変動が大きい建築物であったため，空調用ポンプを変流量方式にした。（正）

96 第1章 空気・熱環境の設計と設備

〔参考文献〕
1) 池田耕一：室内空気汚染の原因と対策，日刊工業新聞社，1998
2) 空気調和衛生工学会編：図解空調・給排水の大百科
3) 空気調和衛生工学会；3 空気調和設備編，空気調和・衛生工学便覧第 14 版
4) テクノ菱和編：空調・衛生技術データブック（第 5 版），森北出版

第2章

水環境と給排水

2・1	都市の中の水	98
2・2	給水・給湯設備	102
2・3	排水通気設備	112
2・4	雑用水設備	114
2・5	給排水設備から見た建築空間,	
	建築外部空間	116

2.1 都市の中の水

建築における水環境と給排水を考える上で，都市の中の水システムである水道と下水道を理解しておく必要がある。これは，総論の「水環境のデザイン」で述べた通り，日本において 2019 年現在の水道普及率は 98.1%，汚水処理人口普及率は 92.6% となっているためである。なお，汚水処理人口普及率のうち下水道人口普及率は 80.6% であり，その他は浄化槽等により汚水処理がされている。

2.1.1 都市への水の供給

(1) 水道の内容

水道の分類を図 2.1 に示す。水道事業とは計画上の給水人口が 101 人以上のものをいう。このうち，給水人口が 5,000 人以下のものを**簡易水道事業**といい，給水人口が 5,001 人以上のものを**上水道事業**として区別している。

(2) 水道のシステム

水の供給に当たっては，対象となる地域の都市化の度合いを考える必要がある。**都市化の第 1 段階**（pre-urban から early-urban への変化の過程）では，森や林が伐採され，宅地開発がなされ，井戸が掘削されて飲用を含めた水の抽出が盛んになされるようになる。水源の涵養に大きな効果をもたらす降水は地表面で流出して，地下水位が低下するとともに地下水の水質汚濁が進んでいくことになる。

第 2 段階（early-urban から middle-urban への変化の過程）では，ビルや道路が建設され，自然の地形に手を加えて，掘削や埋め立てが多くなってくる。自然河川の一部は排水路に変わり，**都市型洪水**が増加し，地下水位の低下は一層顕著になってくる。この段階では地域での水の確保は困難になってくるので，上水道が整備される。

第 3 段階（middle-urban から late-urban への変化の過程）では，ビルや道路を中心とした都市計画が完成し，水路は固定されるとともに，排水路は暗渠化してくる。この段階では井戸は水質汚濁のために放棄され，必要な水は他の地域から供給されることになる。こうして都市化の各段階で，上水道は規模的に拡大される。

水道のシステム概念図を図 2.2 に示す。水道水の水源は，主として地表水と地下水である。水源としての大切な要素は水質と水量である。水質は取水開始時だけでなく，将来にわたって清浄に維持されなければならない。水量は水道の必要量を満たすとともに，将来の需要増に対

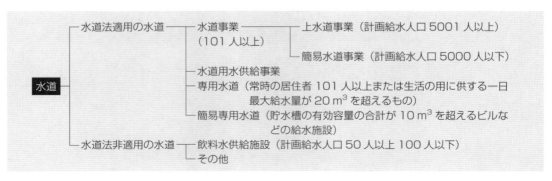

図 2.1 水道の分類
（財団法人ビル管理教育センター：改訂　ビルの環境衛生管理　下巻による）

応できる拡張性が備えられていることが大切である。

(a) 取水

水源開発を行って、原水を確保することから水道システムは始まる。取水施設は、常時安定した取水ができるとともに、自由に調整することが可能でなければならない。有限で貴重な水資源として有効に利用するために、計画一日使用水量に途中損失を見込んだ量を確保する。渇水期でも計画水量が確保されること、良質な水質が将来にわたって確保されることが重要である。

(b) 導水路

取水施設から浄水場まで、原水を搬送する部分のことである。

(c) 浄水場

浄水場では、沈殿・砂ろ過・消毒の過程を経て上水がつくられている。沈殿は、原水の固液分離をする過程のことである。懸濁液の固形物を沈降させて上澄液を得る。その方法には、普通沈殿と凝集沈殿の2通りがある。前者は重力によって固形物の沈殿を進めるため時間がかかり、後者は微粒子や溶解質を凝集剤によってフロック化し、沈殿を促進させる。

砂ろ過は、沈殿処理を終えた水を、人工の厚い砂層で形成された砂ろ過池でろ過処理している。ここでは、水中に含まれている浮遊物質・コロイド・細菌類・溶解性物質などの不純物や汚染物質を除去している。砂ろ過には、急速ろ過と緩速ろ過がある。前者は凝集沈殿との組合せとなり、後者は普通沈殿との組合せである。現在は、水需要の増大と取水用水域の慢性的な水質汚濁のため、急速ろ過方式への転換が進んできている。

消毒は水道法により定められていて、水道水の消毒には塩素を使用している。

(d) 送配水施設

送配水施設とは、浄水場から建物までの間にある施設部分のことである。

配水に当たっては、浄水場から送水されてきた上水を貯水施設に貯え、配水管を通して配水する。配水池や加圧ポンプなどの給水所と配水管網がある。

(3) 水の安全管理

水道水の水質については、人の健康に関する条件であるから、飲用に適することが必要不可欠である。そして、水道法に基づく水質基準に適合することが求められている。そのために、水源地での水質調査、浄水場・給水栓等での水質調査が行われ、水道水の安全性が確かめられ

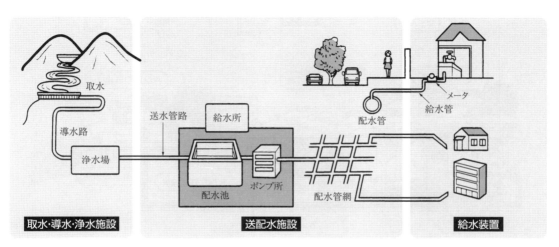

図2.2 水道のシステム概念図

ている。平成16年4月に新たな水質基準に関する省令が施行され，51項目について水質基準が定められている。その内容の一部では，大腸菌が検出されないことや，カドミウム・水銀・セレン・鉛・ヒ素などの元素とその化合物，ベンゼン等の有機化合物などの含有量の上限，pH値や味，色度などの基準が定められている。

2.1.2　都市からの排水

(1) 建物からの排水

建物の各種の排水は，水質汚濁防止法，建築基準法，廃棄物処理法，下水道法，浄化槽法等およびそれらに基づくその地域の条件に従って，下水道や浄化槽などの汚水処理施設で処理され，公共用水域に放流されている。

公共用水域とは，水質汚濁防止法第2条で定められている，河川・湖沼・港湾・沿岸地域その他公共の用に供される水域およびこれに接続する公共溝渠，灌漑用水路その他公共の用に供される水路のことである。

通常の水域には**自浄作用**があり，ある程度の汚濁物質が流入しても，自然界の物理的・化学的作用および生物作用により分解され，正常な状態に回復する。たとえば，河川ではそこに生活する細菌やその他の生物が，水中の溶存酸素を用いて酸化分解する。しかし，汚濁物質がその限度を超えると汚濁が進行していく。酸素の消費が供給を上回ると水の嫌気性化が進行して，次第に嫌気性微生物が増殖し，外観が悪化して臭気が発生する。したがって，排水は公共用水域に排出する前に汚濁物質を減少させる必要がある。

水質汚濁防止法に基づいて排水が規制されている特定施設のうち主要なものを次に示す。

① 旅館業の用に供する厨房施設，洗濯施設，入浴施設
② 病床300以上の病院に設置される厨房施設，洗浄施設，入浴施設

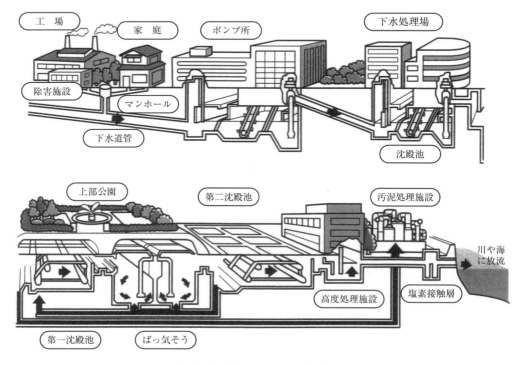

図2.3　下水道のシステム概念図

③ 科学技術（人文科学のみにかかるものを除く）に関する研究，試験，検査または専門教育を行う事業所の洗浄施設，焼却施設

④ 処理対象 201 人以上の浄化槽

(2) 下 水 道

下水道のシステム概念図を図 2.3 に示す。下水道の機能として，水質汚濁の防止，降雨による市街地の浸水の防止，都市環境の向上，水資源の再利用などがある。雨水をあわせて流す下水道を**合流式**といい，それに対して雨水を流入させないものを**分流式**という。下水道に排水を排出する際に，排水の水質が下水道の施設，下水処理機能などに著しく悪影響を与える場合にはあらかじめ発生源において除外施設を設置することが必要である。

下水道の終末には**下水処理施設**がある。そこでは次のような処理を行って，下水を浄化している。

① **一次処理**：スクリーン，沈砂地，沈殿地などにより固形物・油脂などを分離・除去する。

② **二次処理**：活性汚泥法，生物膜法などの好気性生物処理により有機物質の分解・除去を行う。

③ **高度処理**：窒素・リン等の栄養塩類の除去を行う。

④ **消　毒**：人体に有害な病原菌を消毒する。

(3) 浄化槽

下水道等のし尿処理施設が整備されていないまたは整備の予定がない地域では，建物から排水されるし尿と雑排水を処理する**浄化槽**を設置して公共用水域に放流する必要がある。浄化槽は保守点検，清掃，定期検査が義務付けられている。

2.2 給水・給湯設備

2.2.1 衛生器具の種類と衛生設備

(1) 衛生器具の種類と機能

水を使用するときに給水・給湯・排水を機能させるために，衛生器具が設置される。給水管や排水管の端末に設置される単体の器具だけでなく，付随して使用されるペーパーホルダー・タオルかけ・鏡などの付属品も衛生器具に含まれる。

衛生器具などの分類を図2.4に示す。

衛生器具にはさまざまな材料が使われている。青銅・黄銅・銅・可鍛鋳鉄および鋳鉄などの金属，木材やプラスチック，陶器，大理石などである。そして，材質として必要な条件は次のとおりである。

① 平滑な表面をもち，吸水性が少ないこと
② 美的であり，常に清潔を保つことができること
③ 耐食・耐磨耗性があり，耐久性に優れていること
④ 飲料水に接する部分の材質は，人体に有害な成分が溶出しないこと
⑤ 製作が容易であること
⑥ 取り付けが容易であること

(a) 給水器具

給水器具とは，給水栓・シャワー・洗浄弁・ボールタップなど，水や湯を使用するときに直接操作する器具のことである。給水栓から吐出される水量は，使用用途に応じたものでなければならない。また，**逆流防止機能をもっている**

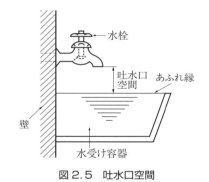

図2.5 吐水口空間

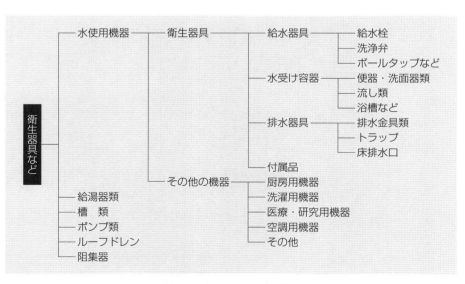

図2.4 衛生器具などの分類
（空気調和・衛生工学会規格：HASS206-1982 給排水設備基準 ㈳空気調和・衛生工学会による）

必要がある。図2.5に示す通り，給水栓の吐水口と水を受ける容器のあふれ縁との間には，規定の**吐水口空間**を確保して設置しなければならない。浴室ではシャワーが使われる。シャワーは浴槽内に水没する場合があるので，断水が発生して給水管内が負圧になると**逆サイホン作用**により上水に逆流する可能性がある。そのため，給水管内に負圧が発生したときに自動的に空気を吸引して逆流を防ぐ**バキュームブレーカ**を必ず取り付けなければならない。

大便器洗浄弁は，公衆用のトイレなどの頻繁に使用されるところに設置されるが，必要な最低水圧は70kPaになっている。ただし，管内圧力が高くなると流速が速くなり，水栓や弁などを急に閉じた場合，閉止した部分の上流側で急激な圧力上昇が生じて管内を伝わる**ウォータハンマ**が発生して騒音や振動が生じ，配管などの損傷の可能性もあるため，最高水圧は400kPaまでとする。

(b) 水受け容器

水受け容器は，便器・洗面器・流し類・浴槽などの水や湯を貯めたり，使用後に排水したりするための器具である。

大便器はトラップと一体となった水封式で，洋風と和風があるが，新規の設置はほぼ洋風である。

主な洗浄方法としては，タンク式，洗浄弁式，専用洗浄弁式がある。タンク式は水をためたタンクを使用し，タンクの水を重力によって便器に給水する方式である。洗浄弁式は洗浄弁を使用し，水道の給水圧力によって便器へ給水する方式であり，公共トイレなど多数の人が連続で使用する場所で用いられる。専用洗浄弁式は専用の給水装置を使用し，水道の給水圧力，加圧装置などによって便器へ給水する方式である。

いずれの方式も洗浄水量の節水化が進み，洗浄水量6.5L以下の大便器が節水形とされている。大便器では，汚物の完全な排出とトラップの**封水深**の確保，排水管内での停滞や詰まりがないことが重要である。

小便器は男子の小用のために公共トイレに設置され，多くが自動洗浄装置を備えている。洗浄方式には洗浄弁式と専用洗浄弁式があり，洗浄水量4L以下が節水形とされている。洗面器および手洗器でも自動洗浄装置により，節水を図っているものが多く見受けられる。

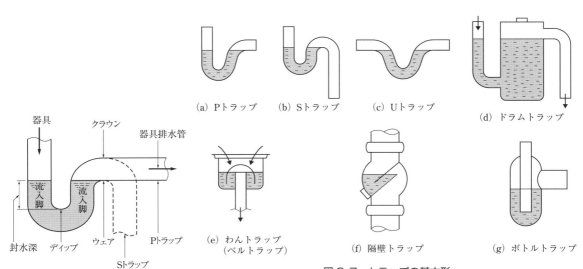

図2.6 トラップ各部の名称

図2.7 トラップの基本形

（空気調和・衛生工学会：空気調和・衛生工学便覧Ⅲ（第11版），オーム社による）

(c) 排水器具

排水器具は，排水金具・トラップ・床排水口などの排水に関わる器具である。排水金具は，水受け容器と排水管を接続するものである。トラップは内部に水封部をもち，衛生器具と排水管との間に設置され，排水管内の下水ガスや衛生害虫が排水口から室内に侵入してくることを阻止している。図2.6にトラップ各部の名称を示す。封水深は，50 mm以上100 mm以下とする。またトラップには，図2.7に示すようにP型，S型，U型，ドラムトラップ，わんトラップなどがある。

なお，2個のトラップに挟まれた排水管は閉塞状態となって，器具からの排水と一緒に流入する空気の逃げ場がなくなり，トラップの封水や排水の流れに悪影響を及ぼすため，いかなる場合でも，二重にトラップを設けてはならない。**二重トラップ**の例を図2.8に示す。

(2) 衛生器具設備

衛生器具設備は衛生器具を含む複合体といえる。そして，使用する周辺の環境を清潔に維持しやすく，使用者への衛生性も確保されていることが必要である。衛生器具と衛生器具設備に必要な性能を次に示す。

① 健常者だけでなく障害者，高齢者，子供などの利用に対する安全性や利便性
② 上水の汚染防止を考慮した安全性
③ 汚れが付着しにくい表面の仕上げや形状であり，衛生的であること
④ 維持管理が容易で，適正な耐用年数を要すること
⑤ 意匠上問題がないこと
⑥ 実際の使用に当たって，水圧や水量が適切であること
⑦ 排水性能に支障をきたさないこと
⑧ 節水や省エネルギーなど環境負荷の低減に配慮すること
⑨ 災害時の機能維持を考慮すること

2.2.2 給水設備

建物内の給水設備には，飲用水を供給する上水系統と，その他の用途へ水を供給する雑用水給水系統とがある。どちらも衛生性・安全性の保持に十分配慮しなければならない。飲用水は直接飲用するので，その安全性は特に重要である。

雑用水も人体への接触があったり，噴霧水が人の呼吸器系に入ったりしたときに，悪い影響を与えないようにしておかなければならない。

上水の給水・給湯系統とその他の系統が，配管・装置により直接接続される図2.9のような**クロスコネクション**を避けなければならない。

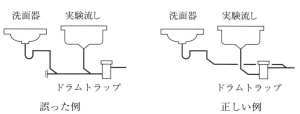

図2.8 二重トラップの例
（空気調和・衛生工学会：SHASE-S 206-2019 給排水衛生設備規準・同解説による）

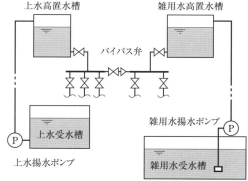

図2.9 上水と雑用水のクロスコネクションの例
（(公財)日本建築衛生管理教育センター：新 建築物の環境衛生管理 中巻 第1版による）

2.2 給水・給湯設備　105

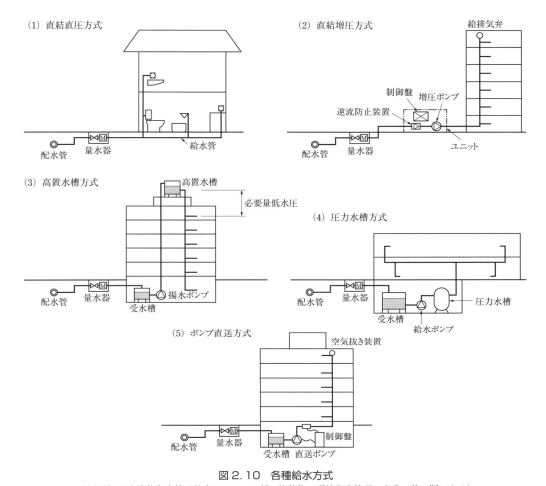

図2.10　各種給水方式
((公財)日本建築衛生管理教育センター：新　建築物の環境衛生管理　中巻　第1版による)

表2.1　各種給水方式の特徴

水道直結方式	高置水槽方式	圧力水槽方式	ポンプ直送方式
1) 水道配水管の水圧が高い場合または直結増圧方式では高層の建物まで給水でき、建物所有者は設備費が節約できる。 2) 使用箇所まで密閉された管路で供給されるため最も衛生的である。 3) 断水などの影響を直接受ける。 4) 器具・材料などを含めて水道側の諸制約を受ける。 5) 建設費が低廉である。	1) 扱いやすいため、従来最も多く用いられている。 2) 使用箇所での水圧は安定しているが、落差が異なるため上階では水圧不足を、下階では過大水圧を生じやすい。 3) 受水槽・高置水槽の設置スペース、維持管理が必要である。 4) 汚染の機会は最も多い。 5) 断水やポンプの故障等でも水槽に貯留されている水は使用できる。	1) 圧縮された空気の反力で水を高所へ供給する。 2) 水槽を下階に設置するため構造上有利である。 3) 高圧が容易に得られるが、水圧が変動することが欠点となる。 4) ブラダを有する圧力水槽は、空気の混入がない点が有利である。ただし、ブラダの劣化を考慮する必要がある。	1) 給水管の圧力または流量を検出してポンプの運転台数または回転数を制御し、安定した給水ができる。 2) 制御が複雑で故障時等の対策を考慮する必要がある。 3) 汚染の機会は減るが、設備費が高くなる。 4) 適切な設計が行われれば省エネルギーが図れる。

(1) 給水方式と使用水量
(a) 給水方式

上水は水道の配水管から建物内に引き込まれる。その方式は，使用する器具まで直結して給水する**水道直結方式**と，いったん受水槽に受けて貯水する**受水槽方式**とに分けられる。各種給水方式を図2.10に，また，その特徴を表2.1に示す。

水道直結方式は衛生上の問題が最も生じにくく，戸建住宅などではもっぱらこの方式が使われている。中高層の集合住宅などにおいては，水道の給水管に加圧ポンプを直結して使用する**直結増圧方式**による事例が増えている。

受水槽を使用する方式には**高置水槽方式**，**ポンプ直送方式**などがある。

高置水槽方式は，事務所ビルなどでは最も一般的な方式といえる。高置水槽の水面から使用箇所との落差で給水するため水圧は安定しているが，受水槽と高置水槽の2箇所の水槽内での衛生管理が大切である。受水槽の容量は1日最大使用水量の40～60％，高置水槽は1日最大使用水量の10％程度として，水需要に応えるとともに，水質維持のため水の滞留時間を長くしないことが必要となる。

ポンプ直送方式は高置水槽をなくし，加圧ポンプにより受水槽から直接に使用する器具まで

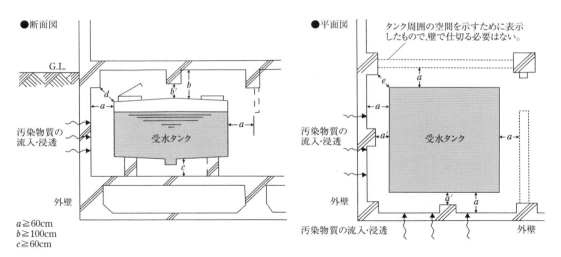

図2.11 貯水タンク等の設置位置
(建設省住宅局建築指導課監修：給排水設備技術基準・同解説　(財)日本建築センターによる)

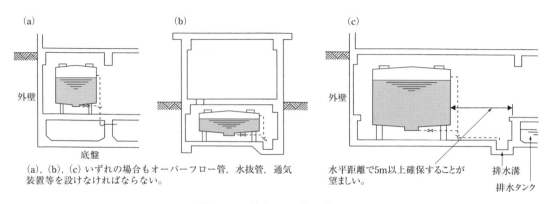

図2.12 給水タンク等の構造例
(建設省住宅局建築指導課監修：給排水設備技術基準・同解説　(財)日本建築センターによる)

表2.2 建物種類別単位給水量・使用時間・人員

建物種類	単位給水量 [1日当たり]	使用時間 [h/d]	注 記	有効面積当た りの人員など	備 考
戸建住宅 集合住宅 独身寮	200〜400 L/人 200〜350 L/人 400〜600 L/人	10 15 10	居住者1人当たり 居住者1人当たり 居住者1人当たり	0.16人/m² 0.16人/m²	
※事務所	40〜60 L/人		執務者・外来者の便所洗浄水／執務者の飲用，食器洗浄，給茶等／便所衛生器具などの清掃管理用水を含む		社員食堂・喫茶，洗車場，空調・加湿に伴う水使用量は別途計上
工 場	60〜100 L/人	操業時間 +1	在勤者1人当たり	座作業 0.3 人/m² 立作業 0.1 人/m²	男子 50 L/人，女子 100 L/人，社員食堂・シャワー等は別途加算
※総合病院	600〜900 L/床		入院患者の生活用水／病院勤務者・外来者の活動用水／外構・植栽への散水／厨房（入院患者用）／食堂・喫茶（病院勤務者，外来者用）を含む		人工透析，大型洗濯施設，空調・加湿に伴う水使用量は別途計上
ホテル全体	500〜6000 L/床	12			設備内容等により詳細に検討する
ホテル客室部	350〜450 L/床	12			客室部のみ
保養所	500〜800 L/人	10			
喫茶店	20〜25 L/客 55〜130 L/店舗 m²	10		店舗面積には厨房面積を含む	厨房で使用される水量のみ 便所洗浄水等は別途加算
飲食店	55〜130 L/客 110〜530 L/店舗 m²	10		同上	同上 定性的には，軽食・そば・和食・洋食・中華の順に多い
社員食堂	25〜50 L/食堂 m² 80〜140 L/食堂 m²	10		食堂面積には厨房面積を含む	同上
給食センター	20〜30 L/食	10			同上
デパート・スーパーマーケット	15〜30 L/m²	10	延べ面積1 m²当たり		従業員分・空調用水を含む
※小・中学校	40〜50 L/人		職員・学生・来校者の活動用水，清掃用水，外構・植栽への散水を含む		校内給食調理，プール，イベント，空調・加湿に伴う水使用量は別途計上
※高等学校	50〜60 L/人				
大学講義棟	2〜4 L/m²	9	延べ面積1 m²当たり		実験・研究用水は別途加算
劇場・映画館	25〜40 L/m² 0.2〜0.3 L/人	14	延べ面積1 m²当たり 入場者1人当たり		従業員分・空調用水を含む
ターミナル駅	10 L/1000人	16	乗降客1000人当たり		列車給水・洗車用水は別途加算
普通駅	3 L/1000人	16	乗降客1000人当たり		従業員分・多少のテナント分を含む
寺院・教会	10 L/人	2	参会者1人当たり		常住者・常勤者分は別途加算
図書館	25 L/人	6	閲覧者1人当たり	0.4/m²	常勤者分は別途加算

(注) 1) 単位給水量は設計対象給水量であり，年間1日平均給水量ではない。

2) 備考欄に特記のない限り，空調用水，冷凍機冷却水，実験・研究用水，プロセス用水，プール・サウナ用水などは別途加算する。

(空気調和・衛生工学会：空気調和・衛生工学便覧Ⅲ（第11版），オーム社による)

(※の建物種類は空気調和・衛生工学会：ネットゼロウォーターの実現に向けて―水の新しい単位給水量―による)

給水する方式である。

直結増圧方式は受水槽の設置場所をなくすことができ，水槽の維持管理が不要になるなどの利点があり，既設の集合住宅でも設備更新に伴って採用される事例が多くなっている。一方，防災上の拠点になる建物では，受水槽は水源確保の点から重要である。災害拠点病院では，災害時に少なくとも3日分の病院の機能を維持するための水を確保するために，3日分の容量の受水槽を保有しておくことが求められている。

(b) 貯水槽の汚染防止

受水槽や高置水槽などは，**貯水槽**（貯水タンク）という。この貯水槽はしばしば水質汚染の元凶となるため，昭和57年施行の建設省告示1597号によって，床上設置し，6面点検のできる構造として，建築構造躯体と空間を設けることが決められている。図2.11に給水タンクの設置位置を，図2.12に構造例を示す。

貯水槽の材質には鋼板，**FRP**（繊維強化プラスチック），ステンレス鋼板，木材などがある。材質によって腐食や藻類の発生に注意する必要がある。また，貯水槽は定期的な水質の確認，点検，清掃，検査等の管理が必要であり，規模によっては法律等で実施が義務付けられている。

(c) 使用水量

建物の中で生活する人が使用する水量は，建物の使用目的で異なっている。表2.2に**建物種**

類別単位給水量を示す。環境配慮などの観点から衛生器具や建物における節水化が進んでいる。そのため，ここで示されている単位給水量は，建物種類によっては過大であることが指摘されている。計画，設計の際は，近年の実績などから給水量を適切に予測することが求められる。

(2) 住宅での水使用

住宅における水使用は生活パターンと密接に結びついている。水使用の用途は，台所・風呂・洗面・洗濯・トイレ・その他の6項目に分類される。居住者数や家族構成で1人当たりの水使用量は異なっている。

生活行動における**水使用行為**の使用水量・給湯量を明らかにすることが重要である。この際，トイレ・洗濯の用途における1行為当たりの使用水量は機器によってほぼ決まっている。台所・風呂・洗面などにおける利用の仕方は，個人だけではなく家族構成（人数・性別）によっても異なっている。こうした水利用行為を実施する時刻は異なっている場合がほとんどである。表2.3に，用途別24時間平均使用水量調査例を示す。

使用者側からの節水を考える場合には，必要水量の少ない機器を使用したり，水使用行為における使用水量を少なくしたりすることが大切である。

表2.3 用途別24時間平均使用水量（8月，9月）

（上段：使用水量（L），下段：使用割合（％））

	家　族　構　成	台　所	風　呂	洗面所	洗　濯	トイレ	その他	合　計
2人	男73才，女72才	157.3 (28)	124.0 (22)	35.6 (6)	74.3 (13)	172.4 (31)	0.2 (0)	564
3人	男72才，女66才，女7才	176.6 (20)	156.4 (17)	30.6 (3)	210.7 (24)	253.8 (28)	67.2 (8)	895
4人	男53才，女49才，女23才，女21才	150.5 (21)	172.3 (24)	44.8 (6)	143.8 (20)	212.5 (29)	1.3 (0)	725
5人	男61才，女51才，女23才，女22才，女20才	309.5 (22)	554.8 (40)	79.9 (6)	257.2 (19)	143.9 (10)	35.4 (3)	1381

2.2.3 給湯設備

(1) 給湯方式と湯の使用量

湯は，入浴・洗面・洗濯・調理・飲用などの目的に使用されている。給湯方式は**中央式**と**局所式**に分類される。

中央式は，ホテルや病院など給湯箇所の多い建物に適している。機械室に加熱装置を設置して，配管で湯を供給している。一般的には必要湯量に見合った貯湯槽を持ち，給湯栓の前後に給湯管と返湯管を持った2管式となっていて，循環ポンプにより湯を循環させて給湯温度を維持している。中央式給湯の配管方式の例を図2.13に示す。水温が上昇すると水は膨張して圧力が上昇するため，密閉式貯湯槽に逃し管を設けたり，開放式貯湯槽を設けたりして圧力を逃す必要がある。また，湯に溶存していた空気が分離して配管内に貯まるので，これを抜くための空気抜き管または空気抜き弁を圧力の低い上部に設置する必要がある。

局所式は，湯を使う箇所ごとに加熱装置を設置する方法で，住宅や事務所の洗面所や湯沸し室などに適している。住宅の場合には住戸ごとに給湯機を設置して必要箇所に給湯する住戸セ

(a) 上向き配管の例（密閉式貯湯槽）

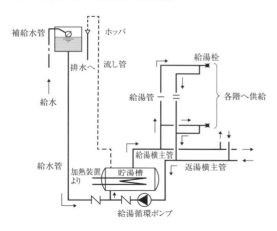

(b) 下向き配管の例1（密閉式貯湯槽）

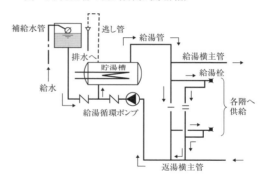

(c) 下向き配管の例2（密閉式貯湯槽）

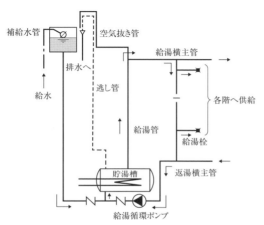

(d) 下向き配管の例3（開放式貯湯槽）

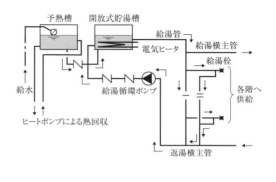

図2.13 中央式給湯の配管方式の例
（（公財）日本建築衛生管理教育センター：新 建築物の環境衛生管理 中巻 第1版による）

110 第2章 水環境と給排水

ントラル方式と，住棟全体で給湯機を設置して給湯する住棟セントラル方式がある。飲用の場合は使用温度が95℃ と高いため，局所式で供給する。

　加熱装置に入ってくる冬季の給水温度は夏季よりも低いため，熱源での給湯負荷は冬季が最大になる。湯の使用量も，一般には冬季のほうが多くなっている。建物用途によって，使用量の時間変動も異なる。事務所では，給水と同じように出勤時，昼食時，退社時等に増えている。ホテルでは，客室が利用される夜間に最も湯の使用が多くなっている。住宅では，水の使用時に湯の使用も多くなっているが，平日と休日での湯の使われ方は異なる。

　湯の使用量によって，機器容量は異なる。表2.4に設計用給湯量を示す。表に示されている

通り，給湯量には大きな幅がある。使用人員や設置器具数，ピーク時給湯量やその継続時間を勘案して加熱能力と貯湯容量を算定する必要がある。

(2) 給湯温度

　湯の使用温度は用途によって異なっている。それらを表2.5にまとめて示す。**給湯温度**は，使用温度より高めの 55～60℃ である。使用箇所で湯と水を混合して，使用者の好みの温度にして使用している。循環式の給湯設備では，**レジオネラ属菌**が繁殖しないように，貯湯槽内の湯温が 60℃ 以上，末端の給湯栓でも 55℃ 以上となるような給湯設備を備える必要がある。また，高すぎる給湯温度は，使用者にやけどなどの害をもたらすので避けなければならない。

表 2.4　設計用給湯量

建物の種類	年間平均1日給湯量	ピーク時給湯量	ピーク継続時間	備　　考
住　　　宅	150～250 L/(戸・日)	100～200 L/(戸・h)	2h	住宅のグレードを考慮して検討する必要がある
集 合 住 宅	150～250 L/(戸・日)	50～100 L/(戸・h)	2h	ピーク時給湯量は，住戸数が少ない場合ほど多くする
事　務　所	7～ 10 L/(人・日)	1.5～ 2.5 L/(人・h)	2h	女性の使用量は，男性の使用量よりも多い
ホテル客室	150～250 L/(人・日)	20～ 40 L/(人・h)	2h	ホテルの性格と使用のされ方を考慮する必要がある
総 合 病 院	2～ 4 L/(m²・日)	0.4～0.8 L/(m²・h)	1h	病院の性格と設備内容を把握することが必要である
	100～200 L/(床・日)	20～ 40 L/(床・日)	1h	ピークは1日2回あり，ピーク時以外でも，湯は平均的に使用される
飲 食 施 設	40～ 80 L/(m²・日)	10～ 20 L/(m²・h)	2h	面積は，食堂面積＋ちゅう房面積
	60～120 L/(席・日)	15～ 30 L/(席・日)	2h	軽食・喫茶は，少ないほうの値でよい

注　給水温度5℃，給湯温度60℃ 基準
（空気調和・衛生工学会：空気調和・衛生工学便覧4給排水衛生設備編（第14版）による）

表 2.5　給湯使用温度

用　　　途	適　　温 [℃]		採用した温度[℃]
	夏	冬	
浴　用			
浴槽（成人）	39～41	41～43	43
洗　髪	37～39	39～41	41
シャワー	38～40	40～42[1]	42
洗面・手洗い用	35～37	38～40	40
厨房用			
一般（食器洗浄）[2]	36～39	37～41	41
皿洗い機（すすぎ）[3]	70～80	70～80	
洗濯用（手洗い）	36～38	38～40	40

(注) 1) 脱衣室・居室の暖房状況に影響される。身体を暖める必要があるときはより高い温度となる。
2) 油汚れを落とす場合，ゴム手袋使用時などはこれより高い温度で使用されることが多い。
3) 皿洗い機用のほか，浴槽落し込み，洗濯機用などは給湯温度に影響される。

（空気調和・衛生工学会規格：HASS-206　給排水衛生設備規準・同解説　社団法人空気調和・衛生工学会による）

(3) 省エネルギー

給湯設備では，省エネルギーを図っていくことが必要である。効率の良い熱源機器の使用，配管の保温，適切な給湯温度，湯の節約などが考えられる。

熱源での省エネルギーは，**未利用エネルギー**の活用や**排熱回収**などがある。ヒートポンプによって未利用エネルギーを利用する場合には，変動する負荷に対応できるように貯湯槽の容量を大きくしておく必要がある。また，浴場や住宅の浴室の排水からの熱を回収する場合には，熱交換器内の配管の腐食により給水を汚染させることのないように熱交換器を二重に設置する。

配管，貯湯槽，熱交換器は適切に保温することにより，熱損失を少なくすることができる。また，使用者は水との混合により適温の湯を使用することから，給湯温度が低くなると，温水混合の際に多くの湯を必要とする。これは給湯ポンプの稼働を大きくし，省エネルギーにならない。

住戸セントラル方式では，高効率給湯機として一次熱交換器の排気を二次熱交換器で水の予備加熱に利用する潜熱回収型給湯機が採用されている。従来型給湯機と潜熱回収型給湯機の仕組みを図2.14に示す。潜熱回収型給湯機では潜熱回収によって酸性のドレン水が発生するため，中和器に通してドレン水を排出させる。

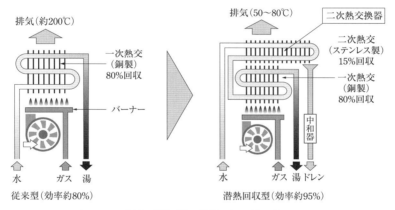

図2.14　従来型給湯機と潜熱回収型給湯機の仕組み
（日本ガス協会：エコジョーズ（省エネ高効率給湯器），日本ガス協会ホームページによる）

112　第2章　水環境と給排水

2.3　排水通気設備

2.3.1　排水通気設備の役割

(1)　排水設備の内容

建物内で使った水や雨水は，排水として速やかに排除する必要がある。一般には，上層階で発生する排水は重力式排水方式で流下する。地下部分などの低い場所で発生する排水は，いったん排水槽に貯留してポンプで排除する機械式排水とする。建物内の排水管は下水管に接続するから，トラップが必ず設けられていなければならない。トラップの封水を適正に保つために通気設備が必要である。これらを総称して**排水通気設備**という。

排水はその内容により，汚水・雑排水・雨水・特殊排水などに分類される。汚水は大小便器などから排出される排水のことである。雑排水は汚水・雨水・特殊排水を除く排水のことで，厨房からの排水，生活排水，機械室や駐車場からの排水・湧水のことをいう。特殊排水は，研究所や工場，ごみ処理場などにおける化学物質や放射性物質が含まれた排水，病院の感染症病棟などからの排水のことをいう。これは適切な除害施設を設けて適切な処理をしてから一般排水系統へ放流する。

また，雑排水中に含まれるグリースやオイル，砂，毛髪など，有害・危険な物質や望ましくない物質もしくは再利用できる物質の流下を阻止・分類・収集して，残りの水液のみを排水できる**阻集器**を設置する必要がある場合もある。阻集器はトラップの機能を持っている。

下水道法では，下水排除規準として温度が45℃未満と定められている。高温排水は，45℃未満に冷却した後，排水管に排出する必要がある。

(2)　排水と通気

排水を円滑に流し，排水管内に過度な圧力変動を生じさせないために通気が必要である。目的は，トラップの封水を保持させることである。3階建以上の建物に設ける排水立て管には通気立て管を設置しなければならない。トラップ中の水が失われることを**封水損失**という。この原因には**自己サイホン作用**，**誘導サイホン作用**，吹出し現象，蒸発，毛管現象がある。

①　**自己サイホン作用**：器具排水管を排水が満流で流れるときに，サイホン作用でトラップ内の封水も流出してしまうこと

②　**誘導サイホンと吹出し現象**：排水管内に圧力変動が発生し，負圧の場合にはトラップ中の封水は排水管内に誘引されて損失してしまう。逆に，正圧の場合には封水は器具のほうに吹き出し，その戻りで排水管に流出してしまう

③　**蒸発**：器具が長い期間使用されないときに，封水が徐々に蒸発していくこと

④　**毛管現象**：トラップのウェアに糸くずや毛髪が引っかかっていると，封水がそれらを伝わって少しずつ流出してしまうこと

(3)　間接排水

水飲み器，食品冷蔵庫，厨房用機器，洗濯機などからの排水は，いったん排水口に受けてから排水管に接続する。したがって，排水口と排水管の間にトラップを設置する必要がある。こうした機器の排水の出口と排水口との間には逆流を防止するために，**排水口空間**を確保しなければならない。

2.3.2　排水・通気の配管方式

(1)　排水管

建物内における排水通気配管の例を図2.15に示す。

各階の排水管を**排水横枝管**といい，それらが接続された縦の排水管を**排水立て管**という。排水管の中は水だけでなく，固形物や空気も流れている。排水が流れていない排水管の区間でも空気は流れているので，排水立て管の頂部は大気に開放されていなければならない。またその管径は最上部から最下部まで同一になっていなければならない。

建物の外壁から公共下水道までの排水管を**敷地排水管**という。通常は埋設されるが，流下方向が変わるところや他の敷地排水管が合流してくるところでは**排水ます（汚水ます）**を設ける。寒冷地では冬季に凍結しないように凍結深度以下に埋設する。

(2) 通気管

通気方式には**伸頂通気方式，ループ通気方式，各個通気方式，特殊継手排水方式**がある。

伸頂通気方式は，頂部が伸頂通気管として外気に開放された排水立て管だけの単一立て管方式である。伸頂通気方式は，他の方式と比較して通気性能が劣るので，**許容排水流量**が小さい。

ループ通気方式と各個通気方式は通気立て管に接続されていて，その通気立て管は頂部が外気に開放された排水立て管に接続する2管式になっている。ループ通気方式は，1つの横枝管に複数のトラップが接続されている場合，最も上流のトラップからの器具排水管の接続点のすぐ下流からループ通気管を取り出して，通気立て管に接続する。各個通気方式は，トラップごとに通気管を取り出して，通気横枝管に接続し，さらに通気立て管か伸頂通気管に接続する。ため洗いをする可能性のある洗面器などは，自己サイホン作用を起こして破封する可能性があるので，許容排水流量が大きい各個通気管を設けることが望ましい。

特殊排水継手方式は伸頂通気方式の一種であるが，伸頂通気方式より許容排水流量が大きい。排水立て管の継手には，複数の排水横枝管からの排水を一つに合流させることができる排水用特殊継手を設ける。

排水立て管に接続する各階の**排水横枝管**または**排水横主管**の間の垂直距離が2.5 mを超える区間を**ブランチ間隔**という。ブランチ間隔が3以上の排水立て管においてループ通気方式または各個通気方式で通気する場合には**通気立て管**が必要である。

2.3.3 雨水排水

建物の屋根や屋外の通路，敷地などに降る雨水は，専用の配管として建物外部または雨水貯留槽に排出する。建物内の排水管や通気管と兼用してはならない。敷地雨水排水管には，雨を一次貯留したり泥や枯葉を沈殿，収集したりできる**雨水ます**または地下浸透機能を備えた**雨水浸透ます**を設ける。雨水排水を合流式下水道に排出する場合は，排水管からの臭気を防止するために，敷地排水管に接続する前に**トラップます**を設ける。

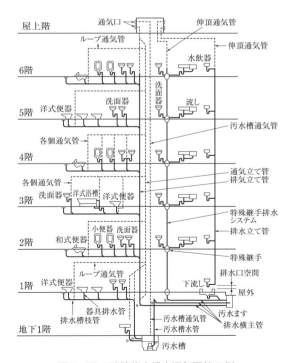

図2.15　建築物内排水通気配管の例
((公財)日本建築衛生管理教育センター：新　建築物の環境衛生管理　中巻　第1版による)

2.4 雑用水設備

2.4.1 雑用水利用の目的・意義

日本において，大正時代から高度経済成長期以前までは，建物の水源として地下水が主に用いられていたが，地盤沈下や塩水化といった地下水障害が生じて採取規制が行われる一方で，ダム等の整備による河川水への水源転換と水道の普及が進み，1980年には水道普及率が90%を超えた。一方で，ダムや河川は多くの水源を雨などの降水に頼っているため，降水量が少ない状況が続くと渇水が発生する。世界的に見ると降水量が多い日本であるが，年降水量に国土面積を乗じ，全人口で除した一人当たり年降水総量は，世界平均を下回る状況にある。

そのため，水資源の有効利用の観点から，雨水利用や排水を処理した再生水を，水洗トイレの洗浄水や散水などに利用する雑用水利用が推進されている。特に，雨水利用は，雨水の利用の推進に関する法律が2016年に施行され，水資源の有効利用とともに下水道，河川等への雨水の集中的な流出の抑制を図っている。

日本建築学会では，雨水活用として雨をとどめる「蓄雨（ちくう）」の概念を定めている。蓄雨は，防災，治水，環境，利水の4つの蓄雨で構成され，これらを雨水の貯留，利用，浸透，蒸発散によりバランスよく行うことが求められている。

2.4.2 雑用水設備の計画・設計

雑用水の循環利用方式には，図2.16に示すように，単体の建物での個別循環方式，複数の建物による地区循環方式，下水道の再生水を用いる広域循環方式に大別できる。本書では，個別循環方式を取り上げる。

雑用水利用のためには，雨水や排水の集水，処理，消毒，貯留のための装置や機器が必要で，これらを接続する配管や衛生器具も必要である。雑用水設備の全体構成を図2.17に示す。この図では排水再利用と雨水利用が区別されているが，雑用水受水槽でこれらを合わせて利用する

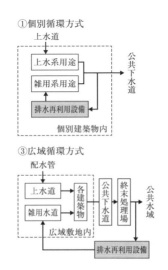
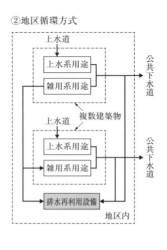

図2.16 雑用水の循環利用方式
（(公財) 日本建築衛生管理教育センター：新 建築物の環境衛生管理 中巻 第1版による）

場合もある。

なお，雑用水受水槽は，便器洗浄水として利用する場合は最下階の二重スラブ内に設けてもよいが，散水・修景・清掃用水としても使用する場合は，飲料水の受水槽に準じて6面点検ができる構造であることが望ましい。

雨水は，屋根または屋上を主な集水面として自然流下により集水する。初期雨水は，大気汚染物質を含んでいたり，集水面の汚れを多く含んでいたりするので排除することが望ましい。排水は，手洗い・洗面，風呂，厨房などの雑排水や空調設備の冷却塔ブロー水，ドレン水などを原水にできる。し尿を含む原水は，衛生上の観点からトイレ洗浄水以外の雑用水使用が禁止されている。

雑用水利用のためには，原水となる雨水や排水の集水量や水質を予測して，適切な設備を計画すること，上水と雑用水の系統を明確に区別すること，雨水や排水の原水が不足する場合に備えて，クロスコネクションにならないように水道水等の補給水を供給できるようにすること，豪雨時に貯留槽が満水となって水があふれるのを防ぐこと，給水栓における水に含まれる遊離残留塩素を基準以上に保持すること，散水，修景・清掃，水洗便所の用に供する水は表2.6に示す管理を行うことなどが求められる。

表2.6 雑用水の管理
(建築物における衛生的環境の確保に関する法律施行規則より作成)

項　目	基　準	散水，修景又は清掃の用に供する雑用水	水洗便所の洗浄の用に供する雑用水
pH 値	5.8 以上 8.6 以下	7日以内ごとに1回	7日以内ごとに1回
臭　気	異常でないこと		
外　観	ほとんど無色透明であること		
遊離残留塩素	0.1 mg/L 以上であること（結合残留塩素の場合は 0.4 mg/L 以上）		
大腸菌	検出されないこと	2ヶ月以内ごとに1回	2ヶ月以内ごとに1回
濁　度	2度以下であること		該当せず

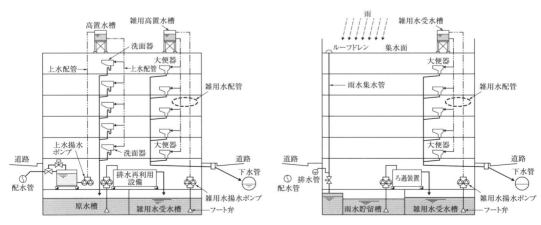

図2.17 雑用水設備の全体構成
((公財)日本建築衛生管理教育センター：新　建築物の環境衛生管理　中巻　第1版による)

116　第2章　水環境と給排水

2.5　給排水設備から見た建築空間，建築外部空間

2.5.1　トイレの計画

(1)　計画の一般事項

　トイレに必要な衛生器具設備とそれらのトイレ内での配置は，建築計画の早い段階で決定する必要がある。そのためには，建物を利用する人数，建物用途，利用者の男女比，利用する人の様々なニーズを得ておかなければならない。

　必要とされる設備の水準は，生理学上の必要性だけではない。女性用のトイレでは，男性用トイレとは違った，女性が必要とする用途に適合した環境として整備されなければならない。そして，男性より女性の方が平均としてトイレを利用する時間が長いことを考慮することが大切である。

　トイレの計画における一般事項を表2.7に示す。

(2)　住宅以外のトイレ

　(1)の一般事項に加えて，住宅用以外のトイレでは，表2.8のことも加えて考える必要がある。

(3)　公衆用トイレ

　公衆用トイレの設備は，(2)に加えて，表2.9の事項にも合致している必要がある。

　実際の設備での要点を表2.10に示す。

表2.7　トイレの計画における一般事項

要素	注意点
アクセス	・厨房や仕事場等とドアで仕切られていること ・段差がないこと ・大便器ブースに簡単で安全なロックが備わっていること。ただし，緊急の場合のために外から容易に開放されるものであること。
衛生性	・水受け容器からのオーバーフローや衛生器具からのバックフローがないようにすること ・十分な換気によりトイレ内の空気環境を衛生的に保つこと ・適切な据付や配管の保温材などにより衛生器具からの騒音を低減させること ・適切な清掃のために，清掃用具の置き場所を設置すること
器具・機器	・施工性や経済性，維持管理性を考慮して統一された器具を正しく選択して導入すること ・すべての器具と配管と設備システムは，維持管理と修理が容易にできるように配置されていること ・器具等の意図的な破壊行為を阻止するための措置がなされていること ・水栓を有する機器は水跳ねがないように取り付けること ・使用，維持管理と清掃が容易にできるように水栓の周囲に十分なスペースを確保すること
壁と床	・壁の表面は滑らかであること ・トイレ内の床は不浸透性で滑りやすくない材料で，壁に向かって覆って床と壁のつなぎ目からの水の浸透を防ぐこと

2.5 給排水設備から見た建築空間，建築外部空間 **117**

表2.8 住宅以外のトイレの留意事項

サイン	・トイレの設置場所が表示されていること ・2箇所以上にトイレが設置されている場合は最も近い場所への指示が表示されていること
設置場所	・多数の人が流動している場所や階段室など自由な移動の障害となることを避けた場所に設置すること ・鏡や洗面・手洗い器，ハンドドライヤーなど器具の配置は出入口の混雑を避けるように配置されていること
いたずら防止	・使用者が使用しない配管などは取外し可能なパネルの裏側に隠しておくこと ・落書きできない手段を設計時に考慮すること
ブース	・換気・清掃・管理が容易になるよう，大便器ブースを構成するパーティションと扉は床に接しないように，また，天井面より下に終端を設けること ・衣服と床に置く必要のないものをかけるフックが取り付けられていたり，高い位置に置き場所があったりすること
汚物処理	おむつや生理用品などの汚物の安全な処置のための機器が設置されていること

表2.9 公衆用トイレの留意事項

耐久性	すべての器具と機器が頑強であり，耐摩耗性をもち，機械的に信頼性があること
ブース扉	大便器ブースの扉は，使われていないときには開放された状態になるように設計されていること
サービス・ダクト	いたずら防止や配管の結露からの保護，換気ダクトなどの収納のために，衛生器具の背面に配管を収納するサービス・ダクトを設置すること
バリアフリートイレ	・車椅子使用者や発達障害など同伴が必要な人，乳幼児連れの人，オストメイト（人工肛門等保有者）が使用するバリアフリートイレを設置すること ・車椅子使用者は一人でトイレを使用できるようにすること ・同性ではない同伴者がいることを考慮すること ・視覚的にわかりやすい場所に設置すること ・トイレの入口に適切なサインを設けること ・アクセスに段差がないこと，また，入口と扉の開閉部は車椅子のために十分広くすること ・車椅子使用者用トイレへの利用集中を避けるため，オストメイト対応設備や乳幼児連れの人のためのトイレは，一般トイレ内に機能の分散を図ることが望ましい
照度	トイレの内面と外観は十分に明るくされていること

118　第2章　水環境と給排水

表2.10　各種トイレの設置要点

種　類	特　徴	必要な設備
救護室	・最低限1個の大便器と洗面器が設置された個室が設置されていること	・腕やひじでリモートコントロール操作できる水洗金具のあるシンクまたは洗面器 ・飲料水の供給
清掃用品収納室	・清掃用品を収納する適当なスペースを確保すること	・掃除用シンク ・洗面器
事務所の職場スタッフ用トイレ		・給水と給湯のある洗面器 ・大きな建物では各階に掃除用シンク
事務所の外来者用トイレ	・公衆用トイレと同様に考える ・エントランスホールの脇にあること ・車椅子使用者に対応していること	
店舗とショッピングセンター	・来客のためのトイレは容易にアクセスできること ・大人と幼児が一緒に使える手洗い設備を有する単独のトイレ （授乳ができるように）	・おむつ交換のための設備 ・小児用大便器や小便器
学校	・成人教育や社会事業などの目的のために学校の設備がより広く使用されることが計画されている場合には，衛生器具の選択，トイレの設置場所と器具の配置は子供と大人の両方の使用に適切であること ・シャワー設備が体育の授業や課外活動後の使用のために設置されるべきであり，その場合は更衣室からアクセスしやすいこと ・保健医務室は流し台とそれとは別に飲料水の給水が必要であり，最低限1つの大便器と洗面器が隣接している個室の中に設置されていること	・ピーク負荷状態の頻繁な水使用に対応した給水設備
劇場・ホール	・バリアフリートイレが設置されていること	・必要な器具数が設置されていること
ホテル	・客室には浴室があること ・非宿泊者のためのトイレはラウンジから近い場所にすること ・洗濯設備を設置する場合は，トイレ内もしくはトイレからきわめて近い所に設置すること	・浴槽ないしはシャワーに加えて大便器と洗面器が設置されていること ・各浴室には飲料水の給水がされていて，そのことが明瞭に記されていること
レストラン	・男女別にトイレを設置すること ・バリアフリートイレが設置されていること ・スタッフ専用のトイレを設置すること ・すべてのトイレは飲食エリアや厨房エリアとは切り離されていること	・男女の比率が未知であるレストランでは男女は等しい人数を想定し，座席数か利用者数によって設備の基準を設ける ・厨房と配膳スタッフのためのトイレは，調理と配膳に関連して利便性を確保すること ・厨房内と他の食品準備エリア内に洗面器か手洗器を設けること

2.5.2 生物多様性の保全とグランドデザイン

地球環境問題として認識されている問題は9つあるが，そのうちのひとつが「野生生物種の減少」である。野生生物種の減少は，乱獲など野生生物そのものへの攻撃によってもたらされるものもあるが，大きな原因は，都市に居住する人間が道路や住宅，工場などを建設することによって，もともと野生生物が住んでいた土地を改変することによって引き起こされたと考えられている。

野生生物どうしのつながりと土・水・大気・太陽の光で構成される「**生態系**」は，生物の種や遺伝子の多様性，すなわち「**生物多様性**」の確保が重要である。

1993年に発効された「生物多様性条約」を受けて，日本政府が決定した「生物多様性国家戦略」は，生物多様性の保全と持続可能な利用に関する基本方針と施策の方向を定めたものである。最初の戦略は1995年に決定した。その後，数回の見直しが行われ，「生物多様性国家戦略2012-2020」では「自然共生社会における国土のグランドデザイン」として，少なくとも100年という長期的な視点で記述した基本的な姿勢及びビジョンが示されている。この中の「都市地域」における「望ましい地域のイメージ」の中で，建物やその近傍について触れている部分を以下に抜粋する。

「人口も含めてコンパクトになった市街地には，高エネルギー効率，長寿命の建物が建ち並び，発達した公共交通が立派に育った厚みのある街路樹の並木の中を移動している。また，都市の中や臨海部には，低未利用地を活用して，明治神宮のような森と呼べる大規模な緑地が造成されることで各都市の中にも巨木がそびえ，その上を猛禽類が悠々と空を舞うとともに，都市住民や子どもたちが身近に生物とふれあうこ

とのできる小さな空間が市街地内のあちこちに湧水なども活用して生まれている。これらの街路樹や緑地は地球温暖化対策やヒートアイランド現象の緩和，都市における良好な景観の形成などにも貢献している。」「地形の変化に富み，樹林を有する緑地が増え，学校や幼稚園・保育園などには生物がたくさん生息するビオトープがあり，都市に居住しながらも幼い子どもたちが土の上で遊びや冒険をしながら育っていく。また，こうした森や緑地の管理は地域の大人が積極的に協力して行うことで，子どもも含めた地域のコミュニティのつながりが強くなっている。企業等の民間事業者の所有地においても緑地が確保され，生態系ネットワークの拠点となっている。」

建物を中心とした生活空間における生物多様性の確保は，樹林地，草地，水辺地など残された緑地を公園化したり農地を維持したりすることが第一に必要とされるが，緑地は開発されて年々減少しているのが現状である。そこで，道路や河川などの都市基盤施設や，住宅地や工場，事務所，商業業務地域などの民有地の緑化が推進されてきた。

本来，建物は人間が快適に暮らす場所をつくることが目的とされていたが，生物多様性の保全を考えて，土地改変による野生生物が生息する比較的均質なまとまりのある樹林地，草地，水辺地，農地などの空間（ビオトープ）の消失をできるだけ防ぐことと，ビオトープをできるだけ地域本来の自然に保つこと，そしてビオトープを相互につなぐこと（**ビオトープネットワーク**，図2.18）が求められている。

2.5.3 建物周辺における環境にやさしい水と緑の創出

前項で述べたように，建物を中心とした生活空間において水と緑の空間を創出することは，生物多様性を保全するうえで，また，人間の総

合快適性（アメニティ）の形成のためにとても重要なことである。建物を中心とした生活空間において生物多様性の観点から水と緑の空間を計画する場合は，地域の生態系に配慮するとともに，人間と生物のふれあいに配慮することも重要になる。また，地球環境への配慮項目として地球温暖化緩和策や適応策が重要視されているが，建物周辺の自然エネルギーや資源を有効利用することや建物から排出される資源の有効利用，また，建物自体の環境負荷削減も考慮する必要がある。

ここでは，このような生物多様性を保全するための水と緑の空間づくりを「ビオトープづくり」と定義して，以下に水辺を中心としたビオトープづくりの計画に当たっての留意点を述べる。

(1) 設置目的にあった水の形態と水利用を考える

水と親しむことを目的とした水景施設（図2.19）の形態は，設置目的に応じて決める必要がある。

主に，人間が入って遊ぶことを目的とする「親水施設」では，人間（主に子供）にとっての衛生性と安全性を考慮する必要があり，適切な水質管理が求められる。

人間が水をながめることを主な目的とする「修景施設」でも，人間が近づくことを考慮した施設形態と水質管理が求められる。特に，噴水や落水の飛沫が生じやすい施設は，飛沫を吸い込むことによってレジオネラ症などの感染症を発症する恐れがあるので，適切な水質管理が必要である。

これらに対して，ビオトープづくりの形態である「自然観察施設」に求められるのは，生物の生息に適した施設形態と水量，水質の確保が第一の条件となる。これについては，要点を後述する。

(2) 地域の自然生態系を乱さないこと

ビオトープづくりは，対象とする地域にどのような動植物が生息しているかをよく調査したうえで行う必要がある。建物敷地に計画するビオトープは，基本的に敷地造成後につくられることから，生物が入ってくることが難しい状況にあり，動物を外から導入することもある。そのときには，その土地の表土を持ち込んで土壌動物と土壌微生物を入れることと，郷土種といわれるその地域に生息している動物を導入することが望ましいとされている。水辺を作るときにも，自然に移入したり導入したりした郷土種の動物が生息しやすい環境を創出する必要があ

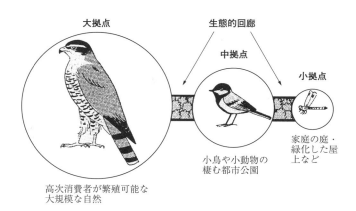

図2.18　自然のネットワークを導入した街づくり
（日本生態系保護協会：ビオトープネットワーク—都市・農村・自然の新秩序，ぎょうせい，1994年による）

る。また，水辺を構成する材料も自然の素材を使用するなど，地域の自然環境になじむものを使用する必要がある。

(3) 生物の生息場所としての配慮

生物が生息する場所であるビオトープに必要なのは，前に述べたように，土・水・大気・太陽の光の4つの構成要素であるが，ただ構成要素が備わっていればよいというわけではない。もう一つ必要とされていることは，異なるタイプのビオトープをつなぐことである。生物によって適したビオトープは異なる。また，同じ生物でもえさを取って食べたり，休息したり，繁殖するために異なったビオトープを必要とする。さらに，成長段階によっても異なるビオトープを行き来する必要がある。異なるタイプのビオトープを移動できるように，**エコトーン**といわれる推移帯でつなぐことが重要となる。水辺自体も自然に蛇行させたり，深さを変化させたりするなど，多様な環境をつくることが求められる（図2.20）。

(4) 水循環系の中での水量の確保と水質の維持

ビトトープづくりで水辺をつくるときに考えなければならないのは，目標とする生物の生息に適した水辺づくりと，地域の水循環系（地表，海面などからの蒸発，降雨，地下浸透，河川から海への流出という一連の流れ）の構成要素の一つとして水量を確保すること，そして，水質を維持することである。

水量の確保においては，地下水や湧水・河川水・海水など，自然の水源を確保することが望ましいが，建物周辺におけるビオトープでは，敷地や法規の制約から確保するのが難しい場合がほとんどである。水循環系の中では，雨水を利用することが最も容易で，多くのビオトープづくりで用いられている方法であるが，地域や時期によって水が不足することも多いため，水道水や雑用水などの人間が生活のために引き込んだ水や排出された水を補給できる設備が必要になる。水道水の場合は残留塩素が含まれているので，生物の生息に影響がないように留意する必要がある。また，雑用水については，窒素やリンなどの有機物を含んでいることから，富栄養化による水質汚濁などに注意する必要がある。なお，し尿を含む原水を処理した雑用水は，法律によりこれらの施設には使用できない。

水質の維持は，自然生態系の水辺における自然浄化と同じように，溶存酸素量の確保のために水面に落差を設けたりして，水生生物や分解者である水中の微生物を生育させることが必要となる。ヨシやガマなどの水生植物は，浄化能力があって，水中や土壌に含まれる窒素分やリンを吸収するが，枯れてしまったらまた水中に戻ってしまうので，時期によって植物を刈り取る必要がある。

(5) 維持可能な空間と設備の検討

施工して工事が完了する建物と違い，建物周辺につくられたビオトープは，施工したときか

(a) 噴水：自然観察施設

(b) 流水：親水施設

(c) 灌水：修景施設

図2.19 水景施設の例

ら成長が始まる空間といえる。したがって，長年にわたって持続可能な空間となるように計画することが重要である。

水景施設の場合，維持管理にかかる費用の問題や施設の劣化など，さまざまな要因により稼働が停止されている施設や季節によって運転を止める施設がよくある。しかし，ビオトープの場合，そこに生物が生息する空間となるので，稼働を停止するわけにはいかない。

持続可能な空間とするためには，大自然のビオトープのように，自然の資源をうまく活用するとともに，維持管理の手間ができるだけかからないものにする必要がある。建物周辺のビオトープでは，環境配慮の一環として水源は主に雨水を用いて，水を循環させるためのポンプ動力を太陽光発電や風力発電によるエネルギーでまかなう例が多く見られる。このような方法は，維持管理にかかる費用が水道水や電気エネルギーを用いたものよりも安く済むということと，環境に配慮したことをアピールするには有効であるが，前述のとおり，水量不足で水の循環が十分に確保されずに生物が生息する空間としての環境を維持できなくなってしまう恐れもあるので，水源や動力は複数の方法で確保しておくことが望ましい。

(6) 人間と生物との適切な関係を考える

建物周辺にビオトープを設置するということは，人の居住空間と他の生物の生息空間が近づくことを意味する。このことは，互いの緊張関係を強いることになる。人にとっては，虫や鳥のふんや鳴き声などによって居住環境の悪化の恐れがあり，生物は，人間の存在から寄りつかなくなったり，空調や照明などによって生息環境が悪化したりする恐れもある。

鳥類などの野生生物は，人が侵入しにくく覗きにくい隠れる場所が必要といわれている。一方，人にとって，身近な自然を観察できるというビオトープのメリットを生かす必要もあるので，両者の兼ね合いをうまく考える必要がある。

人間と生物の関係におけるもう一つの問題として，ペットなどをビオトープに放してしまう問題があげられる。

条件付特定外来生物に指定されているアメリカザリガニやアカミミガメなどは，水辺のビオ

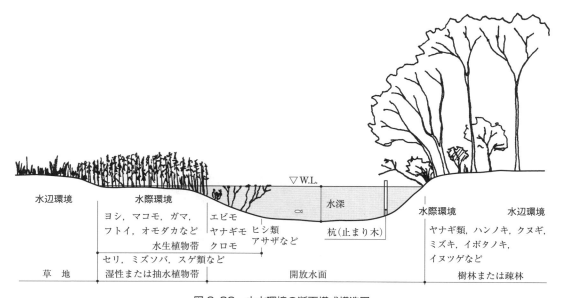

図 2.20 止水環境の断面模式構造図
(亀山章・倉本宣編：エコパーク—生物のいる公園づくり—，ソフトサイエンス社 1998 年による)

トープでかなり見られるものであるが，このような生物は**外来種**といわれるもので，地域本来の生態系を乱すことになる。また，植物においても外来種が多く見られ，**地域固有種**の絶滅が心配されている。

このような問題に対しては，不用意な侵入を防ぐ施設形態を考えることが必要であるが，施設の対処のみでは解決できない問題も多いので，自然観察会を開催して自然生態系のことを勉強する機会を設けたり，外来種を駆除する環境保全活動を地域の人が行ったりするなど，管理の工夫をすることが重要となる。

2.5.4 実施事例

(1) 学校：印西市立小倉台小学校

（千葉県印西市，1997年5月竣工，図2.21）

千葉ニュータウン中央駅の近くにある小学校で，校舎の中庭にビオトープがつくられている。原案作成の段階から児童が参加して，たくさんのアイデアが活かされている。水は校舎の屋上に降った雨水を貯めて使っており，水道水も補給できるようになっている。このような学校ビオトープは，環境学習のために各地でつくられており，学校・園庭ビオトープコンクールも開催されている。

(2) 集合住宅：グリーンプラザひばりが丘南

（東京都西東京市，2001年8月竣工，図2.22, 23, 24）

住宅団地の集会場のうえに位置する屋上ビオトープと，オープンスペースにおけるせせらぎを立体的に配置し，人と生物がふれあう新しいビオトープの形を試みている。また，隣接するせせらぎ公園と一体的に整備して，ビオトープネットワークを形成している。水は雨水を地下貯留槽に貯めて，太陽光発電の動力を使用したポンプで屋上ビオトープに汲み上げている。

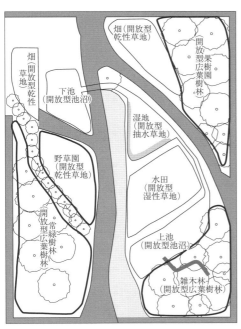

図2.21 小倉台小学校ビオトープ配置図
（身近な自然を自分たちの手で―ニュータウンの中のビオトープづくり―，印西市立小倉台小学校，2001年による）

図2.22 グリーンプラザひばりが丘南の屋上ビオトープ

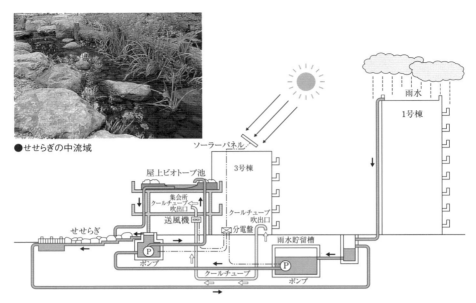

図 2.23　グリーンプラザひばりが丘南断面図
（グリーンプラザひばりが丘南のパンフレットより）

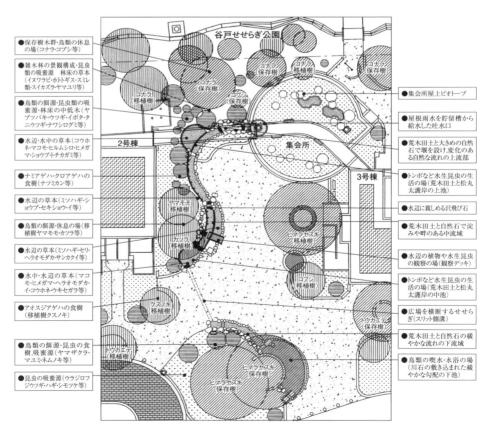

図 2.24　グリーンプラザひばりが丘南配置図
（グリーンプラザひばりが丘南のパンフレットより）

表2.11　各種衛生器具などの器具排水負荷単位数

器　具　名	トラップの最小口径 [mm]	器具排水負荷単位数	器　具　名	トラップの最小口径 [mm]	器具排水負荷単位数
大便器（私室用）	75[a]	4	調理用（住宅用）	40[a]	2
（公衆用）	75[a]	6, 8[b]	流し（住宅用ディスポーザ付き）	40	2
小便器（壁掛小形）	40[a]	4	（住宅用ディスポーザ付きかつ食器洗浄機付き）	40	3
（ストール大形）	50[a]	4, 5[b]	（パントリー，皿洗い用）	40〜50	4
洗面器	30(32)[a]	1	（湯沸し場用）	40〜50	3
洗面器（並列式）	40	2	（バーシンク私室用）	40	1
手洗い器	25[a]	0.5	（バーシンク公衆用）	40	2
手術用洗面器	30[a]	2	食器洗浄機（住宅用）	40	2
洗髪器	30[a]	2	ディスポーザ（営業用）	50	3
水飲み器又は冷水機	30[a]	0.5	（営業用）[c]	1.8 L/min ごと	2
歯科用ユニット，歯科用洗面器	30	1	床　排　水	40	2
浴槽（住宅用）	30[a]，40	2		50	3
（洋風）	40[a]，50	3		75	5
囲いシャワー	50	2	標準器具以外のもの	30	1
連立シャワー（ヘッド1個当たり）		3		40	2
ビ　デ	30[a]	1		50	3
掃除流し（台形トラップ付き）	65[a]	2.5		65	4
	75	3		75	5
洗濯流し	40	2		100	6
掃除・雑用流し（Pトラップ付き）	40〜50	2	1組の浴室器具（洗浄タンク付き大便器，洗面器，浴槽）		6
洗濯機（住宅用）	50	3	1組の浴室器具（洗浄弁付き大便器，洗面器，浴槽）		8
（営業用）	50	3	排水ポンプ・エゼクタ吐出し量3.6 L/min ごと		2
連合流し	40[a]	2			
連合流し（ディスポーザ付き）	40	4			
汚物流し	75	6			
実験流し	40[a]	1.5			
手術用流し	40	3			

注[a]　SHASE-S 206 に規定した。
注[b]　使用頻度が高い場合に用いる。
注[c]　連続使用に用いる。

（空気調和・衛生工学会：SHASE-S 206-2019 給排水衛生設備規準・同解説による）

表2.12　排水横枝管および排水立て管の許容最大器具排水負荷単位数

管　径 [A]	受け持ちうる許容最大器具排水負荷単位数			
	排水横枝管[a]	3階建またはブランチ間隔3を有する1立て管	3階建を超える場合	
			1立て管に対する合計	1階分または1ブランチ間隔の合計
30	1	2	2	1
40	3	4	8	2
50	6	10	24	6
65	12	20	42	9
75	20	30	60	16
100	160	240	500	90
125	360	540	1 100	200
150	630	960	1 900	350
200	1 400	2 200	3 600	600
250	2 500	3 800	5 600	1 000
300	3 900	6 000	8 400	1 500

注記1　伸頂通気方式，特殊継手排水システムには適用できない。
注記2　National Plumbing Code をもとに作成したものであるが，その後の米国規格を参考にして一部変更した。
注[a]　排水横主管の枝管は含まない。

（空気調和・衛生工学会：SHASE-S 206-2019 給排水衛生設備規準・同解説による）

126　第2章　水環境と給排水

コラム　　　　　　　　　　　　　　　給水系統の設計法

(1)　給水負荷の算定

　給水設備を設計するには，最初に建物で使用する水量を算定する。表2.2の単位給水量より1日当たり計画使用水量 V_d [L] を求める。次に1日平均使用時間 T [h] を用いて，時間平均給水量 Q_h [L/h]，時間最大給水量 Q_m [L/h]，瞬間最大給水量 Q_p [L/min] を求める。

$$Q_h = V_d / T \tag{2・1}$$

$$Q_m = K_1 Q_h \tag{2・2}$$

$$Q_p = K_2 Q_h / 60 \tag{2・3}$$

ただし，K_1：1.5〜2.0，K_2：3.0〜4.0

(2)　給水管径の決定

給水管の管径は計算する区画ごとに行い，同時に許容圧力損失も算定する。

（a）　瞬時最大流量

　給水管は樹枝状になっているので，設計する給水管では，その下流側全部の給水器具へ給水している。したがって，それらの接続されている給水器具の給水負荷単位を合計する。1個ずつの器具給水負荷単位は表2.8から該当する器具のものを選ぶ。合計された単位数から，図2.25によって瞬時最大流量を求める。

（b）　管径決定

　給水管として使用される管材にあった流量線図を使って管径を決定する。一般的には，硬質塩化ビニルライニング鋼管が使用されることが多いので，その流量線図を図2.26に示す。

　前項で求めた瞬時最大流量から管径を求める。このとき，給水管内の流速は2.0 m 以下とすることが望ましい。流速が速いと器具の開閉操作によって，水撃現象が起こり騒音や振動を発生させることがある。管径決定と同時に単位長さ当たりの圧力損失を読み取り，設計区間の圧力損失を計算する。

表2.13　器具給水負荷単位

器具名	水　栓	器具給水負荷単位	
		公衆用	私室用
大　　便　　器	洗　浄　弁	10	6
大　　便　　器	洗浄タンク	5	3
小　　便　　器	洗　浄　弁	5	
洗　　面　　器	給　水　弁	2	1
手　　洗　　器	給　水　栓	1	0.5
事務室用流し	給　水　栓	3	
台　所　流　し	給　水　栓		3
掃除用流し	給　水　栓	4	3
浴　　　　　槽	給　水　栓	4	2
シ　ャ　ワ　ー	混　合　栓	4	2

（注）　給湯栓併用の場合は，1個の水栓に対する器具給水負荷単位は上記の数値の3/4とする。

（空気調和・衛生工学会：空気調和・衛生工学会便覧（改訂第9版），Ⅲ巻による）

2.5 給排水設備から見た建築空間,建築外部空間　**127**

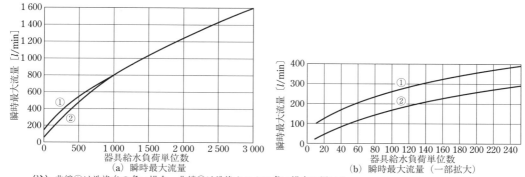

（**注**）曲線①は洗浄弁の多い場合,曲線②は洗浄タンクの多い場合に用いる。

図 2.25　瞬時最大給水流量の算定
（空気調和・衛生工学会：SHASE-S 206-2019 給排水衛生設備規準・同解説による）

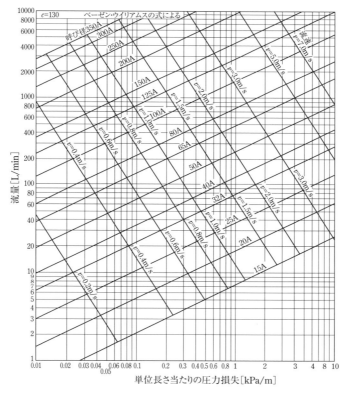

図 2.26　硬質塩化ビニルライニング鋼管流量線図
（空気調和・衛生工学会：SHASE-S 206-2019 給排水衛生設備規準・同解説による）

コラム　排水管径の決定

設計しようとする排水管は，その上流側全部の器具からの排水を通している。したがって，それらの接続されている器具排水負荷単位数を累計する。1個ずつの器具排水負荷単位数は，表2.9から該当する器具のものを選ぶ。

累計した器具排水負荷単位数を表2.11にあてはめ，排水横枝管もしくは排水立て管の管径を求める。ここで排水横枝管においては，接続される器具排水管の管径より小さな管径であってはならない。また，排水横主管及び敷地排水管の勾配は表2.12から求める。

コラム　必要器具数の算定

事務所におけるトイレの必要器具数を算定する。

対象トイレを使用する人の母集団は限定されているので，最初にその人数を決める。もし各階に1つずつの男女のトイレが設計されているならば，その階の男女の設計人員（母集団）をあらかじめ計算しておく。事務室の在勤時間が朝8時から夕方6時までとすれば，10時間がオフィス・アワーとなる。勤務時間帯に特定の1人がトイレを用途ごとに利用する回数を推定し，オフィス・アワーをその値で割って，1人当たりの到着間隔を求める。設計人員と1人当たりの到着間隔を用いて，男子小便器の場合は図2.27により，女子便器の場合は図2.28により必要器具数を求める。

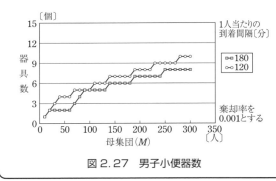

図2.27　男子小便器数

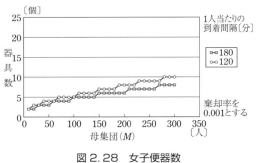

図2.28　女子便器数

2.5 給排水設備から見た建築空間，建築外部空間 **129**

本節に関連する 1 級建築士問題

（1） 給水・給湯設備に関する正誤問題

① 大便器洗浄弁に給水するため，各階の給水圧力を 200 kPa 以上確保するように設定した。（正）

② 給水圧力が高すぎると，給水管内の流速が速くなり，ウォータハンマが生じやすい。（正）

③ 直結増圧給水方式は，水道配水管に直結しているため逆流防止装置は不要である。（誤）

　《解説》 直結増圧方式は，増圧ポンプが停止すると給水管内の水が逆流する恐れがあるので，逆流防止装置が必要である。製品としては，増圧ポンプ，逆流防止装置，制御盤がユニットになっている。

④ ポンプ直送方式は，水を給水栓に直送できるため，受水槽が不要である。（誤）

　《解説》 ポンプ直送方式は，受水槽の水をポンプで給水栓まで直送する方式で，高置水槽が不要である。

⑤ 受水槽の材質については，腐食のおそれがあるため，木を使用することはできない。（誤）

　《解答》 木製の受水槽を使用することはできる。腐食等はどの材料でも起こりうるため，日常の点検が必要である。

⑥ 上水の受水槽容量を，1 日に 2 回水が入れ替わるように計画した。（正）

⑦ 上水受水槽の側面，上部，下部に 60 cm の保守点検スペースを設けた。（誤）

　《解説》 上水受水槽では，周囲上下の点検（6 面点検）可能な構造とし，建築物の躯体は利用できない。周囲及び下部は 60 cm 以上，マンホールのある上部は 1 m 以上の保守点検スペースを確保する必要がある。

⑧ 飲食施設を設けない事務所ビルにおいて，給水系統を上水と雑用水の 2 つに分け，上水 70%，雑用水 30% の使用水量の比率で計画した。（誤）

　《解説》 飲食施設を設けない事務所ビルにおいて，給水系統を上水と雑用水に分ける場合，上水と雑用水の割合はおおよそ上水 1，雑用水 2 となっている。

⑨ 集合住宅において，居住者 1 人当たりの給水量を 250L/ 日として計画した。（正）

⑩ 総合病院において，病床 1 台あたりの給水量を 300L/ 日として計画した。（誤）

　《解説》 表 2.2 では 600 〜 900L/ 床とされている。ただし，この値には含まれない空調設備の使用水，人工透析用水など多量の水を使用する用途も考慮する必要がある。

⑪ 上水用配管から空調設備配管へ給水する場合には，クロスコネクションを防止するために，一般に，逆止め弁を設ける。（誤）

　《解説》 上水の給水・給湯系統とその他の系統が，配管・装置により直接接続されることになるので，逆止め弁を設置してもクロスコネクションになってしまう。必要な高さの吐水口空間を設けて給水する必要がある。

⑫ 屋外の散水栓において，逆流を防止するためにバキュームブレーカを設けた。（正）

　《解説》 散水栓が低い位置にあったりホースが接続されたりすると吐水口空間が確保できずに吐水した水が逆流する恐れがあるため，バキュームブレーカを備えた散水栓とする。

⑬ バキュームブレーカは，排水管内が真空に近い状態になることによる振動や騒音の発生を防止する目的の器具である。（誤）

　《解説》 バキュームブレーカは配管内の給水管内に負圧が発生したときに自動的に空気を吸引して逆流を防ぐものである。ウォータハンマによる振動や騒音の発生を防止するためには，圧力波を吸収するウォータハンマ防止器を器具の上流側の近くに取り付けるなどする。

⑭ 循環式の中央式給湯設備において，給湯循環水の温度を 50° C とした。（誤）

　《解説》 レジオネラ属菌の繁殖が起こらないよう，貯湯槽内の湯温が 60℃ 以上，末端の給湯栓で

130 第2章 水環境と給排水

も 55℃ 以上となるような給湯設備を備える必要がある。

⑮ 潜熱回収型ガス給湯機は,潜熱回収時に発生する酸性の凝縮水を機器内の中和器で処理して排出される。(正)

(2) 排水通気設備に関する正誤問題

⑯ 飲食店の厨房の排水系統に設けるグリース阻集器は,油脂分を取ることのみを目的としているので,下流に臭気等を防止するトラップを別に設ける必要がある。(誤)

《解説》 阻集器はトラップ機能を有しているので,同じ系統に他のトラップを設置するとダブルトラップとなってしまう。

⑰ 合流式下水道の地域において,雨水排水管は,屋外にトラップますを設けてから敷地排水管に接続する。(正)

⑱ 上水系統の受水槽の水抜き管とオーバフロー管は,いずれも十分な排水口空間を介して排水管等への間接排水とする。(正)

《解説》 受水槽などの貯水槽には,掃除や点検のための水抜き管や満水時の事故防止のためのオーバフロー管が必要である。排水管の詰まりなど異常が生じた場合に,汚水が逆流し,飲料水・食物・食器等が直接汚染されることを防ぐため,食物・食器を取り扱う機器からの排水や,飲料水を使用する機器からの排水は,間接排水とするが,受水槽などの貯水槽においても同様の対応が必要である。

⑲ 伸頂通気方式の排水通気配管において,通気流速を高めるために,伸頂通気管の管径を排水立て管の管径よりも1サイズ小さいものとした。(誤)

《解説》 伸頂通気管の管径は,排水竪管の管径より小さくしてはならない。すなわち,最上部の伸頂通気管から最下部の排水立て管まで管径が同一になっていなければならない。

⑳ ループ通気方式は,2個以上のトラップを保護するために用いられる方式であり,ループ通気管を排水横枝管に接続される最高位の衛生器具のあふれ縁よりも高く立ち上げて,通気立て管にその端部を接続する。(正)

㉑ 伸頂通気方式は,通気立て管を設けず,排水立て管の頂上に設置した伸頂通気管を用いて通気を行う方式であり,一般に,各個通気方式やループ通気方式に比べて許容排水流量が大きい。(誤)

㉒ 屋上に降った雨水を排水させるため,建物内の排水立て管に接続して排水させた。(誤)

(3) 雑用水設備

㉓ 排水再利用水の原水として,手洗い・洗面器及び湯沸室の排水は利用できるが,厨房の排水は利用できない。(誤)

㉔ 排水再利用水は,人の健康に係る被害の防止のため,大腸菌が検出されない場合であっても,飲料水として使用することはできない。(正)

㉕ し尿を含む原水を処理した雑用水を,便器洗浄水に使用した。(正)

㉖ 雑用水受水槽の水が不足した場合の補給水として,吐水口空間を設けて上水を給水できるようにした。(正)

㉗ 給水設備において,上水系統と雑用水系統とを別系統とすることにより,雑用水系統の受水槽は,鉄筋コンクリート造の床下ピットを利用することができる。(正)

《解説》 雑用水受水槽は床下ピットを使用することができるが,散水・修景・清掃用水としても使用する場合は,飲料水の受水槽に準じて6面点検ができる構造であることが望ましい。

〔参考文献〕

1) 高橋裕：河川工学，東京大学出版会，1990
2) 空気調和・衛生工学会規格：HASS206-1982　給排水設備基準，空気調和・衛生工学会
3) ㈶ビル管理教育センター：改訂　ビルの環境衛生管理　下巻，2003
4) 建設省住宅局建築指導課監修：給排水設備技術基準・同解説
5) 空気調和・衛生工学会：空気調和・衛生工学便覧Ⅲ（第11版），オーム社
6) 中島康孝ほか：三訂版　建築設備，朝倉書店
7) 環境省：水道水質基準について
   https://www.env.go.jp/water/water_supply/kijun
8) 環境省：浄化槽サイト　　　https://www.env.go.jp/recycle/jokaso
9) （一社）日本レストルーム工業会：規格・基準「JIS A 5207（衛生器具-便器・洗面器類）について」
   https://www.sanitary-net.com/trend/standard/standard-jis.html
10) （公財）日本建築衛生管理教育センター：新　建築物の環境衛生管理中巻第1版，2019
11) 空気調和・衛生工学会：空気調和・衛生工学便覧4 給排水衛生設備編（第14版），2012
12) 国土交通省：水資源：地下水保全と地盤沈下の現状
   https://www.mlit.go.jp/mizukokudo/mizsei/mizukokudo_mizsei_tk1_000063.html
13) 国土交通省：令和4年版日本の水資源の現況，2022
   https://www.mlit.go.jp/mizukokudo/mizsei/mizukokudo_mizsei_tk2_000039.html
14) 国土交通省：水道の基本統計
   https://www.mlit.go.jp/mizukokudo/watersupply/stf_seisakunitsuite_bunya_topics_bukyoku_kenkou_suido_database_kihon_index.html
15) 国土交通省：雨水の利用の推進に関する法律について
   https://www.mlit.go.jp/mizukokudo/mizsei/mizukokudo_mizsei_tk1_000068.html
16) 日本建築学会：日本建築学会環境基準 AIJES-W0003-2023 雨水活用技術規準，2023
17) 雨水ネットワーク：雨水利用相談所「初期雨水ってなに？」　　　https://www.rain-net.jp/faq/faq001/45/
18) e-Gov 法令検索：建築物における衛生的環境の確保に関する法律施行規則
   https://elaws.e-gov.go.jp/document?lawid=346M50000100002_20231001_505M60000100029
19) 国土交通省総合政策局安心生活政策課：車椅子使用者用便房等に関する関連法令及びガイドラインの整理，2020
   https://www.mlit.go.jp/sogoseisaku/barrierfree/content/001367726.pdf
20) 空気調和・衛生工学会：SHASE-S 206-2019 給排水衛生設備規準・同解説，2019
21) 空気調和・衛生工学会：ネットゼロウォーターの実現に向けて―水の新しい単位給水量―，2024
22) EIC ネット：環境用語「地球温暖化」　　　https://www.eic.or.jp/ecoterm/?act=view&serial=1720
23) 日本生態系協会：こども環境教室1時限目ビオトープって何だ？
   https://www.eco-japan.org/member/kids/words/001/2.htm
24) 環境省自然環境局生物多様性センター：生物多様性条約
   https://www.biodic.go.jp/biodiversity/about/treaty/about_treaty.html
25) 環境省自然環境局生物多様性センター：生物多様性国家戦略
   https://www.biodic.go.jp/biodiversity/about/initiatives
26) 厚生労働省：建築物衛生法関連政省令改正の概要
   http://www.mhlw.go.jp/topics/2002/12/tp1218-2a.html
27) 日本生態系保護協会：ビオトープネットワーク―都市・農村・自然の新秩序，ぎょうせい，1994
28) 須藤哲：ビオトープの計画・設計，管理，第26回水環境シンポジウム「ビオトープと水景施設」，日本建築学会，2003
29) 身近な自然を自分たちの手で―ニュータウンの中のビオトープづくり―，印西市立小倉台小学校，2001
30) グリーンプラザひばりが丘南のパンフレットより
31) 浅香英昭：ビオトープ・水景施設の事例，第26回水環境シンポジウム「ビオトープと水景施設」，日本建築学会，2003
32) 亀山章・倉本宣編：エコパーク―生き物のいる公園づくり―，ソフトサイエンス社，1998
33) 小瀬博之：ビオトープの計画・設計，管理，第26回水環境シンポジウム「循環型システムにおける水と緑　―プロポーザルにあたって―」，日本建築学会，2000
34) 小瀬博之：ビオトープと水景施設，第26回水環境シンポジウム「ビオトープと水景施設」，日本建築学会，2003
35) 小瀬博之：ビオトープと給排水，給排水設備研究，Vol. 19　No.1, pp. 3-7，給排水設備研究会，2002.4

第3章
光環境の
デザインと設備

3・1	光・照明環境の基礎	134
3・2	昼光照明のデザイン	143
3・3	人工照明のデザイン	153

3.1 光・照明環境の基礎

3.1.1 ヒトの視覚と光

絶対零度でない限り，あらゆる物質から電磁放射が放出される。人間の目で知覚できる電磁放射の波長域は380～780 nmで，この波長範囲を「可視放射」「光」という。

ヒトの目の構造を図3.1に示す。眼球を覆う角膜で屈折した光は，瞳孔を通り，焦点距離に応じて厚みが調節された水晶体で屈折し，網膜に到達する。網膜上にはすい体細胞とかん体細胞の2種類の視細胞があり，これらに吸収された光のエネルギーは信号処理された情報として，視神経を伝って大脳に伝達される。すい体細胞には，感度が最大となる波長が異なるL錐体，M錐体，S錐体の3種類があり，各細胞から脳に送られる情報によって色感覚（色覚多様性についてコラムを参照）が生じる。かん体細胞は1種類しかないため色感覚をもたらすことはないが，少ない光に対しても非常に感度良く感応する。網膜の中心窩にあるのは，L錐体とM錐体がほとんどで，S錐体とかん体細胞は中心窩にはほとんど存在しない。明るいところ（照度＞10 lx）に目が順応し明所視でモノを見ている状態では，すい体細胞が主に機能し中心視で視覚情報を捉えることで，視対象の形や色を知覚することができる。一方，暗いところ（照度＜0.01 lx）に目が順応し暗所視でモノを見ている状態では，網膜の周辺部に存在するかん体細胞が機能し周辺視で視覚情報を捉えることで，形や色は知覚できないが，少ない光量でも感度良く周囲にあるモノの存在を知覚する。明所視と暗所視の間の目の状態（0.01＜照度＜10 lx）は薄明視と呼ばれ，すい体細胞とかん体細胞の両方が機能する。

暗所視の状態から明所視の状態に変化する過程を「明順応」，明所視の状態から暗所視の状態に変化する過程を「暗順応」という。明順応は40秒から1分で完了するのに対し，暗順応は30分から最大1時間ほどかかる。

人間の目は瞳孔面積（直径2 mm～8 mm）や2種類の視細胞の使いわけによって，満月の夜の明るさ（約0.2 lx）から直射日光のある昼間（約10万 lx）まで非常に広範囲の明るさに適応するが，加齢によって瞳孔径の調節機能の衰え，すい体細胞の感度・個数の低下，水晶体の白濁などが起こり，適応できる明るさの範囲は狭くなる。

すい体細胞，かん体細胞とも，各波長の光に対して等しい感度を持ち合わせている訳ではない。図3.2に各視細胞の相対分光視感効率，図3.3に明所視（中心視で主に働くL錐体とM錐体の感度特性から定められる）と暗所視（か

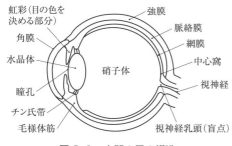

図3.1 人間の目の構造

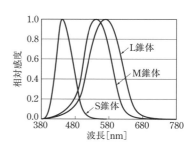

図3.2 すい体細胞の分光感度

ん体細胞）の各波長の光に対する相対感度（最大値を1としたときの相対値で表され，相対分光視感効率あるいは比視感度という）を示す。明所視では波長555 nm，暗所視では波長507 nmの光に対する感度が最も高い。暗所視で明所視よりも感度のピークが短波長側にずれる現象を，プルキンエ現象という。

3.1.2 測光量

各波長に対する視細胞の感度は一定でないため，ヒトの知覚する光の量・強さは，電磁放射のエネルギー量を明所視の分光視感効率（標準分光視感効率，あるいは標準比視感度という）で重みづけした数値で定義される。

(1) 光束（luminous flux）

光源から放射されるエネルギーのうち，ヒトが光として知覚できる量を光束（Φ_v [lm（ルーメン）]）といい，(3.1)で定義される。

$$\Phi_v = K_m \int_{380}^{780} \Phi_{e,\lambda}(\lambda) \cdot V(\lambda) d\lambda \quad (3.1)$$

ここに，$\Phi_{e,\lambda}(\lambda)$：分光放射束（単位時間の波長別の放射エネルギー）[W/nm]

$V(\lambda)$：標準分光視感効率 [-]

K_m：明所視における最大視感効果度（=683 lm/W）

(2) 光度（luminous intensity）

光源からある微小な範囲（単位立体角 $d\omega$ [sr（ステラジアン）]に向けて放射される光束 $d\Phi_v$ [lm]の密度で，(3.2)で定義される。単位はcd（カンデラ）（=lm/sr）を用いる。

$$I = d\Phi_v / d\omega \quad (3.2)$$

(3) 照度（illuminance）

対象点を含む微小面を通過する光束 $d\Phi_v$ [lm]の微小面の単位面積 dS [m^2] あたりの入射光束密度で，(3.3)で定義される。単位はlx（ルクス）（=lm/m^2）を用いる。

$$E = d\Phi_v / dS \quad (3.3)$$

光束が微小面に対し垂直に入射した場合の照度を E_n とし，微小面を傾けていくと，微小面に入射する光束は傾斜角に応じて減っていく。微小面の傾斜角 θ の場合，微小面の照度 E_θ は(3.3)′で表される。この関係を入射角余弦法則という。

$$E_\theta = d\Phi_v \cos\theta / dS = E_n \cos\theta \quad (3.3)'$$

照度は図3.4に示すような照度計で測定できる。各種あるが，いずれも入射角余弦法則に従うよう受光部に乳白色の拡散性カバーが被せてあり，標準分光視感効率に近い分光感度をもつシリコン・フォトダイオードで受光する。

(4) 光束発散度（luminous flux density）

対象点を含む微小面から発散される光束 $d\Phi_v'$ [lm]の単位面積 dS [m^2] あたりの発散光束密度で，(3.4)で定義される。単位はlm/m^2（ルーメン毎平方メートル）を用いる。

$$M = d\Phi_v' / dS \quad (3.4)$$

(5) 輝度（luminance）

ある微小面からある方向に発散される光束 $d\Phi_v$ [lm]の単位立体角 $d\omega$ [sr]，単位投影面積

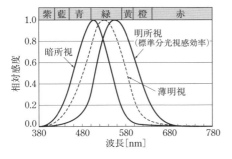

図3.3 人間の目の分光感度特性

図3.4 照度計

$dS\cos\theta$ [m^2] あたりの発散光束密度で，(3.5)で定義される．ここでθは，微小面の法線と光の発散方向のなす角である（図3.5）．単位はcd/m^2（カンデラ毎平方メートル）を用いる．

$$L = d\Phi_v/(d\omega \cdot dS\cos\theta) = dI/dS\cos\theta$$
(3.5)

輝度の測定には，図3.6に示すようなレンズ式輝度計を用いる．照度は微小範囲にあらゆる方向から入射する光の総量である（総量が同じであれば，光の到来方向の違いは関係ない）のに対し，輝度はどの方向から発光部を見るかによって値が異なる．設計の際には空間にどのくらいの光量を供給するかを検討するのに照度を用いることもあるが，ヒトの目に対する刺激量としては輝度が対応する．輝度は測定対象の微小範囲（輝度計の測定視野角は0.1～2°のものが多い）に狙いを定めて計測する．

最近では，カメラを用いた画像測光により，広範囲の面の輝度分布を同時に測定することもできる．シャッタースピードとレンズの絞りを組み合わせ複数の条件下で撮影した画像を重ね合せることにより，幅広いレンジの輝度を同時に計測できる（図3.7）．

各種測光量の関係を整理すると，図3.8のようになる．

光が入射する微小面が均等拡散面（Lambertian surface，ランベルト面ともいう）の場合，均等拡散反射された光による法線方向の光度I_nと法線とのなす角θ方向の光度I_θは(3.6)のような関係になる（ランベルトの余弦法則（Lambert's (cosine) law））．

$$I_\theta = I_n\cos\theta$$
(3.6)

均等拡散面の反射率をρとすれば，均等拡散面の照度Eと均等拡散面からの光束発散度Mは(3.7)，均等拡散面の輝度Lと照度Eは(3.8)のような関係となる．反射率ρが1の均等拡散面を完全均等拡散面という．

$$M = d\Phi_v'/dS = d\Phi_v^*\rho/dS = \rho E$$
(3.7)
$$L = M/\pi = \rho E/\pi$$
(3.8)

3.1.3 測色量

明所視では感度の異なるL錐体，M錐体，S

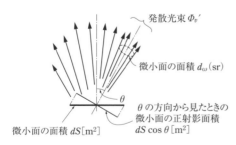

図3.5 輝度の定義

図3.6 輝度計と輝度の測定

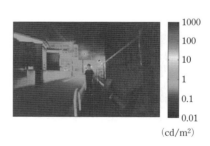

図3.7 画像測光による輝度分布の測定

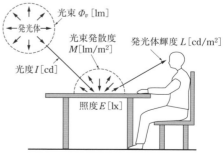

図3.8 各種測光量の関係

錐体の3種類の視細胞で光を感知する。任意の色光は，互いに独立な3つの原刺激を混合することで作り出すことができる（等色，colour matching）。この考え方に基づく表色系を混色系といい，代表的なものとしてXYZ表色系がある。独立な3つの原刺激赤（R）・緑（G）・青（B）（光の色の三原色）を混ぜ合わせることで任意の色光と等しい色感覚をもたらす色光をつくることができる（加法混色）。等色している2つの色光に別の等色している色光を加えても等色関係が保たれる，加法混色によって得られる色光の輝度は各成分の輝度の合計と等しいなど，加法則が成り立つ。RGBに相当する光のエネルギーを等量ずつ混色すると白色になる。

XYZ表色系は，700 nm，546.1 nm，435.8 nmの単色光の混合比を求める等色実験の結果に基づくRGB表色系の三刺激値をすべてが正の値を取るように，また，三つの値のうちの一つYが標準分光視感効率$V(\lambda)$と等しくなるように座標変換して求められる。XYZの値は，光の強さによって値が変わるため，(3.9)のように3つの値の相対的な大小関係を求め，このうちxyの値に原刺激の混色量Yの値を添えてY，x，yと連記することで光色と明るさの両方を特定することができる。

$$x = X/(X+Y+Z)$$
$$y = Y/(X+Y+Z) \quad\quad (3.9)$$
$$z = Z/(X+Y+Z)$$

$x = y = 1/3 (= z)$の点は，RGBを等量ずつ混合した点であり，白色（無彩色）となる。中心点から外側に向かうにつれて色の純度（彩度）が高まっていく。外周の曲線部分に座標が位置する色を純色と言い，x座標が最大となる赤から反時計周りに橙，黄，緑，青，藍，紫と虹の7色の配列順序となっている。

厳密な光色は色度図上で表現されるが，光の大体の色味は色温度あるいは相関色温度（単位はケルビン［K］）を使って表現できる。理想的な熱放射体（完全黒体）の燃焼温度に応じて発せられる光のxy色度をプロットしていくと，xy色度図（p.32）中に示すような軌跡（黒体軌跡）を描く。黒体軌跡上に色度が分布するのは，黒体と同様の熱放射による光で，昼光や白熱電球が該当する。一方，蛍光ランプやLEDなどの熱放射によらない光源の多くは色度が黒体軌跡上にないため，等しい明るさの下で知覚される色が最も近似する色度を黒体軌跡と交差する等色温度線として定め，相関色温度として光色を表す。（相関）色温度が高いほど青みがかった光色に，（相関）色温度が低いほど赤みがかった光色に見える。ただし，相関色温度は白色光に限って適用され，黒体放射軌跡からの色度座標のずれ（色差d_{uv}）が大きいほど，黒体放射と知覚色がずれる（$d_{uv} > 0$の場合は緑色味，$d_{uv} < 0$の場合は赤紫色味を帯びてくる）。

一方，光に照らされた物体表面の色の見え方に基づく表色系を顕色系といい，代表的な表示方法としてマンセル表色系がある。色相（Hue），明度（Value），彩度（Chroma）の三属性で表現される。色相は，赤（R）-黄（Y）-緑（G）-青（B）-紫（P）の5つの主要色相を基に，それぞれの間に黄赤（YR），黄緑（GY），青緑（BG），青紫（PB），赤紫（RP）の5色相を挟んだ10色相を感覚的に色相知覚の差が等間隔となるよう10分割して，全100色相で表す。色みを知覚しない白，黒，灰色のような無彩色には，Nの記号が当てられる。

明度は，理想的な黒を0，理想的な白を10として，感覚的に等間隔となるよう0から10の間の数値で表現する。明度の値をVとすると，明度Vと反射率ρ［%］の間には，$2 < V < 8$の範囲で(3.10)のような関係がおおよそ成り立つ。

$$\rho = V(V-1) \quad\quad (3.10)$$

彩度は有彩色の色みの強さを表すもので，無

138 第3章　光環境のデザインと設備

彩色の0を起点として，その色と等しい明度の無彩色と比べたときの知覚的な隔たりを数値で表したものである。最高彩度の値は，色相・明度によって異なる。

　同じ色相について明度-彩度を二次元に並べ（マンセル明度と彩度），すべての色相を円環状につなげて（マンセル色相環）三次元で表現すると，マンセル色立体になる（p.32参照）。マンセル表色系ではマンセル色立体内の一点で表面色を指定する。その位置はH V/Cという帯分数の形で表示し，有彩色であれば5R 5/14，無彩色であれば彩度は表記せずN5のように表す。

　顕色系では，物体表面に光が照射されることで色知覚が生じる。照射された光のうち，独立した3つの原刺激赤（R）・緑（G）・青（B）（光の色の三原色）を混ぜ合わせることで任意の色光と等しい色感覚をもたらす色光をつくることができる（加法混色）。物体表面の色は，赤の光を吸収するシアン（C），緑の光を吸収するマゼンダ（M），青の光を吸収するイエロー（Y）（物体色の三原色）を混ぜ合わせることで任意の表面色と等しい色感覚をもたらす表面色をつくることができる（減法混色）。CMYを等量ずつ混色すると黒色になる。

3.1.4　視対象の見え方

　照明の役割の一つは，空間用途に応じた視作業を居住者が難なく行えるように必要な光を供給することである。視作業を行う上で重要となる視対象の見えと光の関係について以下に解説する。

(1)　明視要件

　文字などの視対象の見やすさは，①視対象の大きさ（視角），②視対象を見る環境の明るさ（目の順応輝度），③視対象と背景の輝度対比，④視対象の動き（視認時間）の4つの要素で決まる。これらを明視4要素という。視対象の視角が大きいほど，視対象と背景の輝度対比が大きいほど，また，視認時間が長いほど，視対象の視認性は向上する。視作業の細かさや内容，作業者の視覚特性などに応じて，設計照度（順応輝度）を決める必要がある。

(2)　明るさと明るさのむら

　空間用途や視作業の内容に応じて適切な明るさとなるように照明計画は行わなくてはならない。空間用途あるいは視作業の細かさに応じて推奨される作業面の照度の値は，JIS基準等で示されている。表3.1にJIS Z 9125: 2023屋内照明基準に定められている事務所に関する照明要求事項を一部抜粋して示す。ここに示される推奨照度の値は，ある照度段階の範囲の中央値

表3.1　JIS Z 9125: 2023 屋内照明基準

領域，作業又は活動の種類	推奨照度 E_R [lx]	グレア制限値 UGR_L	演色性区分	平均壁面輝度 / 平均天井面輝度（最小値）[cd/m²]
設計室，製図室	750	16	高C1	30/20
事務室	750	19	高C1	30/20
会議室，集会室	500	19	高C1	15/10
受付	300	22	高C2	-/-
休憩室	100	22	高C1	-/-
書庫	200	25	高C1	-/-

である。作業内容が細かいほど，作業面照度を高く設計することが推奨される。視対象が通常よりも大きい場合や作業時間が通常よりも短い場合には照度段階を1段階下げる，あるいは，視作業時の視対象と背景のコントラストが通常より低い場合や作業者の視機能が低い場合などは照度段階を1段階上げて設計照度を定めても良い。作業性確保のためには，作業領域の照度はできるだけ一様であることが望ましい。均斉度（最小照度／平均照度）は作業領域で0.7以上，作業領域近傍は0.5以上が推奨される。

　また，必要な視力を確保するための目の順応レベルを確保しつつ，極端な輝度対比によってまぶしさや視覚的疲労を生じさせないよう，視野内の輝度分布をバランスよく設計する必要がある。JIS Z 9125では，視野内で大きな面積比率を占める壁面および天井面の輝度の最小値が定められている。

(3) 色の見え，演色性

　視対象の色の見え方は，照明する光の分光分布によって変わる。白熱電球や昼光などの熱放射体による光源で照らしたときの色の見えを基準として，任意の光源で照明した際の色がどれだけ忠実に見えるかを演色性という。光源がもつ物体の色の再現能力は演色評価数で定量的に評価される。光源の演色性は，8色の試験色に対する演色評価数の平均値である平均演色評価数 R_a で評価される。演色評価数が100に近いほど演色性が良い，すなわち，熱放射体によって見える色に近いことを意味する。照明用光源の光色と演色性区分は JIS Z 9112で規定される。

(4) モデリング

　立体物を指向性の強い光で照明すると物体表面に強い陰影が生じ，逆にあらゆる方向から拡散性の光で照明すると立体感が乏しく見える。立体物が適切に見えるように光を調整することをモデリングという。立体物を照射する光の到来方向とその強さのバランスに配慮し，適当な陰影あるいは艶を照明光によって生じさせ，好ましい立体感を表現する必要がある。

(5) シルエット現象

　立体物が逆光に照らされると，立体物全体が暗くシルエット状態になり，詳細が見えなくなることがある（明るい窓を背にした人の顔など）。この現象をシルエット現象という。シルエット現象を回避するためには，逆光の輝度を抑える，あるいは立体物を正面から照らす光を増やすなどして，立体物とその背景の輝度対比を適切に調整する。

(6) 減能グレア，光幕反射

　視野内に高輝度の光が入ることでまぶしさを感じ，視対象が見えづらくなることがある。眼球内で高輝度光が散乱し，視野の順応輝度が高まることで目の感度が低下し，視野内の暗い部分に対する視力が損なわれる。この現象を，視力低下グレアあるいは減能グレアという。在室者の視野に高輝度の光が直接入らないように光源の配置計画を工夫する，あるいは，高輝度発光部に拡散板を取り付けるなどして輝度を抑えるといった工夫が必要である。

　光沢のある視対象面に光源からの光が当たって鏡面反射を起こし，視対象が見えづらくなる場合がある（南面に窓を有する学校教室で，廊下側から黒板を見たときに，黒板の文字が見えづらくなるなど）。視対象面に光がヴェールのように被ることで，視対象と背景の輝度対比が低下し視対象が見えづらくなる現象で，光幕反射という。視力が低下するという点は減能グレアと同じだが，視対象の輝度は比較的低く，まぶしさが原因による視力の低下ではないため，減能グレアとは区別して扱う。視対象面と光源の位置関係に注意が必要である。

140 第3章 光環境のデザインと設備

3.1.5 光・照明環境の心理的・生理的効果

(1) 不快グレア

視力低下はもたらさなくとも，まぶしさを不快に感じることがある。この現象を不快グレアという。不快グレアの程度は，不快グレアをもたらす光源の輝度，光源の大きさ（立体角），光源以外の背景の輝度（観測者の目の順応輝度），視線に対する光源の位置によって決まる。室内環境で不快グレアをもたらす光源としては，窓面や照明器具がある（窓面の不快グレア評価については，3.2.3 参照）。

屋内の照明器具による不快グレアは，(3.11)に示す屋内統一グレア評価法 UGR（Unified Glare Rating）を用いて評価することが国際的に定められている。空間用途・作業の種類ごとに定められた UGR 制限値（表 3.2）を超えないよう照明器具を選定，配置していく。

$$\text{UGR} = 8 \times \log\left(\frac{0.25}{L_b} \times \sum \frac{L^2 \omega}{P^2}\right) \quad (3.11)$$

L_b：背景（観測者の順応）輝度 $[\text{cd/m}^2]$

L：観測者の目の位置から見た照明器具発光部の輝度 $[\text{cd/m}^2]$

ω：観測者の目の位置から見た照明器具発光部の立体角 $[\text{sr}]$

P：各照明器具の観測者の目からの隔た りを表す Guth の位置指数（Position Index）$[\text{-}]$

(2) 雰囲気

照明の目的には，視対象の視認性を確保するだけでなく，空間の視覚的な雰囲気演出もある。演出する空間の雰囲気としては，例えば，落ち着く，くつろげる，楽しい，活動的といったものがある。求める空間の雰囲気に応じて，空間の輝度分布，光源の光色，演色性，光の拡散度合いなどを適切な条件となるように設計する。高色温度の光源で低照度に設定すると陰気で不快な雰囲気，低色温度の光源で高照度に設定すると暑苦しく不快な雰囲気になるため，低色温度の光源は低照度，高色温度の光源は高照度に設定するのが一般的には好ましい。

(3) 生体リズム

ヒトは網膜上のすい体細胞とかん体細胞によって光を受容すると考えられてきたが，2000年代初頭に哺乳類の網膜上に第三の光の受容器－内因性光感受性網膜神経節細胞（メラノプシン神経節細胞とも呼ばれる。intrinsically photosensitive retinal ganglion cell，以下 ipRGC）の存在が確認された。ipRGC は，メラノプシンという視物質を有し，明暗の情報を体内時計が存在する視交叉上核に伝える。覚醒状態にあると，脳の松果体で生成されるメラトニンの分泌は抑制される。ヒトの覚醒－睡眠の周期（生

表 3.2　UGR 値と不快グレアの程度

UGR 値	不快グレアの程度	グレア制限を受ける空間の一例
28	ひどすぎると感じ始める	通路，廊下
25	不快である	階段，エスカレータ，浴室，トイレ，倉庫，機械室
22	不快であると感じ始める	休憩室，食堂売店
19	気になる	事務所（執務室），会議室，集会室，講義室
16	気になると感じ始める	医療室，製図室
13	感じられる	

体リズム，サーカディアンリズム）はフリーランで約25時間であるが，適切に光をあびることで地球の一日周期とほぼ同じ約24時間に同調する。朝方から昼間にかけて短波長光を含む高色温度の高照度光を，夜間は短波長成分の少ない低色温度の低照度光がサーカディアンリズムの調整に効果的である。

コラム　　　　　　　　　　　**色覚多様性について**

　ヒトは，3種類のすい体細胞の分光感度特性が異なることで色を知覚しているわけだが，中にはあるすい体細胞の分光感度特性が他のすい体細胞の分光感度特性に近似している人もいる。L錐体とM錐体の分光感度特性が近似すると，赤系統と緑系統の区別がつきづらくなる。S錐体に変異が起きると，黄系統と青系統の区別がつきづらくなる。これらの人々が識別しやすい色彩計画をすることは勿論，識別しやすくなるよう光環境でサポートすることも大事である。

本節に関連する1級建築士問題

(1)　照明一般に関する正誤問題

1　光幕反射は，光沢のある書類に光が当たる場合等，光の反射によって文字等と紙面との輝度対比が大きくなり，視対象が見えづらくなる現象である。（誤）

　《解説》　光幕反射は，光の反射によって視対象と背景の輝度対比が小さくなり，視対象が見えづらくなる現象である。

2　プルキンエ現象は，視感度の相違によって，明所視に比べ暗所視において，赤が明るく，青が暗く見える現象である。（誤）

　《解説》　プルキンエ現象は，暗所視で明所視よりも視感度のピーク波長が短波長にずれる現象で，短波長の青色光に対する感度が長波長の赤色光に対する感度よりも高くなる。

3　色温度は，光源の光色を，それと近似する色度の光を放つ黒体の絶対温度で表したものである。（正）

4　反射面の光束発散度は，その面の輝度に反射率を乗じたものである。（誤）

　《解説》　均等拡散反射を仮定した場合，反射面の光束発散度は，その面の照度に反射率を乗じて求めることができる。

5　白い背景のもとで黒い文字を読むような場合，対象と背景の輝度の対比が大きいほど視力が上がる。（正）

6　光束は，単位時間当たりに流れる可視光範囲の放射エネルギーの量に標準分光視感度で重みづけした値である。（正）

7　一般に，照度均斉度が大きい視作業面ほど，照度分布が均一に近いものとなる。（正）

8　グレアは，視野の中に輝度の高い光源が入ってきたときに起こり，周囲の輝度からの影響を受けない。（誤）

　《解説》　グレアは，グレア源となる光源の輝度，光源以外の背景輝度，光源の大きさ（立体角），光源の視野内における位置によってその程度が決まる。

9　ある視対象面の明るさは，その面に入射する光から求められる照度のみからでは，予測することができない。（正）

10　平均演色評価数（R_a）は，相関色温度が同じ光源であっても異なる場合がある。（正）

142　第3章　光環境のデザインと設備

(2) 色・色彩に関する正誤問題

① 明度は，視感反射率に対応する値であり，マンセル表色系ではヒューとして表される。（誤）

《解説》 マンセル表色系は，色相（ヒュー）明度（バリュー）彩度（クロマ）の3つの記号・数値で表される。

② マンセル表色系におけるバリュー（明度）は，0から10までの数値で表される。（正）

③ マンセル表色系において，マンセルバリューが5の色の視感反射率は，一般に，約20％である。（正）

④ 色光の加法混色においては，混ぜ合わせる光を増やすほど，白色に近くなる。（正）

⑤ 減法混色とは，複数の色光を混ぜ合わせて別の色の知覚を生じさせることをいい，もとの色の数が増加するほど明るくなる。（誤）

《解説》 減法混色の三原色は，シアン，マゼンタ及びイエローで，混色するに従い暗くなる。

⑥ 照度と色温度の関係において，一般に，低照度では色温度の低い光色が好まれ，高照度では色温度の高い光色が好まれる。（正）

⑦ LED等の人工光源から発せられる光は，相関色温度が等しくても，異なる光色に知覚される場合がある。（正）

⑧ XYZ表色系における三刺激値X，Y，Zのうち，Yは，反射物体の色の場合には，視感反射率を示す。（正）

⑨ 演色評価数は，評価対象となる光源による物体色の見え方と，同じ相関色温度の基準の光の下における物体色の見え方とのずれをもとにした数値である。（正）

⑩ 短波長成分を多く含む色温度の高い光を午前中に浴びることで，サーカディアン・リズムを保つ効果が期待できる。（正）

3.2 昼光照明のデザイン

3.2.1 昼光の特徴

太陽から地表に降り注ぐ光は，大気中を正透過して地表に達する光（**直射日光**）と，大気中の空気粒子や水蒸気で散乱されたのち地表に達する光（**天空光**）とからなり，両者をあわせて**昼光**という（図3.9）。昼光を光源として利用する照明を昼光照明といい，昼光照明を計画するためには，直射日光と天空光の性質を十分に理解する必要がある。

直射日光は，時間，季節，天候，雲の動きによって大きく変動し，その光は極端に強く，屋内に直接入る場合，まぶしさや暑さで視作業性や快適性が損なわれることがある。一方，天空光は，変動はあるものの，その範囲は直射日光に比べて小さく，光の量も視作業に利用できる程度である。このことから，直射日光の遮蔽は従来の昼光照明設計の基本であった。

しかしながら，省エネルギー性の向上や在室者に対する心理的・生理的な効用を考えると，直射日光の積極的な活用が期待されている。昼間に強い直射日光を浴びることは，セロトニン生成を促し生体リズムを調整する意味でも大切であることが知られている。また，直射日光には紫外線を含んでいることから殺菌効果もあり，室内を清潔に保つこともできる。このような点から，直射日光を積極的に導入した光環境の実現が求められるようになってきている。

昼光を利用した光環境デザインでは，性質の異なる直射日光と天空光をうまく組み合わせる方法を検討しなければならない。

昼光照明を計画するにあたり，まず，昼光の地域特性を考慮する必要がある。図3.10に国内の**可照時間**と**日照率**を示す。可照時間とは，日の出から日没までの時間数，日照時間とは，実際に日照（直達日射量が120 W/m^{2}以上と定義されている）のあった時間数のことで，この日照時間の可照時間に対する比を日照率という。地域によって日照率に違いがあり，昼光導入システムは，日照率が高く日照時間の長いエリアではより効果的であると言える。これらの数値は，季節，地域によっても異なり，例えば，日本海側の地域では，冬季の日照率が低く，太平洋側の地域では冬季の日照率が高くなることは容易に想像できる。地域や季節における日照の特性を十分理解したうえで，建築や昼光導入システムの計画を行うことが重要である。

(1) 直射日光

直射日光の光源としての特徴は，①大量の光束をもたらし，②方向性の強い平行光であり，③その入射方向は時間や季節によって変化し，④光束の変動や光色の変動が大きい，という4

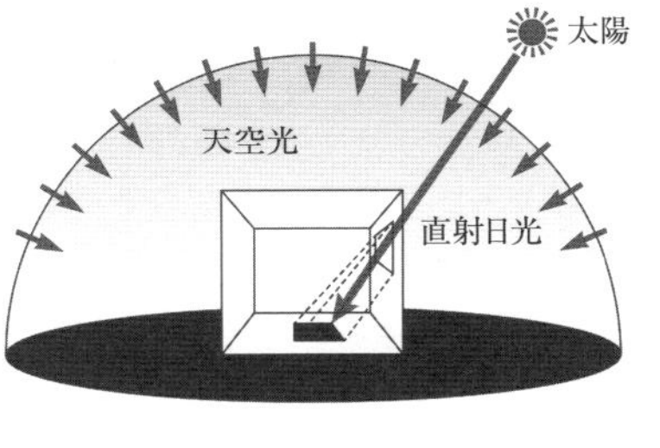

図3.9 昼光の分類

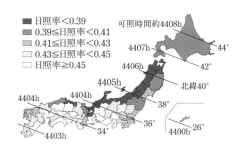

図3.10 各都道府県庁所在地の可照時間と日照率[1]

点で表される。

直射日光による**法線照度**（光の進行方向に垂直な面上の照度）は，曇天時にはほとんど 0 lx となるが，太陽高度が高い快晴時には，100,000 lx 以上になる。昼光照明計画には，直射日光が季節，時刻によって入射する向きや強さが大きく変わることを理解する必要がある。

図 3.11 に，直射日光で得られる水平面照度と東西南北面における鉛直面照度を示す。これは，北緯 35°での終日快晴であると仮定した場合の**直射日光照度**の時刻ごとの変化を示す。水平面照度（図 3.11(a)）は，日の出から日没まで太陽高度が高くなるに従い照度が高くなる。

夏季の昼間は，80,000 lx を超えるような非常に高い直射日光照度が現れる。南面の鉛直面照度（図 3.11(b)）を見ると，水平面の場合と異なり，夏季の照度は，その他の季節に比べて低い。これは，太陽高度の違いによるもので，夏季はその他の季節に比べて太陽高度が高いためである。また，夏至には，北面の鉛直面にも直射日光照度が現れている。これは，春分～夏至～秋分までの間，北寄りの空から日の出，日の入りするためである。北向きの窓からは，天空光のみで直射日光が差し込まないと勘違いしてはいけない。東西面の鉛直面照度（図 3.11(c)）を見ると，12 時を境に，午前は東面，午後は西面に直射日光照度が現れる。夏季に東西面照度が高くなることから，日射遮蔽しなければ，直射日光による冷房負荷の増大につながる恐れがある。このように，直射日光は強い方向性があるため，太陽の高度や向き，太陽を受ける面の向きによって照度が大きく異なる。日照・日射制御には，このような昼光の特性を理解しておく必要がある。

(2) 天空光

天空光の光源としての特徴は，①面光源であること，②直射日光と比較して光束・光色の変

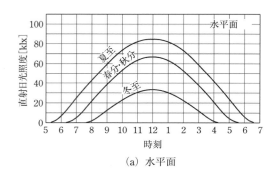

(a) 水平面

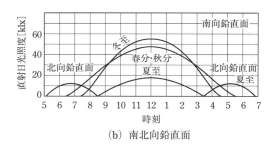

(b) 南北向鉛直面

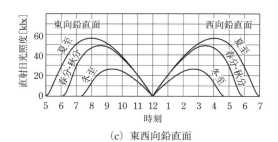

(c) 東西向鉛直面

図 3.11　各種の面における直射日光照度[2]

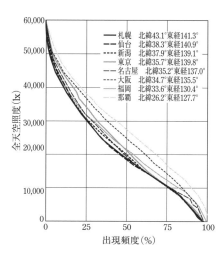

図 3.12　全天空照度の出現率[3]

動が小さいこと，が挙げられる．

天空光は，太陽高度と天候によって変動するが，その範囲は小さく，昼光照明として利用し易い．直射日光を除く天空光のみによる屋外水平面照度を**全天空照度**という．図3.12に国内の主な地点（札幌，仙台，新潟，東京，名古屋，大阪，福岡，那覇）の全天空照度の出現率を示す．出現率は，9時から17時の間で，全天空照度の年間の累積出現頻度を意味する．東京を例にとると，5,000 lxとなる出現率は約90%であり，15,000 lxの出現率は約60%である．設計用全天空照度（表3.3）に示す通り，暗い日を想定する場合は5,000 lx，普通の日を想定する場合は15,000 lxの全天空照度とすることが多い．

全天空照度の出現率を用いると，昼光利用によって調光制御する人工照明の省エネルギー効果を推定することができる．室内における昼光による照度の程度を知るためには，昼光率を用いる．

(3) 昼光率

昼光率 D は，図3.13及び(3.12)に示す通り，全天空照度 E_S に対する直射日光の影響を除いた室内のある点の照度 E の比で定義され，一般的に百分率で表示する．

$$D = \frac{E}{E_S} \tag{3.12}$$

室内のある点の照度は，直射日光を除いた条件の下では，全天空照度と昼光率の積で求められる．例えば，昼光率5%のエリアでは，15,000 lxの全天空照度時には，750 lxの照度を得ることができる．

このように昼光率を利用すると，比較的簡単に室内の昼光照度を推定することができる．ただし，直射日光の影響を考慮していないことから，昼光率による照度推定は，昼光照明環境の最低水準確保の検討になる．

昼光率の算出は，天空から窓を通して直接受けた天空光によって得られる直接昼光率と，天井，壁などの表面からの反射光によって得られ

表3.3　設計用全天空照度[1]

天空状態	全天空照度 [lx]
特に明るい日 （薄曇り・雲の多い晴天）	50,000
明るい日	30,000
普通の日	15,000
暗い日	5,000
非常に暗い日（雷雲・降雪中）	2,000
快晴の青空	10,000

表3.4　昼光の色温度[4]

昼光	色温度 [K]
北天の青空光	12,300
北空の昼光	6,500
曇天光	6,250
正午頃の直射日光	5,250
日の出・日の入	2,500
夕日	1,850

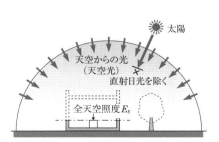
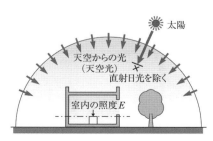

図3.13　全天空照度と昼光率[1]

る間接昼光率の和で求められる。直接昼光率の求め方について，3.2.3で紹介する。

(4) 昼光の色温度

昼光の色温度の代表値を表3.4に示す。色温度も，照度と同様に天候や時刻によって変動する。直射日光の代表値は，太陽位置が天頂付近では5,250 K，地平線上にある夕日では1,850 Kとなる。太陽高度が低くなるにつれて赤みを帯び色温度が下がるのは，高度が低く透過する大気層が厚くなると，散乱によって短波長の光が大きく減衰するためである。

天空光の色温度は，天候や方位によって異なるが，北の青空光で12,300 K，曇天空では6,250 Kが代表値として挙げられる。直射日光と比較すると青みがかっていることがわかる。

昼光と人工光の色を混合した照明環境とする場合には，これらの色温度の変化にも配慮して，昼光の光色に近い人工光源の選択を検討する必要がある。

(5) 昼光利用の意義

LEDなどの人工照明は，発光効率の向上，高演色化が進み，器具としての調光調色制御技術も高度化しており，多様な光環境を提供できるようになってきている。しかし，ひとが生活する建築物においては，昼光照明は，なお，なくてはならないものである。

建築物において昼光利用を図る意義として，以下が挙げられる。

(a) 省エネルギー効果

建物の一次エネルギー消費量の20～30%を占める照明用エネルギーの削減に寄与でき，省エネルギー効果を有している。ただし，採光に伴う日射取得熱とのエネルギー収支を合わせて検討しておく必要がある。

(b) 災害時の光源（BCP機能）

地震などの災害時に電力供給が途絶えた場合，人工照明を十分に利用できなくなる可能性があり，昼光が災害時の光源として活用できる。

(c) ウェルネス（健康増進）

自然光へのアクセスによる，快適性や知的生産性の向上，身体的・精神的及び社会的に良好な状態（well-being）への寄与が期待される。

このような観点から昼光利用を積極的に進めることが望まれる。

3.2.2 昼光利用方法

開口部，すなわち窓の機能には，採光，通風などの物理的機能だけでなく，眺望，開放感，心地よさなどの心理面での健康に関する機能もあり，その重要性から，多くの昼光利用方法が検討されている。以下に代表的な手法を説明する。

(1) 窓（開口部）

窓（開口部）は，大きく側窓と天窓に分類される。図3.14に窓の分類を示す。側窓は，窓の設置高さによって室内で得られる照度分布が異なり，高窓のような高い位置にあるものほど

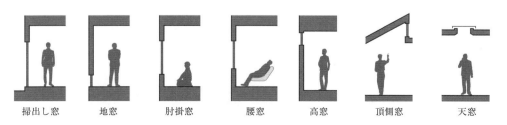

図3.14 窓の分類[4]

室奥まで光が届き均一になり易い。天窓は，側窓に比べて採光の効率が高く，光量が多く得られる。また，照度も均一にし易く，隣接建物などの外部環境の影響も受けにくい。直射日光が入る場合は，グレアや熱感，照度の過度な変動を引き起こす恐れがあることから，直射日光の入射の程度を検討することが望ましい。

(2) 日射遮蔽装置

窓からの採光や日射の適正化のために，開口部周辺に取り付ける建築部材がある。庇やバルコニー，ルーバーなど，取外しできないものを**窓装置**といい，ブラインドやロールスクリーンなど，取り外しできるものを**窓装備**という。このうち，日射遮蔽を主な機能としたものを**日射遮蔽装置**という。

室内への日射の採入は，光環境においては，人工照明の消費エネルギーを抑える効果が期待できるが，過度な照度ムラやグレアの発生につながり易い。熱環境においては，夏季には暑さのため好まれず，冷房負荷の増大につながるためエネルギー的にも好ましくない。このように，日射の適切な採入・遮断は光と熱の両面において，省エネルギー化に効果がある。図3.15に各種窓装置・装備とその設置方位による適否を示す。窓上部の水平庇・バルコニーは，太陽高度が高くなる南面が適切であり，南東，南西面より北向きの開口部に対しては，遮蔽の効果が少ない。垂直ルーバーでは，北西，北東面で遮蔽の効果があるが，南面は効果がない。また，ベネシャンブラインドやロールスクリーンは，どの方位においても，適切に調整すれば遮蔽の効果がある。

(3) 昼光導入装置

室内への昼光導入方法として，窓以外のものに，**ライトシェルフ**，**光ダクト**，**光ファイバ**利用などが挙げられる。これらは，直射日光を積極的に利用する工夫がなされており，これまで述べたように，太陽の高度や方位，出現頻度を考慮してデザインしなければならない。

(a) ライトシェルフ

ライトシェルフは窓外に突き出した庇状のもので，直射日光を遮る遮光板と反射した昼光を室奥まで導入する反射板として機能する。図3.16にライトシェルフの概念図を示す。

直射日光がライトシェルフ上面に反射し，上部の開口部を通して室内の天井方向に入射する。天井面で拡散反射することによって，昼光が室奥に導入される。下部の開口部では直射日光が遮られ，天空光だけが室内に導入される。上部の開口部は，大きいほど効果的だが，グレアに配慮してサイズと透過率を決定する必要がある。ライトシェルフの窓内外への出幅は，遮光性能

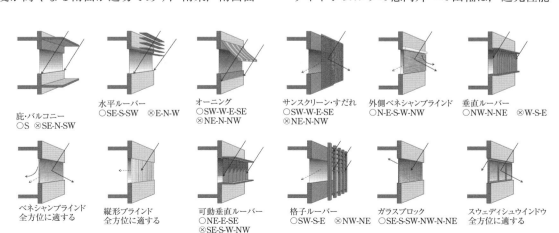

図3.15　窓装置・窓装備と設置方位の適否[5]　(○：適　⊗：不適)

確保と採光量増大のために大きくとりたいが，曇天時などは下部の開口部に対して採光障害となることから，バランスを考慮する必要がある。また，室奥に反射光を導くことができるように，天井形状を工夫するなどが計画上の留意点である。

(b) 光ダクト

光ダクトを利用した昼光導入システムは，図3.17に示すように，採光部，光ダクト（導光部），放光部から構成される。光ダクトの内面は，95%以上の高い反射率の鏡面仕上げとすることで，光の減衰を抑えながら，室内に昼光を導入することができる。

採光部は，屋上に設置することで効率的に昼光を取り入れることができ，垂直ダクトによって地下階など窓のない空間に対しても昼光を導入することができる。採光部を壁面に設ける事例もあるが，時間帯によって光量が大きく変化することがある点に留意が必要である。

光ダクトは，曲折部で光の減衰量が大きくなることから，曲折部を多く設けないことが望ましい。また，扁平したダクトでは，光の反射回数が増え，減衰量も増えるため，縦横比を大きく変えないことが望ましい。一方，ダクトの高さが大きくなることから，天井内の納まりなどに留意が必要となる。

(c) 光ファイバ方式

光ファイバを光の伝送材として利用する昼光導入システムがある。図3.18に示す通り，光ファイバに光を集める集光装置，光ファイバ，照射器具で構成される。

光の減衰の少ない光ファイバを伝送路として使用することが特徴であり，比較的遠方まで伝送することができる。一方，伝送可能な光量が少ないため，照射器具は，効率的に光を照射できるよう配光に配慮した照明器具の設置など工夫が必要である。また，集光装置は，常に太陽に正対するように制御されるため，晴天であれば時間帯による集光効率の変化は少ない。

この他，鏡面反射材によるルーバーを利用したもの（図3.19）や光の透過時に偏向するガラスやフィルム（図3.20）など，さまざまな昼光導入装置が開発，実用化されており，建物の向きや形状，デザインとの整合を図りながら適切なものを選択することが重要である。

(4) 日射遮蔽ブラインド制御

窓装備のうち，最も一般的なものがブラインドである。オフィスビルにおける執務室は，側窓採光が一般的であり，側窓の多くには，日射遮蔽のため羽根板（スラット）か，水平の横型ブラインド（ベネシャンブラインド）が設置されている。

近年，ブラインドの昇降高さやスラット角度を自動制御するシステムの採用が増加している。ブラインドを自動開閉制御するためには，日照

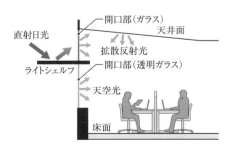

図3.16　ライトシェルフの概念図[5]

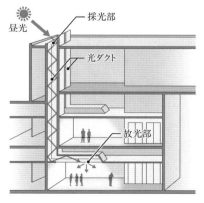

図3.17　光ダクトの概念図[5]

の状態を検知する必要があり，図3.21に検知装置の事例を示す。検知装置は，屋上に設置した照度センサとセンサ上部の可動式遮光板（バンド）から構成される。バンドは一定時間毎にセンサ部を遮光するように可動する。これによって，直射日光を含んだ照度と，バンドによって直射日光が遮られた状態の照度を測定することができ，照度差を基に直射日光の有無を判断している。照度差が大きく直射日光が有ると判断された場合，スラットは直射日光が室内に差し込まない角度（保護角）に制御される。

遮光の要否を判定するセンサは，一般的に日射計や照度計を用いて行われているが，輝度カメラで撮影した天空の輝度分布（図3.22）から，遮光の要否を判定できるシステムもある。この場合，太陽だけでなく，周辺のガラス建築物や太陽光発電パネルからの反射光を検出することができ，グレアにつながるような強い光であると判断された場合に，スラット角を閉じる制御も可能である。

これらの制御の目的は，グレアや熱感につながる日射を遮蔽するだけでなく，ブラインドを開放できる時間を長くすることで，昼光利用を促進し省エネルギー性を向上させるとともに，

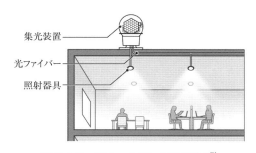

図3.18　光ファイバ方式の概念図[5]

図3.19　採光ルーバーの概念図[6]

図3.20　採光フィルムの概念図[7]

窓から眺望性を高める効果も期待でき，在室者の快適性を大いに向上させることである。

これまで紹介した，日射遮蔽手法及び昼光導入手法は，建物に必要とされるエネルギーを低減するとともに，運用のエネルギーを削減するための重要な技術であり，ZEB（ネット・ゼロ・エネルギー・ビル）の実現に寄与するものである。

3.2.3 昼光照明計算

昼光照明デザインを具体的に進めるためには，照明計算を基に計画の妥当性を確認する必要がある。昼光はこれまで述べたように，天候，時刻，方位によって条件が変化することを考慮し，評価しなければならない。昼光照明の計算，評価方法について説明する。

(1) 昼光率

3.2.1 で説明した昼光率のうち，直接昼光率を簡便に求める方法を紹介する。

図 3.23 は側窓，天窓と受照点の位置関係を示した図である。窓の幅 b，窓の高さ h 及び窓面からの距離 d から，図 3.24，図 3.25 において，b/d を横軸，h/d を縦軸にとり，その交点から直接昼光率 U ［%］を読み取ることができる。

(2) 年間評価方法

昼光は時々刻々と変化するため，年間を通した効果検討が必要である。昼光導入の評価指標として，Daylight Autonomy（昼光自立性；DA）や Useful Daylight Illuminance（有用昼光照度；UDI），Annual Sunlight Exposure（年間直射日光導入率；ASE）などが提案されている[3]。

DA は，年間在室時間に昼光のみで基準照度を達成できる時間割合として，室内の各点において算出することができる。例えば，DA_{500} は，昼光の基準照度を 500 lx とした場合の超過時間割合を示す。DA の考えを面積率として空間の年間指標としたものに，sDA（Spatial Daylight Autonomy）がある。sDA300/50% は，基準照度 300 lx を超過する年間の時間割合が 50% を超える空間の面積率を示す。

シャドーバンド日射検知装置
（株式会社ニチベイ提供）

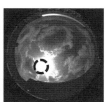

図 3.22　天空輝度測定カメラと輝度画像

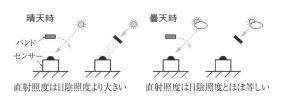

図 3.21　遮光要否判定制御の例

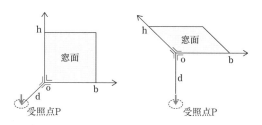

図 3.23　長方形光源と受照点[8]

DA や sDA は，昼光照度の下限を評価していることから，過剰な昼光の評価が行えていない。UDI は，この点を改善したものであり，照度の上限値として 3,000 lx を設け，指定範囲（300 lx～3,000 lx）の照度を達成できる時間割合として定義されている。ただし，上限値については現在も研究・検討が進められている。

ASE も過剰な昼光を評価する指標であり，例えば，$ASE_{1000/250}$ は，1,000 lx 以上となる時間が年間 250 時間以上となる領域の面積率を表

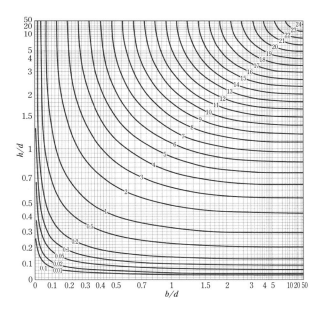

図 3.24　直射昼光率算定図
受照点に対し壁面の窓を対象とした場合[8]

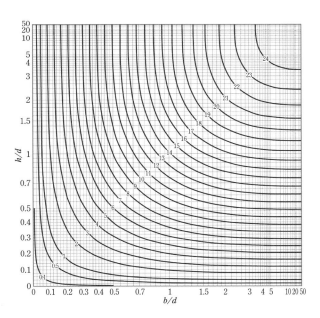

図 3.25　直射昼光率算定図
受照点に対し天窓を対象とした場合[8]

152　第3章　光環境のデザインと設備

している，制限を設けることで，過度な昼光の
採り入れを防いでいる。

　これらの年間評価は，直射日光を含んだ地域
の気候特性データを用いることで，地域特性に
合わせた評価が可能となり，今後は，輝度分布
を含めた多様な評価方法を利用した環境設計が
広がることが期待される。

本節に関連する1級建築士問題

[1]　春分・秋分の日における南中時の直達日射量は，水平面の方が南向き鉛直面より大きい。（正）

[2]　鉛直壁面の中央付近に設けられる同一面積の窓からの採光においては，一般に，横長窓より縦長窓のほうが，床面の照度の均斉度は高い。（正）

[3]　昼光により室内の最低照度を確保するための設計用全天空照度には，一般に，暗い日の値である5,000 lx が用いられる。（正）

[4]　頂側窓は，高所において鉛直や鉛直に近い向きで設置される窓をいい，特に北側採光に用いると安定した光環境を得ることができる。（正）

[5]　昼光率は，窓外に見える建築物や樹木の有無にかかわらず，室中央では一定の値となる。（誤）

[6]　窓面における日照・日射の調整のために設けるルーバーは，一般に，南向き窓面には水平のものが，西向き窓面には垂直のものが有効である。（正）

[7]　北緯35度のある地点における春分・秋分の日の終日日射量は，終日快晴の場合，どの向きの鉛直面よりも水平面の方が大きい。（正）

[8]　直射日光の色温度は，正午頃より日没前頃の方が高い。（誤）

[9]　ライトシェルフは，その上面で反射した昼光を室内の奥に導くことから，室内照度の均斉度を高めることができる。（正）

3.3 人工照明のデザイン

3.3.1 人工光源と照明器具の変遷

これまでの照明光源は白熱電球のように自らを燃やして光る「温度放射光源」と，電子発光し安定器によって制御する「放電発光光源」の二つが主で，白熱電球や蛍光ランプ，水銀灯やナトリウム灯などが一般にも広く使用されていた。これらの光源を使用した照明をプログラム調光するには，大きく高価な調光装置とメモリ装置が必要であり，素人にはとても扱えない特殊な世界であった。

しかし，21世紀に入ると電界発光光源であるエレクトロルミネッセンス（EL）や発光ダイオード（LED）が現れた。LEDはもともと表示灯用のランプとして開発されたが，現在はデジタル化された光として照明の領域に入り，世界中でLEDを使用した照明器具が製作されている。その種類も多様であり，屋内外においての照明事例も大変多い。日本では平成20年（2008年）に白色LED固体照明国際会議（The First International Conference on White LEDs and Solid State Lighting）において白色LEDの照明化に向けた国際会議が発足し，約10年あまりで照明器具市場において，ほとんどの照明器具がLED化されたことは日本の光源開発の研究能力の高さを実証している。

加えて，平成23年（2011年）3月11日に起きた東日本大震災においてその需要は加速した。日本はもともと蛍光ランプを多く使用しており，節電に対する意識も高かったため，白熱電球や蛍光ランプを省電力で高効率，長寿命のLED電球へ交換することは一般家庭においてもすでに常識になりつつある。また白色LEDのみならず，RGB（赤，緑，青の光の三原色）やそれにW（白色）を加えたRGBW，U（紫外線）

を加えたRGBUの波長構成を用いたLED照明器具からは何十万色という微妙な色合いが「照明効果」として表現出来るようになった。このことはこれまで空間に光の色を容易に使えなかった照明デザインに，自由と発想の広がりをもたらし，世界中にカラーライティングブームを起こした。それらは照明デザインの領域を超えて建築デザインやインテリアデザイン，そしてサインデザインにまで取り入れられている。

最近ではサーカディアンリズム効果やヒーリングエンバイロメント（環境を整備することで病気の自然治癒を促す）を狙い，音と光を合わせたリラクゼーション効果によるサポートシステムの開発など医療施設でも多く使用され始めている。多様な場所で，多様な光色をコンピューターやスマートフォンでプログラム制御し，時空を超えて遠隔操作できる時代となり，LEDは奥深い可能性を持った光源となった。

これからのLED照明のデザインは，照明のみならず空間演出，情報案内などに対応しながらアップデートを繰り返すこと，演出効果ではインターラクティブな常に新しいシーンを作り出すためのデザイン能力の向上が必要となる。つまり照明デザインのこれからは，景観照明においては，それぞれの地域特性や歴史，自然環境や民族性，商業施設では商品特性や照明との相性を理解すること，医療分野では人体に健康を促す光療法などの研究が重要になってくる。加えて，クライアントの要求，それに応えるプロジェクトチームとの協働，新規性，コストパフォーマンスの理解が成功を左右する。

3.3.2 照明デザインの構造

人間が光で満たされた空間を見て，美しい，居心地が良い，わくわくするなど豊かな感覚を

持つために，技術や新しい照明手法が数多く生まれている。しかし，「不快」ではなく「良い」と感じるその明確な基準は無く，個人の感性に委ねられる。

では，良い照明デザインとは何か。そもそも，照明デザインがひとつの職能として認知されるようになった背景は，建築設計の複雑化・高度化による設計業務の分業が進み，照明においてもその専門家の必要性が出てきたことにある。光が単なる照明設備ではなく，ヒトの自律神経系や生体リズムなどへの生理的効果や開放感や活動感などの心理的効果を持ち，建築内外や景観照明を構成する重要な要素のひとつであると認識されてきたことも影響している。

加えて，光とは，炎に象徴されるように人間の生活にかかわる根源的かつ神秘的なものであり，人間の感性に訴えかける芸術的観点がある。一方で照明は空間を明るく照らすための様々な技術に裏付けされたものである。技術的な観点では，光源や照明器具の特性を理解することが必要であるが，対象物の本質的な要素や美しさを引き出すために視覚現象を配慮する必要がある。

例えば，照明器具からの不快グレアを軽減し残像現象を減らすことで，見かけの明るさ感を作り出したり，天井が低い場合は天井を明るく照らすことで高く感じさせたりといった効果を得ることなどである。また，省エネルギーの推進やSDGsへの配慮など経済的な観点もあり，良い照明デザインとは多面的な性質をもつ。このように光が持つ芸術，技術，経済のすべての観点における特徴を把握し，それを統括する役割が照明デザインではないかと考える。

「デザイン」することには，必ずそれを依頼するクライアント，そして共に業務を進める建築設計者や施工業者からなるプロジェクトチームが存在し，プロジェクトの時間軸を意識し進行に則ることが重要である。業務のプロセスとそれにまつわる観点を体系化して，常に自分がどの位置にいるのかを意識しながら設計を行うことが，良い照明デザインへとつながる。デザイナー，照明メーカー従事者，設備設計者，いかなる照明を扱う立場であっても，多面的な視点を持つことが重要である（図3.27）。

3.3.3　照明デザインのプロセス

照明デザインは建築内外，インテリア，景観などいずれにおいても計画・設計の手順は同様

図3.27　照明デザインに求められる多面的な視点

3.3 人工照明のデザイン　**155**

である．イメージされたものが適切に実現されるためには以下に示すプロセスが必要である．ここでは景観照明のデザインのプロセスを例に解説する．

(1) 構想

構想段階ではクライアントへのヒアリングと現地調査を行い，それらに基づき目指すべき照明デザインの基本構想を創出することから始まる．インプットとして予算やスケジュールなどプロジェクトの概要，プロジェクトチームのスキルや使用するコンピューターのソフトウェアなどの共有化，敷地条件や地域環境などの現状調査，用途地域や関係する条例など敷地条件の整理，そして先に述べた土地の歴史や風土，居住者の生活リズムなど地域の特性を把握する．

それらの情報をもとにアウトプットとして，地域性を読み取り，それらとの調和を図るデザインの位置づけ，敷地の分析から機能を明確化した光のゾーニング，及びプロジェクトの目指すべき方向性の決定を行う．この構想段階におけるインプットとアウトプットの関係を図3.28に示す．構想段階におけるポイントは，ヒアリング，現地調査，及び基本構想の3つである．

(2) 基本設計

基本設計における重要な6つの構成要素の内容を図3.29に示す．第1に光の構成を把握することが挙げられる．景観照明では対象物を照らすための投光手法，窓明かりなどにみられる透過光の手法，光源の輝度を感じさせる発光手法と，主に3つの光の手法がある．屋内照明では空間への光の供給のされ方が異なり，多様な配光分類に分けられる．発散光束のほとんどが作業面に直接到達する直接照明，ほとんどが上向きで天井からの間接光で作業面を照明するものを間接照明などという構成である．これらの手法をバランスよく配置できているかの確認を基本設計段階で行う．

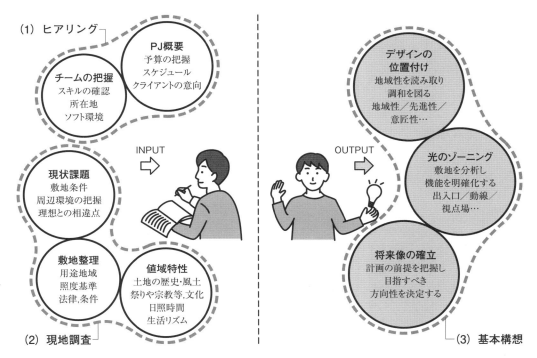

図3.28　照明デザインの構想段階におけるインプットとアウトプット

第2は，光源と対象物の相性が良いか悪いか，また照らされる対象物の素材やそれに対する分光反射率を考慮する必要がある。光の反射率が高いものは「明るく」，反射率が低いものは「暗く」見えるため，同じ明るさの光でも対象物の色や仕上げによって人が感じる明るさ感が異なる。平均的な光の色に対する反射率は黒い面で4%，白い面では70%と大きく変化する。このように光源を選定する際は発光効率のみならず照射する面に対する分光反射率を確認しながら，調色や色偏差（Duv）の選択が可能な光源の採用を積極的に行う。

第3は，安全な夜間の環境を作るための機能照明重視であるか，もしくは景観に潤いを与えるための演出照明を重視するかという環境の機能を見極めること。

第4は，水平面照度の確保だけではなく人の視線に沿った鉛直面や重要な対象物の照明効果を高める照明設計になっているかなど，視覚的照明の構築である。

第5に環境に最も適合した光源の選定である。

第6には生態系を考慮した光害対策や光源や照明器具がリサイクル性を重視した計画となっているかを確認することである。

基本設計の段階で調光制御の検討を行うことにより，プロジェクトへの導入がスムーズになる。調光制御には有線と無線の2種類の制御方法があり，有線制御方式にはPWM（Pulse-

光の構成

投光：対象物を直接照らす
透過光：窓明かりや半透明素材
発光：光源の輝度を見せる

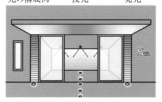

対象物の確認

素材の色と反射率の考慮
光源と素材の相性の確認

機能と演出

機能照明：安全・安心をつくる
演出照明：景観に潤いを与える

視覚的照明の構築

水平面照度基準だけでなく
人の視線を考慮した照明設計

光源の選定

高性能，高演色な光源の選定
出来る限り水銀不使用の
環境配慮型光源の採用

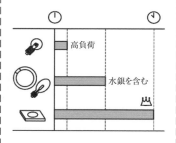

環境への配慮

周辺生態系の把握と対策
照明負荷の低減と管理
照明器具のリサイクル性

図3.29　6つの構成要素

width Modulation）信号制御や位相制御方式がある。これらは一般的に「つまみ」が付いた調光器を使用し，回路ごとに調光する方式である。無線調光制御はタブレットなどの端末から無線で調光する方式である。近年は，電源と信号の配線をそれぞれに工事しなければならなかった有線式の調光制御から様々な無線調光へ進化している。無線調光に変わることで，街灯の一括制御や高所施設，タワーなどの調光が容易になった。このことは単なる省エネルギーに留まらず，季節や天候，時間軸に応じたシーン展開が容易になり，心地よい光環境を維持するためのツールとして有用である。また，基本設計を進めるにあたっては，照明デザインだけで完結するのではなく，建築をはじめインテリア，ランドスケープ，サインなど他分野の専門家が参画することでより多くの知見と技術を取り入れ，プロジェクト全体の精度を高めることが可能となる。基本設計の検討を行う中で，イメージする光をつくるために既製品ではなくオリジナルな照明器具の必要性がある際はこの段階で検討する。デザイン，配光，素材のイメージをつくり概算コストを把握して提案へとつなげる。

(3) 実施設計

実施設計段階では6つの観点を考察する（図3.30）。第1は点，線，面からなる観点である。

点・線・面の視点	光のメリハリ	立断面の検証
点：導入部やサインを示す光 線：動線や輪郭をつなぐ光 面：敷地の雰囲気を統一する光	不足箇所は補光し 過剰な照明を抑制する 良いものの価値を高める	視覚的照明の構築の確認 建築化照明の詳細作成 平面図との整合性
照射物の特徴を活かす個々の照明が動線の光でつながり調和のとれた夜景となる	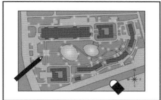人の動線を考慮した安全安心な光の配置　過剰な照明の整理	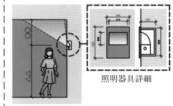高さ関係の整理　器具取付位置の確認
グレアへの配慮	配光制御	ユニバーサルデザイン
周辺の様々な視点場からの検証 照明器具の知識の蓄積	照射対象に応じた配光の選択 照明器具の取付高さの確認 光害への配慮	利用者の構成に応じた光環境 高齢者の視環境への配慮
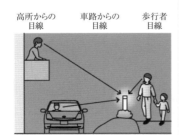	集光で柱を明示する　狭角配光　広角配光	

図3.30　実施設計における6つの観点

建築物やモニュメントを美しく照らすことで「点」の光を作り，照らされた「点」が連続し，足元の適度な明るさを確保したり目標物を照らしたりすることで人を誘導する「線」を作る。そして，個々の点や線は折り重なり，「面」としての魅力的な景観照明を形成する。第2は無駄な照明を省き，重要なものを重点的に照らす光のバランスやメリハリを計画する観点，第3は平面的に見るだけではなく立断面や建築詳細との整合性の検証，第4は様々な視点場からのグレア（まぶしさ）への配慮ができているか，また照明器具の機能に精通し，その機能が最適であるかを検証する観点，第5は照射対象に応じた配光の選択を行い，光害を生じさせない環境への観点，第6は弱者や高齢者の視環境に配慮するユニバーサルデザインの観点が必要である。

実施設計において照明器具の配置がほぼ確定となるため，設置後のメンテナンス性も含めて照明器具を選定し，必要であれば実験による検証を行う。オリジナルな照明器具はモックアップ等を作成し検証を行う。また，ある程度計画が固まった段階でコストの確認を行い調整する。イニシャルコストを把握し今後のコスト調整へ対応するとともに，ランニングコストを想定し運用開始後のエネルギー性能を掴むことが重要である。

(4) 施工

実施設計の承認が得られた後の施工段階では，そのデザイン監理を行う。コスト調整や現場調整にて照明のプランが安易に変更されないようにコンセプトを周知してデザイン監理を徹底的に行うことが大切である。照明デザインにおける調整の必要が生じた際は，重要性を反映させた優先順位を確定しておき，コンセプトから逸脱しない範囲での修正を検討する。そのためには，事前にあらゆる想定を行い対処することが重要である。

設計時から実際の施工までの期間が長い場合，照明器具等はより性能の高いものが使用できる場合がある。製品のスペックを把握し台数等の再検討を行い，修正することでより良いデザインとなる。また，必要に応じて現場にて照明実験を行うことが大切となる。

実施設計段階でデザインしたグレア制御や配光が現場において適切であるかを確認する。オリジナルの照明器具がある際はサンプル品を作成して，実際の現場で最終調整を行う。最終段階の器具の角度調整（フォーカシング）を行うにあたっては，意図した光の効果が出ているかどうか，グレアの確認，照明器具の見えがかり，スイッチ関係や適切な調光レベルの設定など運用側の目線で調整を行うことがきわめて大切となる。

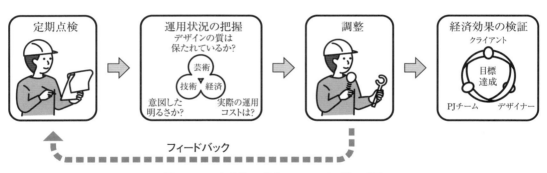

図3.31　完成後のデザインにおける検証確認

(5) デザインの評価

現場が竣工しクライアントに引き渡した後においても，実際の運用状況による調整が必要である。運用後のランニングコストを確認し，目標を達成しているかどうか，より改善できる箇所は無いかを継続的に検討し，最終的にはデザインによる経済効果の検証が重要である。運用直後，半年後，一年後など定期的な点検をプロジェクトチームで行いクライアントの満足度を確認することも重要である。この流れを図3.31に示す。

設計業務においては，完成図を作成して更新する。竣工写真などの記録も必須である。加えて，プロジェクトを通して得た知見を次に生かすべく記録する。施設利用者がその場所を「美しい」，または「良くなった」と感じているかなどの印象評価をして，さらに検証や分析を行うことが重要である。時代に対する先進性やデザインの卓越性など様々な観点での評価項目を作成し，そこから生理的，心理的に快適で豊かであると感じているか等の感性を読み取る。そのためには照明デザインを体験後の来訪者や施設利用者に対してアンケートを実施し，数値化による効果の分析を行う。その評価を通してプロジェクトの成功点や改善点を見出すことは，今後のプロジェクトにおいて経験値のフィードバックとなる。

3.3.4 照明デザインの役割と展望

「デザイン」という言葉からは「美的感覚」のイメージを強く受けるが，それだけではなく将来像の確立（芸術的観点）を早い段階で決定することで，様々な技術をバランスよく取り入れた適光適所（技術的観点）の計画が実現し，経済効果（経済的観点）へとつながることを述べてきた。言い換えると，照明デザインにより「暮らしやすい」，「売り上げを上げたい」，「地域を活性化したい」などの最終目標を達成でき

ないと，それが如何に美しくても成功した良い照明デザインとは言えない。クライアント，プロジェクトチーム，そして利用者すべてが「良かった」と思える環境をつくるべく最大限の努力をしなければならない。デザイン表現の違いは個人の才覚によるが，デザインを行うために基本的な技能を以下のようにまとめることができる。

(1) 仕事に関わる力

新しい技術や手法などを把握しそれらを活かす能力である。従来のやり方に固執せず，常に調査探究を行い自らの知識として蓄え，対応力を高めることが必要である。

(2) 人の気持ちをつかむ力

クライアントやプロジェクトチームとの良い人間関係を維持し，適切な言葉で相手に伝える力である。自らの意見を押し通すのではなく，意思疎通を図り的確な指示や対応ができるよう心を配ることがプロジェクトの成功へとつながる。

(3) ものごとの本質を見極める力

建築，音楽，美しい言葉や表現など本質的に良いものを見続け，自らの感性を磨きデザインの手がかりとなる気付きを増やす力である。感動の気持ちを持ち続けること，これがデザインの原点であり，もっとも重要な技能である。あらゆる段階で判断をする場面が出てくる。自らのスキルを磨き，視環境の適正な評価を把握したうえで，適切な表現方法で相手に伝え，業務を進めていくことが重要である。

3.3.5 終わりに

未来を考えた時，地球温暖化は最も重要な問題である。温暖化の要因は人工光だけではないが，要因の一つである。例えば，人間の安全のために照明を点けることは，むしろ自然環境には厳しく，昆虫や野鳥にとっては生態系を変える危険な環境となる場合もある。24時間化し

た街のあかりのために星が見えない，眠れない，また野鳥が飛来しないといった光害（図3.32）を無くすためには，光を点けて良い場所と点けてはいけない場所を決めることも必要である。

光害については，平成10年（1998年）に環境庁（現環境省）が「光害対策ガイドライン」を策定し，令和3年（2021年）に「光害対策ガイドライン改訂版」として改訂されている。ガイドラインでは目指すべき光環境として，地域の社会状況，自然環境の豊かさや星空観察などの地域資源を保全する観点などから，地域の特性に応じた「光環境類型」を表3.4のように定めている[10]。この目指すべき光環境類型を適切に判断し，それに応じた照明デザインを行う必要がある。すでに明るい環境に新たに照明デザインを行っても効果はない。必要のない光を「無駄なので消す」，照明効果を高めるために「古い照明器具を撤去する」ことも照明デザインの役割である。

照明には安全と防犯面，経済性，効率といった機能効果の明視機能面があり，一方で雰囲気づくりや文化性を考える環境演出面がある。この二面から総合的に導きだしたバランスにより地球環境にも優しく，魅力ある照明空間をつくることが可能となる。このように作るべき空間が誰のためのものなのかを真剣に考えることが照明デザインの目的である。

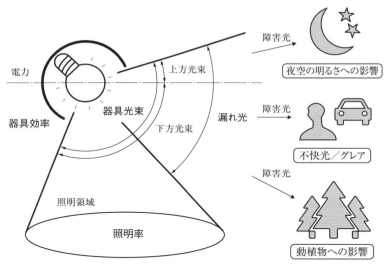

図3.32　光害の概念

表3.4 光環境類型

E1	自然公園や里地等で，屋外照明設備等の設置密度が低く，本質的に暗く保つべき地域。
E2	村落部や郊外の住宅地等で，道路照明灯や防犯灯等が主として配置される程度であり，周辺の明るさが低い地域。
E3	都市部住宅地等で，道路照明灯・街路灯や屋外広告物等がある程度設置されており，周囲の明るさが中程度の地域。
E4	大都市中心部，繁華街等で，屋外照明や屋外広告物の設置密度が高く，周囲の明るさが高い地域。

〔引用・参考文献〕

1) 日本建築学会編：昼光照明デザインガイド 自然光を楽しむ建築のために，技報堂出版，2007
2) 日本建築学会編：見る・使う・学ぶ環境建築，オーム社，2011
3) 日本建築学会：昼光照明規準・同解説（AIJES-L0003-2018），2018年を参考に作成
4) 平手小太郎：建築光環境・視環境，数理工学社，2011
5) 照明学会：照明ハンドブック（第3版），オーム社，2020を参考に作成
6) ヒューリック株式会社ホームページ，https://www.hulic.co.jp/sustainability/ecology/warming/co2.html を参考に作成
7) 大日本印刷株式会社ホームページ，https://www.dnp.co.jp/biz/solution/products/detail/1188726_1567.html を参考に作成
8) CASBEE-建築（新築），建築環境総合性能評価システム 評価マニュアル
9) 松下美紀：歴史と伝統に基づく都市における夜間景観照明の実践とその考察，2021
10) 環境省：光害対策ガイドライン，令和3年3月改訂版，2021

第4章

電気設備と防災，エネルギー管理

4·1　電力設備　　　　　　　　　　　　　　　　　164
4·2　自動制御設備・中央監視設備・
　　　情報通信設備　　　　　　　　　　　　　170
4·3　建築・設備のマネジメント　　　　　　　179
4·4　防災設備，防災の視点からの環境計画　184

4.1 電力設備

電力設備は，大きく電源設備と負荷設備に分類される。

電源設備は，建物に電力を供給する設備であり，一般電源として受変電設備と発電設備，非常用電源として蓄電池設備，非常用発電設備と無停電電源装置（UPS：Uninterruptible Power Supply）などが設置されている。さらに，近年の環境問題の高まりから太陽光発電，風力発電などの自然エネルギー利用や電力自由化に伴いコジェネレーションや燃料電池など分散型電源が導入されており，一般電源と分散型電源との融和がこれからの建築に求められている。

負荷設備は，建物の動力負荷，電灯コンセント負荷など各種設備で使用する負荷側の設備であり，建物の使い勝手や建築の意匠デザインと直接関係する。

4.1.1 電源設備

負荷設備に電力を供給する設備を総称して電源設備と呼び，負荷の用途，電源の品質，保全性，コストの諸条件により設備の決定がなされる。電源の構成条件で大きな区分は平常時と停電時である。図4.1には，平常時と停電時の電源設備構成をそれぞれ示す。

電源としては，電力会社から商用電力を購入する。電力会社は，発電所から電力を安定的にかつ電力損失を最小にして効率よく供給するために，供給電圧を制御して需要家である建築へと供給する（図4.2）。

(1) 受変電設備

電気事業者から建築所有者が契約に基づき電力を購入（受電）し，建築内の負荷設備に電力供給するための設備である。受電電圧は，建築で必要とする電力量により，電気事業者の設定する電力供給規定に基づき決定される。さらに，建築所有者サイドでは，電力を供給する施設の用途や目的に合致した電圧で建築内に送るため，電圧の調整（変電）を行う。これら電力を建築で受けて所要の電圧に変換する設備を自家用受変電設備という。

(2) 発電設備・蓄電池設備

電気事業者からの電力が停止した際，自力で電力を供給するために設置される。建築基準法や消防法に基づき，建築が停電や災害時などの非常時にも安全に機能できるように設備される。建築基準法により定められている非常用電源設

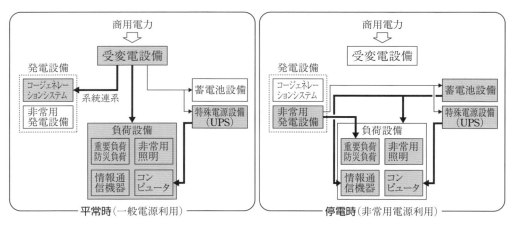

図4.1　電源設備の概念

備を表4.1に示す。

非常用電源設備として，発電機でも蓄電池でもいずれの設備を設定してもよい場合に，非常用の発電機を常用に利用するとともに，同時に発生する熱も利用してエネルギー効率を高めるコジェネレーション設備を建築内に設置し，電力事業者からの電力と系統連係して利用される例も多い。

また，非常用の予備電源として直流電力を即時に供給する必要のある非常用照明電源，制御用電源，情報・通信設備の予備などに蓄電池設備が設置される。

(3) 幹線設備

幹線設備とは，電源側から負荷へ電力を供給する配電経路である。電力会社の配電系統からの高圧・低圧引込幹線，自家用電気設備の高圧幹線，配電盤から負荷側の動力盤・分電盤までの低圧電力幹線など，電力搬送用に幹線が施設される。近年の大型建築では，幹線の分担する電力容量も膨大になっており，建物の規模に関らず，用途や負荷特性によっては二重化の要請もあるので，安全性・経済性・保守性を考慮した計画が望まれる。

建物内の幹線系統図を図4.3に示す。電気は電源設備の電源から負荷設備の分電盤へパイプシャフトを使い垂直搬送され，各階の所要分電

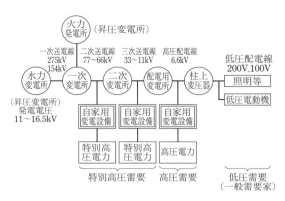

図4.2 電力会社の供給電圧

表4.1 建築基準法による防災設備と適応防災電源

防災設備		自家用発電装置[3]	蓄電池設備	自家用発電装置と蓄電池設備[1]	内燃機関[2]	容量（以上）
非常用の照明装置	特殊建築物および一般建築物	―	○	○	―	30分間
	地下道（地下街）	―	○	○	―	
非常用の進入口（赤色灯）		○	○	○	―	30分間
排煙設備	特別避難階段の附室非常用エレベーターの乗降ロビー	○	―	―	―	30分間
	上記以外	○	―	―	○	
非常用エレベーター		○	―	―	―	60分間
非常用の排水設備		○	―	―	―	30分間
防火戸・防火シャッター等		―	○	―	―	30分間
防火ダンパ等・可動防災垂れ壁		―	○	―	―	

備考　本表の記号は次のとおり。
　○：適応するものを示す。
　―：適応できないものを示す。
注　1）蓄電池容量（1分，10分，20分）と40秒以内に起動する自家用発電装置がある。蓄電池容量については所轄行政庁との協議による。
　　2）電動機付きのものに限る（昭和46年住指発第510号）
　　3）用途により予備と常用に区分されるが，常用は予備電源対応の要件を満たすものとする。

（日本電設工業会　防災設備に関する指針　による）

盤へと送られる。

(4) 自然エネルギー利用発電設備

自家発電設備として環境配慮型の太陽光・風力・バイオマス等のエネルギーを活用する独立分散電源が建築に設置される。その中でも，太陽光発電システムは建築の屋上や外壁に設置され，既設の商用電源と系統連系して利用される例が多い。

太陽光発電システムの例を図 4.4 に示す。系統と連系するか否かは，電力事業者との協議によるところが大きいが，近年の温暖化対策としての自然エネルギー利用に関する社会的要請を受けて住宅などの建築ではすべてが系統連系と言っても過言ではない。独立システムの採用は系統電源のない地域や極めて重要な独立した建築に限られる。

自然エネルギー利用発電では，出力変動があるため需要に対して余剰や不足が生じる。近年では，余剰電力を水素に変換して貯蔵し，必要な時に燃料電池を用いて電気を取り出すことができるシステムが開発され，災害時の BCP 電源や ZEB 運用への貢献としての電源などに活用されている。燃料電池による発電の際に発生する廃熱も給湯などに有効に活用することができる。

4.1.2 負荷設備

電源設備の計画でも，電気事業者から電力を購入する計画でも，建築で要求する電力負荷容量を確実に抑える必要がある。基本計画段階での算定では，まず，建築用途による負荷密度から負荷設備容量を算定し，需要率や将来計画に基づき受電設備容量の設定，電力会社との事前協議を経て受電方式等の決定，受変電室の大きさ・位置・レイアウトを決定して負荷に対して確実に電力を配電できる容量の確保を行う。

(1) 電力負荷の算定

建築の電力負荷の分類は，建築がその機能を

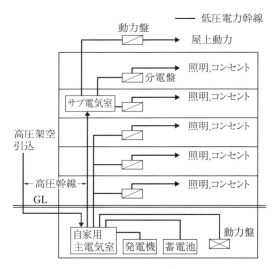

図 4.3　高圧受電の幹線系統図

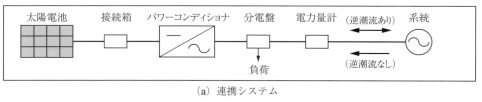

図 4.4　太陽光発電システム

果たすに必要な設備の用途により分類される。

・電灯負荷：照明器具
・コンセント負荷：コンセントに接続される OA 機器，掃除機など
・一般動力負荷：ポンプ，ファン，シャッター
・輸送負荷：エレベータ，エスカレータ
・空調動力負荷：冷凍機，冷温水ポンプ，空調機
・電熱負荷：電気温水器，小型電熱器
・その他：研究設備用電源，UPS（電算機の無停電電源）

　これらの詳細設備の内容が分かれば，負荷容量を正確に把握できるが，基本計画段階では，建築の用途や規模から過去の実績により想定されている負荷密度（W/m²）に建築の床面積を乗じて求める。表 4.2 に，各種建築の電力負荷密度の例を示す。

（2）　電灯・コンセント設備

　電灯負荷の容量は，各部屋で必要とされる照度と照明器具，照明方式および照明必要面積から積み上げ方式により負荷容量を算出する。

　近年，社会的な省エネルギーの一層の推進要請から，高効率照明の筆頭として LED 照明が設置されるようになってきた。従来の照明器具と比較して，照明負荷が 1/5～1/4 程度に削減されている。

表 4.2　建物用途ごとの受電変圧器の電力密度

建物用途	負荷種別			
	電　灯 [W/m²]	動　力 [W/m²]	全負荷 [W/m²]	受電変圧器容量 [VA/m²]
事務所	59.0	66.2	125.2	147.1
店舗・デパート	70.6	79.9	150.5	171.8
ホテル	51.5	59.1	110.6	113.8
学校	44.7	46.4	91.1	96.4
病院	55.8	88.2	144.0	149.9

（電設工業　新築ビルディングの電気設備調査一覧表データの解析）［平成 7-7］

　また，コンセント負荷の OA 機器については，各部屋で利用するパソコンの台数を居室人員から推計するなどして算出もできるが，近年の事務所ビルでは，電灯・コンセント負荷として概ね 40～60 W/m² の負荷密度を採用する。

（3）　動力設備

　一般動力負荷は，各種設備の設置場所と各機器の容量を把握して積み上げ計算を実施する。また，空調動力負荷については，建築内の冷房負荷密度，熱源の構成から負荷容量が算出可能である。さらに，電熱負荷やその他動力については建築主と利用の方法について十分な話し合いを通して決定する。

　建築の設備機械の動力は，省エネルギー化が推進され，交流電動機にインバータ制御を積極的に取り入れている。定格電圧で電動機を始動するとき，一時的に電動機に大きな電流（始動電流，定格電流の 5～7 倍）が流れ，電動機の回転速度が定格速度に到達するまで継続する。この間，電動機が異常振動や騒音を発生し，最悪の場合には焼損に至る恐れがある。そのため，起動機を用い，当初は定格電力より低い電圧を加えて始動電流を制御し，回転数の上昇につれて直接定格電力に切り替えるスターデルタ起動方式をとることが多い。

4.1.3　輸送設備

（1）　エレベータ

　輸送設備としては，エレベータとエスカレータに代表されるが，建築の高層化，複合化，大規模化に伴い，建築内を人間が高速に安全に移動する需要が高まっている。

　エレベータは，搬送方式により巻き上げ式と油圧式があるが，ほとんどの高層ビルでは，巻き上げ式が用いられている。この方式は，構造的には，図 4.5 に示すように最上階に機械室を設置し，ロープを使って巻き上げ機により，上下させる。

身障者，高齢者，子供などの弱者に対する高福祉社会実現に対し，ユニバーサルデザインの概念を入れたエレベータが積極的に設置されるようになり，動力設備の大きなウエイト占めるようになってきている。

一方，エレベータ事故も近年増大傾向にあり，これを危惧して，国土交通省ではエレベータの安全の技術基準見直しを実施した。さらに，安全に関するJISが制定された。

(2) 非常用エレベータ

建築物の高度化に伴ない，災害時に安全かつ迅速に被災ビルから避難することが求められる。

法律では，高さ 31 m 以上の階の延べ床面積の合計が 500 m^2 を超える建築では，原則として非常用エレベータの設置が必要である。このエレベータは，平常時は常用または人荷用として利用されるが，火災時は消火・救出作業に利用される。

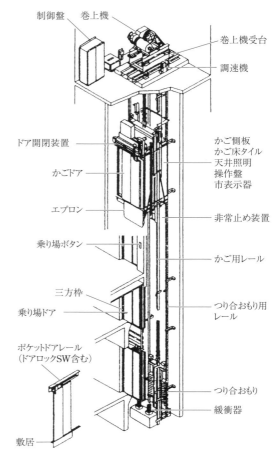

図 4.5　巻き上げ式エレベータの構造

4.1 電力設備 **169**

本節に関連する 1 級建築士問題

1️⃣　電気設備に関する次の記述のうち，最も不適当なものはどれか。
　(1) インバータ機器から発生する高調波電流を抑制するために，アクティブフィルタを設置した。
　(2) 幹線設備における地絡電流による感電，火災，設備の破損等を防止するために，過電流遮断器を設置した。
　(3) 伝送系の信号線が電源関係ケーブルからの静電誘導によるノイズの影響を受けないようにするために，その信号線には，シールドケーブルを使用した。
　(4) 外部雷保護システム（受雷部，引下げ導線及び接地極システム）及び建築物等の導電性部材に流れる雷電流による危険な火花放電の発生を防止するために，内部雷保護システムを構築した。
　《解答》　正解（2）

2️⃣　電気設備に関する次の記述のうち，最も不適当なものはどれか。
　(1) 電圧の種別において，交流で 600 V 以下のものは，低圧に区分される。
　(2) 力率は，交流回路に電力を供給する際の「皮相電力（電圧と電流との積）」に対する「有効電力」の比率である。
　(3) 幹線に使用する配線方式において，バスダクト方式は，負荷の増設に対応しにくいことから，小容量の電力供給に限られている。
　(4) 無停電電源装置（UPS）は，整流器，蓄電池，インバータ等により構成され，瞬間的な電圧降下時や停電時においても安定した電力供給を維持するためのものである。
　《解答》　正解（3）

4.2　自動制御設備・中央監視設備・情報通信設備

　自動制御設備・中央監視設備・情報通信設備は，建築を有機的に機能させ，様々な外的条件を感知して適切な対応方策を提示する設備であり，人間の体に例えれば，神経系統をつかさどるシステムである。

　自動制御設備は，空調設備を例にとると，室内の温度・湿度を自動的に調節したり，冷凍機やボイラなどの熱源機器を安全に運転するために自動的に調節したりする設備である。

　中央監視設備は，建築内に設置されている様々な建築設備機器の運転状況や室内の環境状況を，通信手段を用いて集中的に把握し，適切な設備機器の運転・室内環境を実現させる設備である。

　情報通信設備は，建築内で発生する様々な出来事の情報を，通信手段を用いて伝達・処理する設備である。センサ，映像音響機器，監視カメラ，放送機器などのIoT化が急速に進展しており，提供する機能も高度化・高速化し，システム相互間の連携も容易になり，多用なサービスが開発され，提供されている。

4.2.1　自動制御設備

（1）　概要

　自動制御は様々な分野で用いられており，我々の日常生活や生産活動を支えている。制御対象は各種化学プロセス・電気/機械システム・環境システムなど動的システムと総称されるものであるが，それらの動きは全て物理量である「温度」「圧力」「変位」「速度」「濃度」などで表される。

　一般の建物において，空調負荷は日変動や季節変動がある一方で，設計的には最大負荷を見込んで，各種機器の容量をはじめ風量や水量などを決定していく。そのため，実際の建築設備が稼働している状況では，変動する負荷に対して最適な状態で負荷処理が出来るよう，各種設備機器を起動・停止したり，送風量や水量を調整したりしている。このような建築設備において，自動制御の目的は以下の内容に集約される。

（ⅰ）　快適環境の確保
・快適環境に保ち，作業者（オフィス，工場など）の作業効率向上や在室者（劇場，ホールや前述のオフィス，工場なども含まれる）に快適

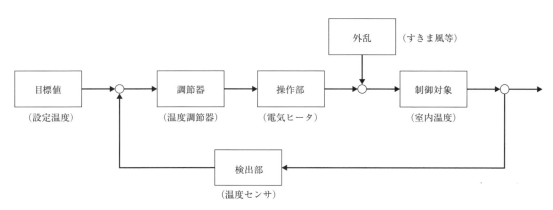

図4.6　フィードバック制御のブロック線図

な空気環境を提供する
（ⅱ） 省エネルギー
・設備の高効率運転および最適運転を行い，エネルギーを削減する
（ⅲ） 製品品質の向上
・製品の製造および保管環境を精密に整えて製品品質を向上させる
・研究所や実験室などでも同様に環境を整えて，実験データなどの精度を向上させる
（ⅳ） 安全性の確保
・制御対象を許容値に保ち，機器・装置・作業者が危険な状態になるのを防ぐ
（ⅴ） 労働の節減
・自動化で複雑な作業・判断を省き，ミスの低減や過酷な労働の軽減を図る

自動制御の基本的な概念は，現在の状態を把握し，目標とする状態まで様々な要素を自動で操作することである．以下では，現在の状態を博するセンサ，様々な要素を自動で操作する方法を中心に述べる．

(2) 自動制御の分類
（ⅰ） シーケンス制御

あらかじめ定められた順序で制御する．自動販売機や信号機をはじめ，あらゆる箇所で利用されており，身近な事例として自動洗濯機の動作をみると，「水量の決定」→「洗う」→「排水および給水」→「すすぎ」→「排水」→「脱水」といった一連の定まった流れを自動で実行しており，家電でも多用されている制御である．

空調設備では，例えば中央監視で空調開始したい場合，「熱源起動」→「ポンプ類起動」→「空調機起動」といったように機器を順次立ち上げていくのにも利用されている．

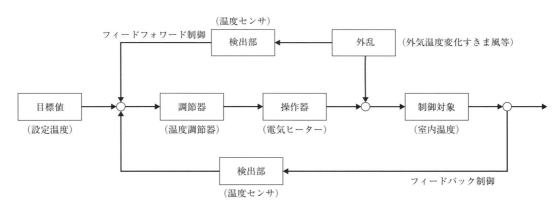

図 4.7 フィードバック制御とフィードフォワード制御

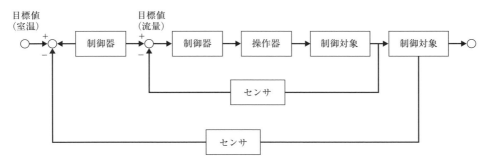

図 4.8 カスケード制御

172　第4章　電気設備と防災，エネルギー管理

（ⅱ）　フィードバック制御

　目標値と実際値を比較しながら，実際値を目標値に近づけていく制御である。図4.6にブロック線図を示す。

　例えば図4.6において，室内温度を一定にする制御と考えた場合，制御対象は室内温度，目標値は設定温度，検出部は室内に設置された温度センサ，調節部は温度調節器，操作部は電気ヒータという形で表現される。具体的な動作としては，検出器（温度センサ）で室内温度を測定し，調節器（温度調節器）にて希望の目標値（設定温度）と比較して偏差を求め，その偏差を小さくするよう操作器（温風ヒータ）へ信号を出す。その信号によって温風ヒータの出力を制御し，制御対象の温度を操作する。

　フィードバック制御は建築設備で広く利用されているが，制御結果をみてから制御をかけていくため，遅延が生じる。また図4.6の例でいうと，すきま風のような時間的に変動がある外乱が存在すると，室内温度の変化に制御が追い付かなくなる。この欠点を補うため，後述するPID制御のパラメータ値の調整や，外乱が制御対象に影響を与える前に検出し，必要な操作量を加えるなどの工夫が必要となる。

（ⅲ）　フィードフォワード制御

　前述した外乱の物理量を計測し，その量に従って操作量の変化を制御する方法で，予測制御ともいわれる。図4.6の例では，外乱となるすきま風を検知（外気温など）して，室内温度へ影響を及ぼす前に制御をかける。図4.7に概略図を示す。

（ⅳ）　カスケード制御

　フィードバック制御では，制御量と操作量が1対1であるが，複数の制御量と操作量の組み合わせで行うことも多い。図4.8のように，二つのコントローラで構成され，一方のコントローラの出力値がもう一つのコントローラの設定値として使用される。例えば室温制御系において，外側のループは室温を制御量として，目標値との偏差から冷水流量の目標値を計算し，冷水流量制御系に出力する場合がある。こうした制御の利点としては，外乱への素早い対応と制御対象の動作性を改善である。

表4.3　空調で用いられる主な動作

制御名称	概要
二位置制御（ON-OFF制御）	目標値の＋側と－側に動作すきまを設け，各設定点で操作器オン（操作量100%）と操作器オフ（操作量0%）させ，目標値付近を保持する方式
多位置制御	二位置制御を多段階に組み合わせ，偏差（制御幅）を極力少なくし，制御量の変化を抑制する方式
比例制御（P制御） Proportional制御	目標値と制御量の差（制御偏差）に比例して操作量を変化させる方式。操作量0%～100%までの制御幅を比例帯という。空調負荷特性によっては，偏差を残したまま安定状態になり，目標値に到達しない欠点があり，この偏差をオフセットという
比例積分制御（PI制御） Proportional Integral制御	比例動作に加えて積分動作をさせることで，比例動作のみで生じやすいオフセットを取り除く動作方式
比例微分制御（PD制御） Proportional Derivative制御	比例動作に加えて微分動作をさせることで，応答性の向上を図った動作方式。空調系での使用例は少ない
比例積分微分制御（PID制御） Proportional Integral Derivative制御	比例積分動作に微分動作を加えた高度な複合動作方式をいう。空調制御をはじめとするプロセス制御において，ほとんどのフィードバックループにおいて使用されている

(3) 動作による分類

自動制御の構造としては，前述した3つの制御が基本となるが，次に「機器をはじめ，ダンパや弁などをどのように動かすのか？」ということが問題となる。動作方法は「二位置制御（ON-OFF制御）」「比例制御（P制御）」「比例積分微分制御（PID制御）」などがある。表4.3に代表的な制御方法を示す。また，図4.9に制御の動きを示す。

(4) 主要機器

自動制御設備においては，検出部（センサ）・調節器・操作器が主要な機器となる。

(i) 検出部（センサ）

a) 光センサ

照度センサや人感センサなどがあり，光電効果や焦電効果を利用している。

b) 温度センサ

バイメタル，サーミスタ，測温抵抗体，熱電対など多様なセンサがある。

c) 湿度センサ

高分子抵抗式，高分子静電容量式，露点検出式に大別される。

d) 流量センサ

電磁式流量計，差圧式流量計，ピトー管式流量計，熱式流量計がある。

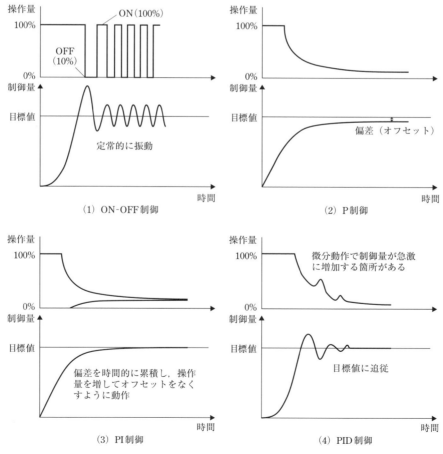

図4.9　主な制御の動き

(ii) 調節器
a) 温度指示調節器
　センサで得られた状態値と目標値を比較し，その偏差に応じて演算を行い，様々な機器を制御する装置である。温度以外の物理量（湿度，圧力，流量など）を扱うものもあり，調節計と呼ばれる。なお，電子式のものは特にデジタル調節計と呼ばれている。フィードバック制御系の主要な部分が組み込まれており，制御対象に合わせたセンサおよび操作器と接続することで，様々なフィードバック制御系を構築することができる。図4.10に構成内容を示す。

b) PLC
　PLC（Programmable Logic Controller）は，あらかじめ決まった手順に沿って動作を行うシーケンス制御を行う装置である。パソコン等で作成したプログラム（ラダー図，シーケンス図）をPLC本体へロードして使用する。PLC以外でシーケンス制御を実行できるシステムとしては，「リレー制御」があり簡単な制御であれば，安価で素早く実装できる場合がある。ただし，電磁リレー・リレー配線・左記の装置を収める制御盤（PLCを収める制御盤よりも大きくなる）が必要であるほか，制御動作を変えようとした場合，実際に配線を組み直す必要がある。

(iii) 操作器
a) 電動ダンパ，電動バルブ
　ダンパやバルブ本体にアクチュエータ（電気信号などを物理的運動に変える機器）が取り付けてあり，ダンパの羽根やバルブの弁を動かすシャフト（回転軸）を自動で動かす。一般的な動作としては，二位置制御または比例制御となる。

b) 電磁バルブ
　バルブ本体・電磁石・プランジャ（可動鉄片）などで構成され，電磁石への供給電流をON-OFFすることで弁体が開閉される。単に流体をON-OFFするだけではなく，接続の口数によっては流れ方向を切り替える電磁切替バルブ（方向制御弁）と呼ばれるものもある。空気や水などの流体を遮断したり流したりする。

c) インバータ
　商用電源から送られてくる電力の周波数を変えて，汎用電動機の回転数を自由に変化させることができる機器。空調設備では主に送風機や

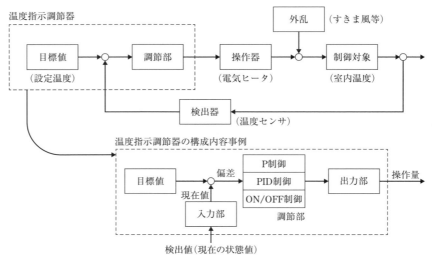

図4.10　温度指示調節器の構成内容例

ポンプに取り付けられ，搬送動力の大幅な削減に貢献しているほか，パッケージエアコンの圧縮機にも用いられている

(5) 空調における各種制御の事例

空調設備における主な自動制御を表4.4に示す。熱源をはじめとして，搬送設備・空調機など，様々な箇所で用いられている。制御計画を進めるうえで，下記①〜⑤を考慮する必要がある。

①制御目的の明確化
②制御対象の特性の理解
③制御理論と方式の検討
④制御システム構成の理解と選定・構築
⑤中央監視装置との機能区分の明確化

表4.4 空調設備における主な自動制御内容

設備要素	制御項目	主な目的	備考
熱源設備	熱源機器台数制御	省エネ（供給熱量の適正化）	所要動力適正化含む
	熱源温度設定制御	送水温度の確保	COP適正化含む
	蓄熱運転制御	デマンド管理，設備容量適正化	AIによる負荷予測など含む
	熱回収制御	省エネ（排熱の有効利用）	熱交換器まわり制御ほか
	冷却水制御	送水温度の確保	冷却塔ファン回転数制御，二方弁制御含む
	水位制御	補給水の確保	クッションタンク，膨張水槽など
搬送設備	ポンプ台数制御	省エネ（所要動力の適正化）	バイパス二方弁制御含む
	ポンプ容量制御	同上	系内の所要圧力確保などを含む
	送風機風量制御	同上	給排気送風機の回転数制御ほか
空調機器廻り	外気冷房	省エネ（自然エネルギー有効利用）	エンタルピー基準などの制御ほか
	ナイトパージ	同上	夜間の外気導入による蓄冷
	ウォーミングアップ制御	立上り時間短縮	スケジュール運転，空気質環境に注意
	最小外気取入制御	省エネ（供給外気量の適正化）	CO_2濃度基準などの制御・必要換気量確保に注意
	熱回収	省エネ（排熱の有効利用）	全熱交換器まわり制御ほか
	変風量制御	省エネ（所要熱量と動力の適正化）	最小風量設定，インバータ制御／吸込ダンパ制御，空気質環境に注意
	送水温度設定制御	最適化のための所要温度確保	混合損失の防止ほか
	変流量制御	省エネ（所要熱量と動力の適正化）	所要温度差の確保

（文献1をもとに作成）

〔引用文献〕
1) 空気調和・衛生工学会編，空気調和設備 計画設計の実務の知識（改訂3版）

4.2.2 中央監視設備

中央監視設備は，建物内の各所にある各種機器の状態（運転・停止・故障など）監視および記録・発停操作，室内の環境状況（温度・清浄度・CO_2濃度など）監視および記録，各種省エネルギーシステムの管理（運用および使用量把握など），防災および防犯管理，建物運用管理（日報記録，各種作業スケジュール管理など）を行うシステムである。

(1) ハードウェア構成と通信規格

中央監視設備のハードウェアは，様々な情報の表示と記録・各種機器等の操作などの機能を有する「マンマシン装置」，各種制御機能を支える「コントロール装置」，各種信号の伝送および変換を行う装置（信号変換装置，WEBサーバ，無停電電源装置など）などから構成されている。中央監視設備の構成例を図4.11に示す。

図中に記載されているBACnetとは，Building Automation and Control Networking Protocolの略で，1995年にASHRAE（アメリカ冷暖房空調工業会）で制定されたビルディングネットワークのための通信プロトコル規格であり，2003年に国際標準規格（ISO16484-5）として登録された。各設備がメーカー独自仕様であっても接続が可能であり，空調・衛生・電気（含む照明）・防災など，サブシステムを自由に組み合わせることができる。建物内のインフラ設備を総合的に監視・制御・保安・保守するための通信規格として，事務所ビル・商業施設・ホテル・空港施設など各種の建物で採用されている。

(2) 計画設計の留意点

中央監視システムにおける，計画設計の留意点を以下に示す。

①建物の管理方針に基づき，目的を明確にする

②目的に合致した要求機能を各管理項目別に整理し，経済性を考慮したうえで必要なソフトとハード仕様を検討する

③建物規模と用途に基づき，設備用途別に管理対象と管理点を定める

④計測機器を含めたローカル設備機器類，動力盤，自動制御盤と分散している機器類とのデー

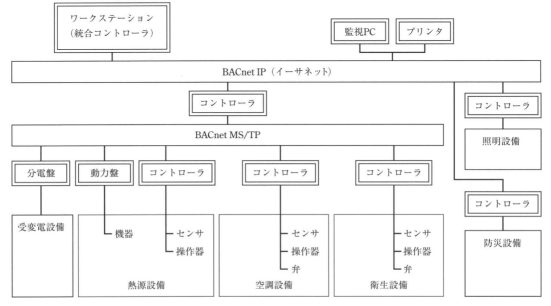

図4.11 中央監視設備の構成例

タ通信内容の整合を図るため，関連図面の表記内容を十分に確認する
⑤故障や停電に備え，機能の分散化，冗長性の確保，停電・復電対策，システムバックアップや再立ち上げ方法，無停電電源供給の範囲等，信頼性向上策を検討する
⑥システム構成が異メーカーや異業種間に及ぶ場合，インターフェース・通信プロトコル・工事区分等を明確にする

(3) 中央監視設備の機能

現在の建築物では，電気，空気調和，給排水・衛生，防犯，防災などの諸設備の要素が絡みあっており，中央監視設備は，これらの設備を監視し，建築物を快適な状態に維持するとともに，経済的・合理的かつ安全に運用することを目的とするものである。

中央監視設備は，BEMS（Building Environmental Management System）とかBAS（Building Automation System）と表記される場合が多い。また，建築全体の運営維持管理を支援するシステムとしてBMS（Building Management System）ビル総合管理システムとして運用されている例も多数ある。環境省によれば，BEMSとは「業務用ビル等，建物内のエネルギー使用状況や設備機器の運転状況を把握し，需要予測に基づく負荷を勘案して最適な運転制御を自動で行うもので，エネルギーの供給設備と需要設備を監視・制御し，需要予測をしながら，最適な運転を行うトータルなシステム」と定義されている。

①室内環境を人感センサや自動調光などで自動管理する，②機器設備・配管等の温度・流量・圧力などのデータを収集・表示させる，③建築物内のエネルギー使用状況や設備機器の運転状況を一元的に把握し，その時々の需要予測に基づいた最適な運転計画をすばやく立案・実行し，人手をかけることなく，建築物全体のエネルギー消費を最小化できる（図4.12），など様々な機能を有する。

中央監視設備を応用して，できるだけ省力化などを実現しつつ，理想的なFM（Facility Management，4.3.1参照）をめざしたものが遠隔監視システムである。遠隔監視システムによる管理サービスシステムの考え方とその概要を図4.13に示す。監視・制御サーバを中核としたネットワークによって自動制御を行い，LANなどによる公衆回線や衛星回線などによって離れたところにある工場，支社などを接続

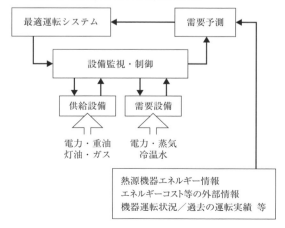

図4.12　BEMSの概念

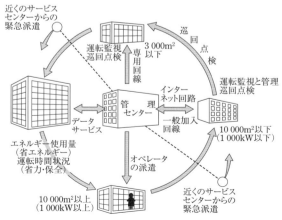

図4.13　遠隔監視システムの概念

することにより，運転技術者を管理ビルに常駐させることなく，建築・設備の維持保全，運転・監視を管理センターで行い，主に巡回する技術者により，設備の総合点検を故障・保全データに基づき，管理を行うものである。

4.2.3 情報通信設備

情報通信設備は，表示や警報音などで視聴覚に訴えて，建築を利用する人々に様々な情報を提供する。その種類は多様であり，技術の進歩も急速である。

情報通信設備として具体的な設備項目は以下の通りである。

・電話設備
・構内情報通信網設備（LAN）
・放送設備
・情報表示設備／時刻，入出退，情報端末
・誘導支援設備／インターホン，音声誘導
・テレビ共同受信設備
・その他の情報設備／映像音響，テレビ電波障害防除，駐車場管制

これらの設備は，定格電圧も低く，電流も少量であり，感電の可能性が小さいので，工事に関する制約も小さく，簡単に追加工事で対応しがちである。しかし，建築が本来の機能を発揮するためには，これらの，人間に例えれば神経系にあたる様々な機能が有機的に結合・運用されて初めて達成されるものであり，設計の段階から建築全体の機能を見越した検討が必要である。

LAN 設備の建築への適応例として情報端末設備の構成例を図 4.14 に示す。これらの構成は日進月歩であり，最新情報の確認と理解が重要である。

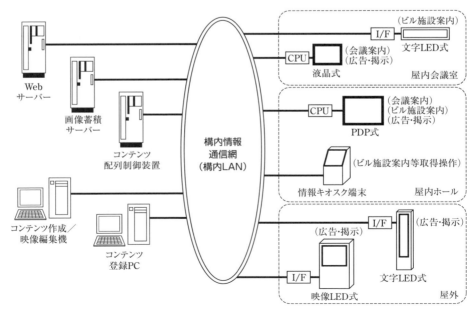

図 4.14　LAN 構成例
（電気設備工事監理指針　電設電気技術協会による）

4.3 建築・設備のマネジメント

4.2 節で述べたように，建築物に導入される各種設備が IoT 化され，連携されることにより，建物の様々なデータが一元化され，室内環境の最適化，熱源機器や空調機器の省エネ運転，より正確なエネルギー使用量・CO_2 排出量把握，設備機器の維持管理の最適化などの建築・設備のマネジメントに有効に使用されるようになってきている。

建物の生涯を通した維持管理の手法・維持管理にかかる費用・CO_2 排出量の算出方法について概説し，具体的なマネジメントの考え方，保全と管理，劣化と診断について説明する。

4.3.1 LCM, LCC, LCCO₂

(1) LCM（ライフサイクルマネジメント，Life Cycle Management）

建築物の企画・設計・資材調達・施工・運用・改修・解体の生涯に着目し，建築物の効用の最大化，コスト（LCC）や CO_2 排出量（LCCO₂）などの最適化手法として LCM がある。

LCM の要素としては，後述する生涯二酸化炭素等排出量（LCCO₂）のほか，生涯エネルギー使用量（LCE），生涯資源使用量（LCR）や生涯労働力（LCL）などがある。

表 4.5 に建築・設備における LCM の検討すべき項目を示す。同表の諸項目をよく見ると，いわゆるグリーンビルディングに適合する条件とほとんど合致することがわかる。グリーンビルディングは，LCM の立場からも評価できる建築物といえる。

(2) LCC（ライフサイクルコスト，Life Cycle Cost）

表 4.5　建築・設備における LCM の検討すべき項目

項　目	内　容
建築・設備の長寿命化	① 物理的，経済的，社会的耐用寿命の延伸 ② 持久性の高い材料，構造
建築・設備の機能・性能の発揮とその評価	① 室内環境の維持保全 ② 適切な運転・監視・制御・信頼性の維持 ③ 防災，セキュリティの性能確保
LCC の最小化	① 室内環境に快適性の維持 ② 地球環境負荷抑制 ③ 建築・設備機能の信頼性維持
地球環境負荷の最小化	① 建築・設備のライフサイクルにわたる省エネルギー ② 二酸化炭素排出抑制 ③ エコマテリアルの使用 ④ 廃棄物抑制
メンテナンスのしやすさ（保全性）	① 点検，交換，修繕などの容易性 ② 作業用スペース，搬出入ルートの確保 ③ 改修，更新，移設の容易性 ④ 建築物などの清掃のしやすさ
社会情勢の変化への融通性とゆとり	① 情報化 ② 高齢化 ③ 建築物用途・機能の変化への対応 ④ 柔軟な空間・材料の構成 ⑤ 垂直・水平方向のゆとり

LCCは，企画設計費，建設費，運用管理費および解体再利用費など，建築物の生涯に必要なすべてのコストをさす。

建設費は金額が大きいため，建設時には目が行きがちであるが，図4.15に示すように，氷山の一角にあたるもので，水面下に隠れている保全費，修繕費，改善費，運用費（光熱水費等），一般管理費を含む運用管理費のほうが金額が大きく，建設費の3～4倍と言われている。建築物の計画時には，建設費だけの評価ではなく，運用管理費を含めたLCCが最適になるように計画を行い，評価することが重要である。また，建築・設備の耐用年数を把握し，計画的な中長期維持管理計画や大規模改修などの計画を立案する必要がある。

(3) LCCO$_2$（ライフサイクルCO$_2$）

LCCO$_2$は，建築・設備の資材製造から施工・運用・改修・解体・廃棄に至るライフサイクルでの排出量を算出するものである。LCCと同様に，運用段階のCO$_2$排出量が大部分を占めている。地球温暖化防止の視点から建築の生涯を通して排出されるCO$_2$量を最適化する建築・設備計画とする必要がある。

企画・設計段階では，CO$_2$排出量の少ない建材の選定やエネルギー消費量の少ない空調システム設計が重要である。施工段階では，省燃費運転の励行や燃費効率の高い重機の採用，重機の電動化の研究開発が進められている。運用段階では，無駄のないエネルギー使用や効率的なエネルギー使用を心掛ける必要がある。図4.16に建築物の各段階におけるLCCO$_2$排出量計算方法の概要を示す。

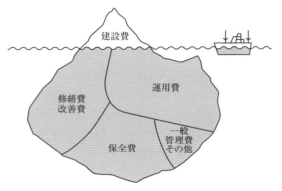

図4.15　建設費とその他の費用との関係

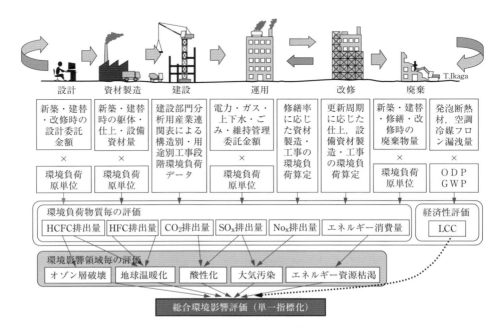

図4.16　LCAの計算体系

（出典　日本建築学会：建物のLCA指針－温暖化・資源消費・廃棄物対策のための評価ツール－（改訂版）第五版，2024年3月）

4.3.2 建築・設備のファシリティ・マネジメント

ファシリティ・マネジメント（Facility Management，以下 FM）は，「人と物を効果的に空間配置し，統合的に管理する」というもので，運用技術を高度化する意味で不可欠な考え方である。

ビル運用管理システムは，オフィスにおける機能と生産性を高めるために，執務者に安全・健康・快適かつ便利な環境を提供することを目標として構築されなければならない。また，運用管理者に対しては，効率的な運用のもとに，LCC を低減し，投資の回収へ協力することが必要である。

さらに，表4.6 には，今後の建築物に求めら

表4.6　今後の建築・設備のマネジメントに要求される機能と運用サービス

機能	要素	コンセプト	サービスの分類	サービスの内容
建築・環境（スペースプランニング）	・オフィス環境 ・建築構法 ・オフィスレイアウト ・リフレッシュ施設等	・人間性を追及した空間構成 ・快適で対応性に優れた環境条件 ・機器レイアウトに適合したワイアリングシステム ・機器荷重・耐震の対策	建築・環境・サービス	・オフィス空間の演出（オフィスレイアウト，装備等のコンサルティング） ・建築空間，外部環境の維持保全（予防保全，清掃・植栽などの管理） ・リノベーションの対応（間仕切り変更，用途変更，更新）
設備（ビルディングオートメーション）	・運転制御 ・セービング ・セキュリティ	・環境向上のきめ細かい運転制御 ・省資源，省エネルギー，省力，省人化のシステム ・人命，財産，機能，機密の保全 ・予防保全重視の設備維持管理	ビルディングオートメーション	・システムオペレーション（安全性・快適性・経済性重視の最適運転） ・システムメンテナンス（予防保全・故障対応） ・リノベーションの対応（オフィス変更・更新）
通信・情報（コミュニケーション＆オフィスオートメーション	・ビル基幹設備 ・共用設備 ・OA 関連サービス	・確実で効率的な外部通信の受入れ ・ハイグレードの基幹設備 ・経済的に使用できる共用設備 ・利便で効果的な端末設備	コミュニケーション・OA	・システムサポートとオペレーション（システムコンサルティング，基幹・共用設備の管理） ・OA 機器の賃貸サービス（各種機器のリース，レンタル） ・メンテナンス（予防保全・故障対応）
業務支援	・ビル内情報サービス ・施設，備品サービス ・業務代行サービス	・機敏で適切な情報サービス ・便利な貸し会議室等の提供 ・経費節減となる什器・備品の貸与 ・省力，省人化となる作業代行	オフィスサポート	・ビル内情報のサービス（プライベートAV システムや外部データベースのサービス） ・施設，備品賃貸（会議室，応接室の運用，什器・備品の貸出し） ・業務代行（印刷，受付，計算業務等の代行）
マネジメント	・ビルマネジメント ・ファシリティ・マネジメント ・トータルメンテナンス	・ユーザー，オーナーのメリットの追及 ・マネジメントの一元化 ・サービスのシステム化	管理・運営	・経営管理 ・計画管理 ・実施管理 ・運営管理 ・維持管理

182　第4章　電気設備と防災，エネルギー管理

れると考えられる機能と運用サービスを示したが，これらをどのように維持管理システムに組み込むことができるかが重要である。

電気設備の維持管理を以下に示す。

建築への電気供給にあたっては，発電所での発電から建築内の利用まで一貫した法体制の中で管理し，事故等により生命や財産に被害を与えないようにしている。

電気事業法の電気設備の保安に関するもののうち，一般の建築内で求められる管理要件として自主保安体制の整備が要請される。具体的には，次のようなものが義務付けられている。

・技術基準の維持義務
・保安規定の作成・遵守
・主任技術者の選任

建築の電気設備においては，主任技術者の保安監督下で作成される保安規定に従ってメンテナンスを実行する必要がある。維持，運用，巡視，点検という作業事項が規定されるが，具体的な日常活動としては，以下の通りである。

1)　運転監視業務

瞬時たりとも停電させないように，機器の異常を速やかに発見するとともに，機器の保護装置が作動した場合に，危険回避のための応急措置をとる。

2)　日常巡視点検業務

保安規定に定められた基準により，電気設備の巡視，点検，計測等を機器ごとにマニュアルに基づき実施する。過去の点検記録を参考にして，電気設備や関連機器の保安を確保するため，点検対策を作成する。

3)　定期点検・整備業務

電気設備の事故を未然に防止するため，日常点検では実施できない精密な点検や測定，整備をするため，建築利用者に停電を伴う点検・整備である旨，連絡して，全館の電気を停電させて実施する。

4)　管理業務

管理計画の作成，電気消費データの解析と調整・操作，運転開始と終了時の機器類の異常の有無，電力会社との受電業務上の連絡等を行う。

5)　記録

電気設備機器や遮断機，制御装置等の点検・測定・試験記録および電力需要やエネルギー消費等の記録を行い，安全な運転を確保するための基礎データを整備する。

これら一連の電気設備に係る業務は，関連する他の管理業務と兼業して業務の効率化図っているのが，現状である。

4.3.3　維持保全と維持管理

(1)　維持保全と維持管理

維持保全とは，建築・設備をいつまでも最適な状態に維持する行為をいう。設備機器などの長寿命をめざした技術管理と，利用効率，経済価値，顧客の要求などの見地による業務管理を，関連法規等を遵守し，幅広い視点から包括的に管理する行為を維持管理という。

(2)　保全性・信頼性・安全性

故障または劣化したとき，なるべく早く見つけ出し，修復させ，正常に維持できる能力を保全性という。また，建築・設備が使用されているとき，規定の時間，満足し得る状態にあり，故障を起こさせない能力を信頼性という。さらに人命・資産が損なわれないことを意図した概念が安全性である。

(3)　保全の分類

建築・設備の維持保全は，事後保全・予防保全・予知保全に大別できる。

(a)　事後保全（Corrective Maintenance）

設備の機能や性能の一部または全部が失われた時点や確認された段階で，修理や修繕を行う方法である。機器や部品などをその寿命まで使用するため経済的である。故障などの発見の遅れによって，重大な損害につながる恐れもある。

(b) 予防保全 (Preventive Maintenance)

日常や定期に行われる点検によって建築・設備の各部位の機能劣化を常に把握し、予防的な処置を行うものである。

予防保全には、状態監視保全と時間基準保全とがある。状態監視保全は、機能劣化の徴候を早く見つけ、適切な処置により回復させ、耐久性の向上を図る保全である。時間基準保全は、定期点検、オーバーホールなどのことである。

(c) 予知保全 (Predicted Maintenance)

予防保全を一歩進めた考え方が予知保全である。シミュレーション技術や故障診断システムなどを駆使して、未然に故障などの予測を立てる保全方法である。

4.3.4 建築・設備の劣化と診断

(1) 劣化

建築・設備の機能・性能は、時間の経過とともに劣化する。劣化とは、「当初の機能・性能の状態から低下して損耗を生じたり、また社会の変化によって求められる機能・性能の状態から陳腐化したりすること」をいう。劣化は、物理的劣化・社会的劣化・機能的劣化に大別することができる。

・物理的劣化：機能・性能の低下、設備の負荷率、運転時間、性能劣化
・社会的劣化：要求水準の高度化などに起因する陳腐化、法的な不適合、利用形態の変化や省エネルギーへ対応できなくなったことなどに起因する劣化
・機能的劣化：現状の機能・性能が、建築・設備のシステム・機器における技術的な進歩などによって機能不全等をきたす恐れのあることに起因する劣化

(2) 劣化の緩和と劣化診断

建築・設備の劣化を緩やかにするため、定期点検・保守が行われ、それでも求められる機能・性能に対応することができなくなると更新に踏み切ることになる。機能・性能の向上・低下と維持保全との関係を図4.17に示す。

劣化診断の一般的な手順は、予備調査によって、劣化の度合い、優先順位等を把握し、診断計画書を作成する。その後、本格的な劣化診断を実施し、評価・改善提案を行う。

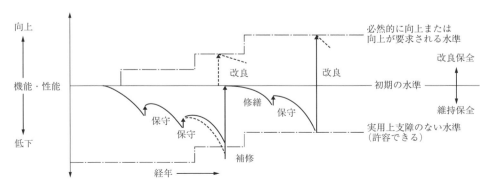

図4.17　機能・性能の向上・低下と維持保全との関係

184 第4章 電気設備と防災，エネルギー管理

4.4 防災設備，防災の視点からの環境計画

4.4.1 防災・防犯設備

防災設備は，建築において災害発生を防止するものであり，災害が発生した場合，災害の拡大を抑制し，人間の安全性確保や財産を守るためのものである。

防犯とは，人が恣意的に他人の生命や財産を狙う行為を防止することであり，防犯設備とは未然に犯罪を防止するものである。

(1) 防災設備

防災設備は，災害発生時に確実にかつ有効に機能すべき設備であり，施設者が任意に設置するものではなく，法的な規則により基準や維持管理方法などが定められているので，それらの規則に従って設計・施工・保守される。

建築における防災は，主として建築基準法と消防法により規制される。建築基準法では，火災の発生や拡大を防止して人命を守るための防火と避難に関する規定と避雷や耐震の規定を設けている。消防法では，火災による被害を軽減する規定が設けられている。

防災照明では，火災時に，安全かつ確実に避難できるように，定格運転時間の長期化や保守点検の義務化などの要件が厳しくなり，かつ，地球環境問題に対応するため，高効率照明機器やLEDを利用した機器などが導入されている。また，電力供給が十分でない場合，非常用電源も活用しながら，日中であれば窓・開口部からの昼光によって空間に必要な明るさを確保する，夜間であれば優先的に照明すべきエリアを特定するなどすることにより，安全性・事業継続性を確保することができる。

(2) 防犯設備

2005年の個人情報保護法の全面施行を受けて，企業では個人情報や機密情報の漏えい対策が重要課題として認識され，さらに，2008年の金融商品取引法の適用により企業の内部統制が義務化され，上場企業ではセキュリティ（防犯）対策が必須となり，建築への入退室管理設備の設置が常識化している。

企業の内部統制に当たっては，関連する設備機器のネットワーク化を広範囲に実施するため，ネットワークの高速化をはじめ，IDやアクセスログの一元管理などが求められる。

a) ログ情報の統合管理

ログを一元的に管理して，特定の機密情報にアクセスしたパソコン操作の各種ログを横断的に検索，確認し，操作した人物や在室状況，建築内の移動記録など様々なつき合わせが可能となる。これにより，機密の漏えい防止と機密情報のトレーサビリティが可能となる。

b) IDの統合管理

人事情報を基本にして，各種のアクセス権限を一元管理するもので，広く利用が進んでいる。これらの複数の管理を複合してリアルタイムに企業の防犯体制を整備している。

4.4.2 災害現象

災害現象は，自然災害と事故による災害とに大別され，自然災害としては，地震や風水害など，事故としては，火災・停電・設備損傷・周辺施設からの被災などがある。

(1) 自然災害

近年の自然災害の特徴は，都市の高密度化に伴い被害が大規模化していることである。1993年の北海道南西沖地震津波災害での巨大津波の来襲や，1995年の阪神・淡路大震災における未想定直下型地震による都市の壊滅など，従来の常識を超える災害が発生している。

2011年の国内観測史上最大規模のマグニチ

ュード 9.0 の東北地方太平洋沖地震では，本震とそれに伴う大津波，その後の余震により東日本一帯に甚大な被害をもたらし，災害を総称して東日本大震災と呼ばれている。

1995 年以降，集中豪雨が全国的に頻発し，近年では毎年のように線状降水帯（次々と発生する発達した積乱雲が列をなし組織化した積乱雲群によって，数時間にわたってほぼ同じ場所を通過または停滞することで作り出される，線状に伸びる長さ 50～300 km 程度，幅 20～50 km 程度の強い降水をともなう雨域）による顕著な大雨が発生し，広島（2018 年），熊本（2020 年），熱海（2021 年），長野（2022 年）など，数多くの甚大な災害が生じている。

(2) 事故

建築物の高度化に伴い，施設内外での事故による災害の発生も大規模かつ複雑化している。

火災では，当該施設の失火によるものや外部からのテロなどによる意図的火災，さらには近隣施設の大規模火災による延焼など様々な形のものがある。また，電力に依存する近年の建築では，施設内トラブルや電力会社のトラブルによる停電での二次災害の発生が心配されている。さらに，設備機器の経年劣化による損傷や人為的な損傷による災害誘発の危険も増大している。

環境計画を建築単体の計画で済ませがちであるが，化学工場，原子力施設，危険物運搬車など，周辺施設の事故からの類焼など地域と関連した複合事故の可能性も高密度化した都市では予想される。

4.4.3 地震への対処

(1) 地震災害

地震災害の全貌を知るために，地震被害想定における選定された項目を表 4.7 で概観するが，建築環境・設備で直接的に関係する事項としては，建築のインフラ電力・通信・上水道・下水道・ガスなどの機能不全である。以下に，建築内の各設備の被害状況について阪神・淡路大震災で発生した例を示す。

(a) 空気調和設備

被害の発生部位を図 4.18 に示す。空調設備は，熱源から居室までの供給過程での構成部材も多種多様であり，被害の実態も複雑である。本格的な復旧は基幹インフラである電力・上水道・都市ガスの復旧に大きく依存している。比較的早期に復旧した設備はパッケージ型エアコンであり，規模の大きい複雑化したシステムの復旧には時間を要した点など一考に値する。

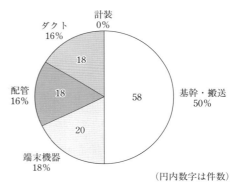

(a) 空気調和設備部位別被害事象
（重点被害地域 $N=114$）

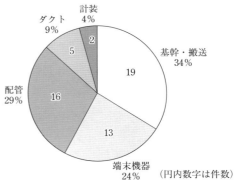

(b) 空気調和設備部位別被害事象
（その他地域 $N=55$）

図 4.18 空気調和設備の被害の発生部位

186　第4章　電気設備と防災，エネルギー管理

表4.7　東京都における地震被害想定項目

想定項目	想定内容	定量評価の有無
地震動	震度分布	○
液状化	液状化危険度の分布	○
急傾斜地崩壊	急傾斜地崩壊危険度の分布	○
津波	津波高，津波浸水深	○
建物被害	揺れによる建物被害（全壊・半壊）	○
	液状化による建物被害（全壊・半壊）	○
	急傾斜地崩壊による建物被害（全壊・半壊）	○
	火災による建物被害（焼失）	○
	津波による建物被害（全壊・半壊）	○
	長周期地震動による建物への影響	
人的被害	建物倒壊等による人的被害（死者，負傷者）	○
	屋内収容物の転倒・落下等，ブロック塀等の転倒，屋外落下物による人的被害（死者，負傷者）	○
	急傾斜地崩壊による人的被害（死者，負傷者）	○
	自力脱出困難者・津波による要救助者数	○
	火災による人的被害（死者，負傷者）	○
	津波による人的被害（死者，負傷者）	○
	震災関連死	
交通インフラ	道路（施設被害，細街路の閉塞，緊急輸送道路の交通支障）	○
	鉄道（施設被害）	○
	港湾（施設被害）	○
	空港	
ライフライン	電力（被害率，復旧日数）	○
	通信（被害率，復旧日数）	○
	上水道（被害率，復旧日数）	○
	下水道（被害率，復旧日数）	○
	ガス（被害率，復旧日数）	○
	燃料	
	移動・物流に与える影響	
生活への影響	避難者（避難所避難者数，避難所外避難者数）	○
	帰宅困難者	○
	物資（食料，飲料水，毛布）	○
	要配慮者（死者数）	○
	保健衛生・防疫・遺体処理等	
	廃棄物（生活ごみ・災害廃棄物）	○
	治安	
	交通施設及び交通ターミナル	
	エレベーター被害	○
	医療機能	
その他	海岸保全施設・河川管理施設の沈下等	
	孤立集落	
	行政機能	
	地域コミュニティ	
経済被害	被害額（直接被害），社会経済活動への影響	○
東京の地域別リスクシナリオ	繁華街（商業施設，雑居ビル，地下街等）	
	ターミナル駅	
	超高層オフィスビル街	
	湾岸部の埋立地（タワーマンション街）	
	木造住宅密集地域	
	江東デルタ地帯	
	山間部	
	島しょ地域	
複合災害	浸水被害の拡大（高潮・河川氾濫）	
	火山噴火	
	感染症拡大	

首都直下地震等による東京の被害想定報告書，東京都防災会議（令和4年5月25日公表）より

(b) 給排水設備

被害の発生部位を図 4.19 に示す。強いスロッシングによる受水槽・高架水槽の破損が多数発生した。天板が破損したまま受水槽に給水車から直接給水するなど応急処置で対応したが，飲用に耐える水質の水を供給するには，上水道の本格的復旧を待たざるを得なかった。飲用水は，ペットボトルなどの水に依存した。

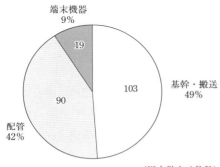

(a) 給排水衛生設備部位別被害事象
(重点被害地域 $N=213$)

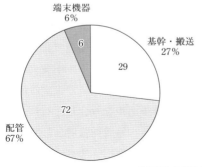

(b) 給排水衛生設備部位別被害事象
(その他地域 $N=107$)

図 4.19 給排水衛生設備の被害の発生部位

(c) 電気設備

被害の発生部位を図 4.20 に示す。重量の大きい受変電設備の水平加速度による基礎ボルトのせん断破壊による移動が見られた。さらに，電力の引き込みケーブルの切断なども見られた。電力供給の再開は比較的速やかに実施されたが，電力会社から需要家に引き入れた後での構内設備の被害程度により復旧の必要時間に差がでた。

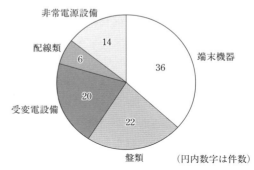

(a) 電気設備部位別被害事象
(重点被害地域 $N=98$)

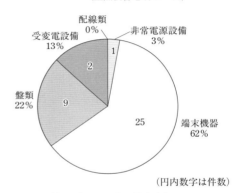

(b) 電気設備部位別被害事象
(その他地域 $N=37$)

図 4.20 電気設備の被害の発生部位

(d) 防災設備

震度 7 の直下型の地震では，防災設備の作動が起こる間もなかった。地震による被害は，直接的に設備の物理的破損を伴うものと，生活環境を著しく損なうものの複合的なものになる。また，地震後数年に亘り，住民の生活状況の急激な変化による心理的な被害も忘れてはならない。

188 第4章 電気設備と防災，エネルギー管理

（2） 建築設備の対応策

　既存建築物は，地震に対する物理的強度を補強する手段が検討され，費用の目途がついたものは耐震補強などの手段が講じられた。新築建築物は，新規に見直された耐震設計基準に準拠して設計・施工されている。

（a） 耐震補強

　建築所有者の要請に対応して，国の支援制度を活用して既存建物の耐震診断が実施され建築の耐震補強が実施されたが，費用の負担が多額に及ぶなど，現実的には東海沖地震が真剣に議論される 2003 年まで本格的な耐震補強は実施されていなかった。近年，東海地区・四国地区を中心に耐震診断から耐震補強まで実施される例が多くなっている。

（b） 耐震対策

　建築にしっかりと固定された設備機器類は，激震地においても被害の程度が小さかった。しかし，すべての機器や付属設備について同一条件の耐震性能をもたせることは施工上も困難であり，かつ経済的にも成立しないので，新築工事における建築設備の耐震対策は建築本体の耐震性能と関連させて考え，設備の重要度に対応して設計・施工されている。具体的には，大震災後にまとめられた「官庁施設の総合耐震・対津波計画基準及び同解説令和3年版」「建築設備耐震設計・施工法 2023 年版」などに準拠している。以下に各設備機器における対策例を示す。

　①　空気調和設備　空調設備の耐震対策は，日本建築センターの建築設備耐震設計・施工指針 2014 年版に準拠して施工する。地震による人命の安全確保と二次災害の発生防止を考え，震災によるある程度の設備被害はやむなしとして設備機能の早期復旧が可能な設備システムを目指している。

　②　給排水設備　給水設備の耐震対策は，水道局の管理である水道本管および給水設備以降の建築物内部の設備について耐震性能を確保することを目的としている。具体的には，受水槽と高架水槽の耐震計画を強度の側面から検討すると同時に，建物の振動周期と水槽内のスロッシング周期が共振するかの可能性について検討する。また，配管の耐震対策についても建築構造体の地震時挙動を加味した計画を行う。

　排水設備は，特に屋外での地盤の不等沈下に対応した耐震樹脂製配管の活用や配管と桝との連結に伸縮継手の活用などの計画が望まれる。また，自己防衛の手段として，災害時の仮汚水槽の事前検討も有効である。

（3） 環境計画上の対策

　地震の発生を前提として環境計画面で留意する点は，当該地域の地震危険度への対応と，発生後の設備の運転対応など事前の検討である。

（a） 地震危険度

　地震危険度は，地震ハザードと地震リスクの2つの意味で用いられる。

　特定地域での，特定の期間に特定の強度以上の地震動が生ずる確率を地震ハザードという。地震ハザードは，対象地域周辺で発生する地震の位置・規模・時期に関する確率モデルと，地震が発生した場合に対象地域で生ずる地震動強度に関する確率モデルを統合したハザード解析により評価される。地震動強度として最大加速度や最大速度・加速度応答スペクトルなどが提示される。

　また，地震リスクは，対象地域の構造物の損傷や損失額を含む地震危険度の評価に対して用いられ，面的な地域危険度を表現する。

　これらで定義された，地震危険度を地震発生以前に確認して適切な対策を講じることが望まれる。

（b） 発生後の設備の運転対応

　地震発生に伴う対応として，二次災害の発生を防止して速やかに機能を復旧することが望まれる。一例としてシステムが複雑な空調設備に

ついて示す。

　震災時，空調設備の機能確保のために熱源設備とエネルギー源であるガス・油・電気・水が必要である。大地震が発生すればライフラインが遮断され，復旧には相当な日数を要するので，空調設備の機能は一時的に停止することを前提として対応する。基本的には，ライフラインが復旧するまでの期間は必要最低限のエネルギーを備蓄して，災害時には迅速に切り替えできるように計画すべきである。

　また，ライフライン復旧後の運転開始にあたっても，安全確保の手順が確実に実施できるようにマニュアル作成や運転要員の教育が必要である。

4.4.4　火災への対処

(1)　火災

　火災は，図4.21に示すように，時間の経過や火災が発生した空間の状況によって火災温度が異なり，被害の大きさや程度も異なるので，その対処方法も各空間や用途に応じた検討が必要である。火災を発生させない観点からいえば，出火原因を絶つ対策が一番先にあるべきである。また，不幸にして出火したとしても，可燃物が少なければ大きな火災に発展することがないため，火災荷重の小さな建築物とする工夫も必要である。

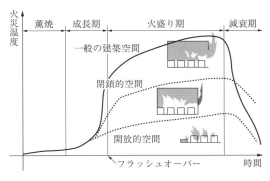

図4.21　空間の開放性と火災温度の関係

(2)　防災設備

　防災設備は，施設で火災が発生したときに避難・警報・初期消火・消火活動・延焼防止などの一連の行為を効率的に実施して，人命と財産を守るための設備である。

　施設の防災計画には，建築防火計画上の防災設備と建築設備上の防災設備とがある。建築基準法で設置を義務づけられた防災設備には，以下のものがある。

・建築基準法で　　防火区画・防火戸
　の防災設備　　　非常用進入口
　　　　　　　　　排煙設備
　　　　　　　　　非常用エレベータ
　　　　　　　　　非常用照明
　　　　　　　　　避雷設備

また，消防法で義務づけられた防災設備には，以下のものがある。

・消防法での　　　消火設備
　防災設備　　　　自動火災報知設備
　　　　　　　　　ガス漏れ火災警報設備
　　　　　　　　　漏電火災警報機
　　　　　　　　　消防機関へ通報する火災
　　　　　　　　　報知設備
　　　　　　　　　非常警報器具，非常警報
　　　　　　　　　設備

それぞれの設置基準を表4.11に示す。基本的には，建築物所在地の条例などの基準も組み込んで，基準に沿って設置計画を諸官庁と協議していく必要がある。

(3)　環境計画上の対策

　大規模地震の際，同時多発的に地域規模での火災が発生して延焼拡大が予想される地域では，資源的・時間的側面から事前に多様な消防活動を想定する必要がある。たとえば，東京都の場合，消防活動を以下のように設定している。

①　消防力として評価する対象を防災市民組織，消防団，消防隊とする。

②　消防活動の対象とする時間は，地震発生

190　第4章　電気設備と防災，エネルギー管理

からすべての火災が鎮火されるまでとする。

　③　使用できる水利は，耐震防火水槽などの災害時使用可能水利のみとする。

　④　消防力の運用は，初めに防災市民組織が消火活動を行い，消火できない火災を消防団と消防隊が対処する。

　⑤　消防隊と消防団の活動は，3段階の運用に分けて実施する。

　このように，大規模火災が発生し，広域消防活動ができないときでも，地域で一体的に消火活動を行い対処する配慮が必要である。

4.4.5　洪水への対処

(1)　洪水災害

　日本の河川は，地形が急峻であるうえ，豪雨の発生が多く，流域面積のわりに大きな流量の洪水が短期間のうちに発生する特徴がある。一方，都市の発達は河川の搬送土砂が堆積した沖積平野に集中しており，人口や資産が集積している。このような条件が複合して，日本の都市は水害に対し脆弱であり，洪水災害が毎年繰り返されている。

　高度成長により都市の資産が著しく増大したが，都市への集中化に伴い小規模の水害でも被害額が高額になっている。これは，情報化の推進により活用されるコンピュータが都市内で増加し，浸水に対してきわめて弱い機器が何の対策もなされないままに放置されたために招いた災害である。

　水害の発生についても，都市人口の増加に伴い急速な宅地開発が進行し，豪雨の流出率を高め，都市河川への負担を大きくして低地での水

表4.11　防災設備など設置基準（建築基準法，消防法）

項目	設備	設置基準など
発見・通報設備	自動火災報知設備 非常放送設備 非常電話設備 ガス漏れ警報設備 ITV設備	1)　延べ床面積300 m² 以上 2)　駐車場面積200 m² 以上が存する階 3)　全部 4)　全部（電話設置により代替） 5)　延べ床面積1000 m² 以上 6)　設備義務なし，ただし他施設との接続部監視など指導の可能性あり
避難設備	非常照明設備 誘導灯 排煙設備 無線通信補助設備	1)　居室および避難通路など（建築基準法） 2)　全部 3)　延べ床面積1000 m² 以上 4)　特殊建築物用途で500 m² を超えるもの（建築基準法） 5)　延べ床面積1000 m² 以上
消火設備など	消火機器 屋内消火栓設備 スプリンクラ設備 泡消火設備 不活性ガス消火設備 連結散水設備 連結送水設備 非常コンセント設備 簡易自動消火設備	1)　全部 2)　延べ床面積450 m² 以上 3)　延べ床面積1000 m² 以上 4)　自走式駐車場200 m² 以上 5)　機械駐車10台以上 6)　発電機，変圧器など電気設備設置室200 m² 以上 7)　多量の火気使用室で200 m² 以上 8)　地階延べ床面積700 m² 以上 9)　延べ床面積1000 m² 以上 10)　延べ床面積1000 m² 以上 11)　多量の火気使用で200 m² 以上の厨房

害の発生を助長している。

(2) 洪水対策

災害事故例は，ほとんどが雨水の浸入による二次災害である。敷地外への排水不能による冠水，敷地外からの雨水などの浸入による冠水であり，設備だけの対策では困難であるため，設計時より建築と設備の意思統一が重要である。

予防処置としては，建築的に雨水の浸入経路をなくすことが第一であるが，地域で一体となった対策が望まれる。以下に，地域での雨水からの洪水災害防止の貯留対策について示す。

(a) 現地貯留

雨水の移動を最小限に抑え，直接その場所で貯留して河川への流出を制御する。

(b) 現地外貯留

河川，下水道，水路などによって集水し，集約的に貯留して雨水流水を制御する。

これらの効果については，模式的に図4.22, 4.23に示す。

(3) 環境計画上の洪水対策

都市域で氾濫が生じると氾濫水は地下空間へも浸入するので，その対策も必要である。物理的には，地下の入り口への止水板の設置，通路面より高くした階段の設置などがなされているが，建築物の地下に集中されがちな電気系統設備や電話系統設備の基礎を高くしたり，一部を

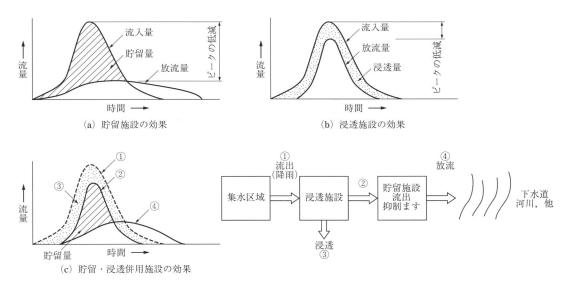

図4.22 雨水流出抑制計画概要

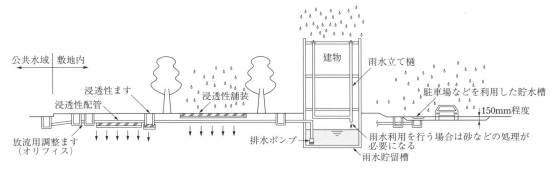

図4.23 雨水流出抑制計画例

192 第4章 電気設備と防災，エネルギー管理

地上に設置したりするなどの危険分散も検討すべきである。

また，環境計画上の重要な要素に，被害に対する住民の意識喚起があげられる。事前に洪水に対する危険度を周知させる都市水害危険予想区域図の作成，配布は効果的である。

さらに，洪水が発生したときには，十分な情報伝達と迅速な避難が望まれる。たとえば，地下街では，地上の状況把握は困難であり，適切な情報を一元的に管理された状態で流すことや，不特定多数の人間が閉鎖空間に閉じ込められることを配慮し，避難経路図や避難指示機器の設置などが望まれる。

本節に関連する1級建築士問題

1️⃣　防災設備に関する次の記述のうち，最も不適当なものはどれか。

(1) 排煙設備の設置が必要な百貨店において，排煙設備の排煙口を，防煙区画のそれぞれについて，当該防煙区画の各部分から排煙口のいずれかに至る水平距離が 30 m 以下となるように設置した。

(2) スプリンクラー設備の設置が必要なホテルにおいて，床面から天井面までの高さが 12 m のロビーに，放水型ヘッドを使用したスプリンクラー設備を設置した。

(3) プロパンガスを使用する厨房において，ガス漏れ警報器の検知部を，燃焼機器から検知部までの水平距離が 8 m 以内，かつ，天井面から検知部下端までの高さが 0.3 m 以内となるように設置した。

(4) 劇場において，客席誘導灯を，客席内の通路の床面における水平面照度が 0.2 lx 以上となるように設置した。

《解答》 (3)

〔参考文献〕

1) 建築物の環境衛生管理編集委員会：新版建築物の環境衛生管理　上巻　（財）ビル管理教育センター，2009

2) 設備設計一級建築士資格取得講習テキスト（上巻）　建築技術教育普及センター，2008

3) 佐藤正章，荒井良延，伊香賀俊治，近田智也，間宮尚，加藤正宏：資源循環性の評価機能を持つ LCA ツールの概要　建物の資源循環性評価手法の開発　その1，日本建築学会技術報告集　第22号，pp341-346，2005.12

第5章
建築環境設備の諸問題

5・1	建築物省エネ法	194
5・2	建築の環境評価システム	200
5・3	建築確認申請のための 設備設計計画の留意点	204
5・4	建築物環境衛生管理基準からみた 空気環境の実態	207

5.1 建築物省エネ法

5.1.1 空調計算に用いられる気象データ

わが国は，南は沖縄から北は北海道まで，南北に長い島国であることから，地域によって気候特性が異っているという特徴がある。また，中緯度に位置している関係上，春夏秋冬の季節があり，これに雨の多い梅雨期を加えると四季ではなく五季として，1年の季節を捉えることもできる。

さらに，日本列島を貫く脊梁山脈の存在と冬に大陸から吹き出す季節風によって，日本海側の地域と太平洋側の地域の気候特性も異なったものとなっており，比熱と容量の大きい海の存在によって沿岸部と内陸部の気候差も明瞭である。

面積は37万平方キロメートルの広いとはいえない国土であるが，このようにその土地土地で気候的特徴を有することから，時代を追って熱負荷計算用の気象データの整備が進められてきた。その一つが標準気象データである。

これは，地域の10年間の気象観測データをもとに，各月の熱負荷算定結果が10年間の平均値に近くなるような月間気象データを定め，これらを12か月つなげて標準気象データとしている。熱負荷計算に必要な気象要素として，①乾球温度，②絶対湿度，③法線面直達日射量，④水平面天空日射量，⑤雲量，⑥風向，⑦風速の7種の年間毎時刻データを含んでいる。現在，28都市について整備されている。

また，2000年になって開発，公表されたものに標準年拡張アメダス（EA）気象データ[1]がある。気象庁が展開している AMeDAS 観測点のデータに基づき作成した，標準年の気象データを有しており，全国841地点について利用できることが最大の特徴である。面積の小さい県でも10箇所程度の観測点データが整備されていることから，かなり詳細に地域の気候条件を考慮した建築物の熱負荷計算や仕様の検討ができるようになった。

5.1.2 寒冷地・温暖地における問題と省エネルギー対策

寒冷地では，不十分な断熱による寒さや暖房用エネルギー消費の大きさ，屋内の湿気や結露が問題とされ，一方，温暖地では不十分な日射遮蔽による暑さや冷房用エネルギー消費の大きさが問題とされる。また，温暖地であるが故に寒さ対策を十分に講じない場合には，冬季に屋内の温度差や湿気に悩まされることになる。

「建築物のエネルギー消費性能の向上に関する法律（建築物省エネ法）」では，住宅，非住宅の用途を問わず，熱的性能の向上の誘導に当たって，省エネ計算を行う際に用いられる「省エネルギー基準地域区分」がある。図5.1は，外皮平均熱貫流率，日射取得係数および年間冷暖房負荷等に対応する地域区分の8地域である。地域によって気候が異なることから，求められる断熱性能が地域によって異なることとなる。本州の関東以西から九州にかけての平野部および日本海沿岸部に広がる地域が6地域であり，東京・名古屋・大阪・福岡などが含まれ，人口集中地域とほぼ対応している。これよりも寒冷な地域が1〜5地域であり，温暖な地域が7および8地域となっている。

建築物省エネ法においては，建築物の省エネ性能の向上を図るため，省エネ基準の義務等の規制と省エネ基準に適合していることの表示制度などにより，省エネ建物の建築を誘導するものである。

住宅の省エネ評価については，住宅の窓や外壁などの外皮性能を評価する基準と設備機器等の一次エネルギー消費量を評価することになる（図5.2）。外皮性能については，外皮平均熱貫流率（U_A）と冷房期の平均日射熱取得率（η_{AC}）を用いて評価する。

外皮平均熱貫流率（U_A）=
$$\frac{\text{単位温度当たりの外皮熱損失量 } q}{\text{外皮の部位の面積の合計 } \Sigma A}$$
(5・1)

冷房期の平均日射熱取得率（η_{AC}）=
$$\frac{\text{単位日射強度当たりの冷房期の日射熱取得量 } m_c}{\text{外皮の部位の面積の合計 } \Sigma A} \times 100$$
(5・2)

外皮平均熱貫流率（U_A）は寒さ対策に重点をおいた指標であり，冬が長く厳しい寒冷地では，断熱強化によって単位床面積当たりの熱損失を小さくすることにより，期間暖房負荷を抑制する。また，平均日射熱取得率（η_{AC}）は日射侵入による暑さ対策に重点を置いた温暖地向きの指標であり，開口部の日射遮蔽対策などによって数値を小さくすることにより，期間冷房負荷の抑制を図るものである。表5.1に示すように，省エネルギーに関する地域区分に対応して，外皮の熱性能基準値が定められており，この基準をクリアするように設計されることが求められている。

一方，一次エネルギー消費量については，冷暖房エネルギー，換気，照明，給湯エネルギー，その他家電等のエネルギー消費量に，太陽光パネルやコージェネレーション設備などエネルギー利用化設備によるエネルギー削減量を差し引いて，設計一次エネルギー消費量とする。上述の外皮の対策と省エネ設備の導入により一次エネルギー消費量が削減され，評価対象住宅のエネルギー消費量（設計値）が同様の条件において基準仕様で算定したエネルギー消費量（基準値）以下になること，すなわちBEI（Building Energy Index）＝設計値（家電等除く）／基準値（家電等除く）が1以下になることが求められている。

ビルなどの非住宅の省エネ性能の評価には，壁や外壁などの外皮性能（PAL*）と設備機器等の一次エネルギー消費量により評価を行う。PALは，各階の屋内周囲空間（ペリメータゾーン）の年間熱負荷［MJ/年］をペリメータゾーンの床面積［m^2］の合計で除した値で，単位はMJ/m^2年となる。ペリメータゾーンの年間熱負荷とは，図5.3に示すように，外気とペリメータゾーンの温度差，外壁・窓からの日射熱，ペリメータゾーンで発生する熱，換気により生じる熱負荷による暖房および冷房負荷を合計したものである。

そして設計仕様で求めたPAL値を基準仕様で求めたPAL値で除すことによりPAL*が定まる。このPAL*が建物用途，地域の区分に応じて示されており，外壁の断熱性能や，窓の大きさ・遮熱性能，日除けの設置，熱交換換気扇の導入などより，今後基準値以下となるよう検討を進める必要がある。

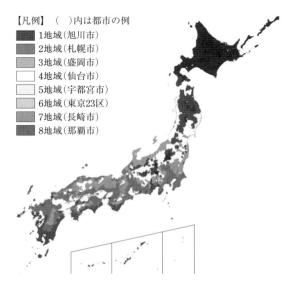

図5.1　省エネルギーに関する地域区分
（国土交通省説明資料による）

住宅においても同様に，一次エネルギー消費量については，冷暖房エネルギー，換気，照明，給湯エネルギー，昇降機，その他OA機器等のエネルギー消費量に，エネルギー利用化設備によるエネルギー削減量を差し引いて，設計一次エネルギー消費量とする。これには，高効率の設備の導入とともに，照明については調光・照明制御や昼光利用の促進，給湯エネルギーについては太陽熱温水器の設置などによる。現在，BEIが0.8以下になることが最低基準であり，今後建物用途によって，小さな値を義務化していく方向にある。

このように住宅や建築物の新築時等において国が定める基準以上の省エネ性能をアピールするため表示する制度の一つに，BELS (Building-Housing Energy-efficiency Labeling System) があり，図5.4のように第三者認証が行われている。一次エネルギー消費量をもとに5段階の星マークで表示する。また，既存の建物の改修時等においても，基準適合認定表示（eマーク）がある。

5.1.3 ZEB

ZEB (Net Zero Energy Building) とは，先進的な建築設計によるエネルギー負荷の抑制やパッシブ技術の採用による自然エネルギーの積極的な活用，高効率な設備システムの導入等により，室内環境の質を維持しつつ大幅な省エネルギー化を実現した上で，再生可能エネルギーを導入することにより，エネルギー自立度を極力高め，年間の一次エネルギー消費量の収支をゼロとすることを目指した建築物と定義されている。

ただし，上述のZEBの実現にはハードルが

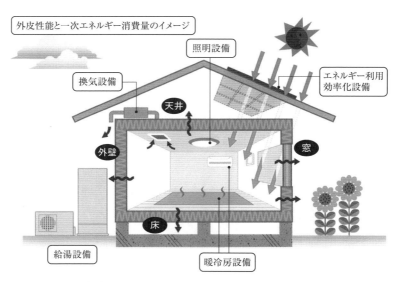

図5.2　住宅における外皮性能と一次エネルギー消費量のイメージ
（一般社団法人建築環境・省エネルギー機構（IBEC）パンフレットより）

表5.1　外皮の熱性能基準

地域区分	1	2	3	4	5	6	7	8
外皮平均熱貫流率（U_A）[W/(m²·K)]	0.46	0.46	0.56	0.75	0.87	0.87	0.87	-
平均日射熱取得率（η_{AC}）[%]	-	-	-	-	3.0	2.8	2.7	6.7 (2.8)

5.1 建築物省エネ法 **197**

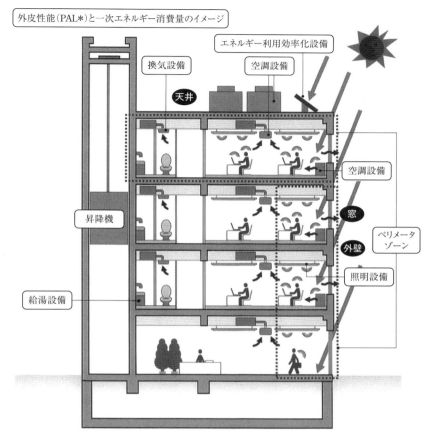

図5.3 非住宅における外皮性能と一次エネルギー消費量のイメージ
(一般社団法人建築環境・省エネルギー機構(IBEC)パンフレットより)

図5.4 省エネ建物の表示制度(BELS, eマーク)

198　第5章　建築環境設備の諸問題

高いため，ZEB の実現・普及に向けて4段階の ZEB すなわち，ZEB, Nearly ZEB, ZEB Ready, ZEB Oriented を定義している。基準の建築物に対する対象建築物の消費エネルギーの割合を示す「基準化需要量 C*」と基準の建築物の消費エネルギーに対する対象建築物の生成エネルギーの割合を示す「基準化供給量 G*」で表現すると，総論図7および表5.2のように ZEB に向けて段階的に評価することとなっている。ZEB については，上述の定義の通りであるが，Nearly ZEB は ZEB に限りなく近い建築物として再生可能エネルギーにより年間の一次エネルギー消費量をゼロに近付けた建築物，ZEB Ready は外皮の高断熱化及び高効率な省エネルギー設備を備えた建築物，ZEB Oriented は外皮の高性能化及び高効率な省エネルギー設備を加えた建築物とされている。

　建物のエネルギー消費量を減らすためのさまざまな技術を適切に組み合わせて導入することで，ZEB を実現することを目指す。この技術は，消費するエネルギーを減らすための技術（省エネ技術）とエネルギーを創るための技術（創エネ技術）に分けられる。表5.3に示すように，パッシブ技術によってエネルギーの需要を減らし，必要となる需要についてはアクティブ技術によってエネルギーを無駄なく使用し，そのエネルギーを創エネ技術によって賄うことになり，それぞれの技術を用いて最適な組み合わせを検討することとなる。

　住宅においては，ZEH（Net Zero Energy House）があり，ZEB と同様，外皮の断熱性能の向上やエネルギー効率の高い設備システムの導入により省エネルギーを実現した上で，太陽光発電などの再生エネルギー等を用いることでエネルギーを生成し，年間の一次エネルギー消費量の収支をゼロにするものである。また，段階的に ZEH に誘導するため，図5.5に示す

表5.3　ZEB を実現するための技術

省エネパッシブ技術	必要なエネルギーを減らす	・高断熱化 ・日射遮蔽 ・自然換気 ・昼光利用など
省エネアクティブ技術	エネルギーを無駄なく効率的に使う	・高効率空調 ・高効率換気 ・高効率照明 ・高効率給湯 ・高効率昇降機など
創エネ	再生可能エネルギーを活用する	・太陽光発電 ・太陽熱利用 ・バイオマス発電など

表5.2　一連の ZEB の定義

	定義	定量的な評価基準
ZEB	年間の一次エネルギー消費量が正味ゼロまたはマイナスの建築物	$(G^*-C^*) \fallingdotseq 0$ または $(G^*-C^*) > 0$
Nearly ZEB	ZEB に限りなく近い建築物として，ZEB Ready の要件を満たしつつ，再生可能エネルギーにより年間の一次エネルギー消費量をゼロに近付けた建築物	レベル I： $-0.125 < (G^*-C^*) < 0$ （ただし $C^* < 0.5$） レベル II： $-0.25 < (G^*-C^*) < -0.125$ （ただし $C^* < 0.5$）
ZEB Ready	ZEB を見据えた先進建築物として，外皮の高断熱化及び高効率な省エネルギー設備を備えた建築物	$-0.5 < (G^*-C^*) < -0.25$ （ただし $C^* < 0.5$）
ZEB Oriented	ZEB Ready を見据えた建築物として，外皮の高性能化及び高効率な省エネルギー設備に加え，更なる省エネルギーの実現に向けた措置を講じた建築物	$C^* < 0.65$

ようにZEHの他に，Nearly ZEH, ZEH Oriented が定義されている。基準となる住宅のエネルギー消費量に対する削減割合と再生可能エネルギーによる供給量だけではなく，外皮基準として，外皮平均熱貫流率を基準として各地域区分ごとに要件に含めている。また，ZEH＋，Nearly ZEH＋など，それぞれの区分の上位モデルも提案されている。

ZEHの利点は，省エネルギーによる光熱費の節約だけではなく，災害時の停電時でも太陽光発電により非常用電力を備えることができ，住宅の断熱性向上により室内の温熱環境の向上が見込まれるなど多く存在する。

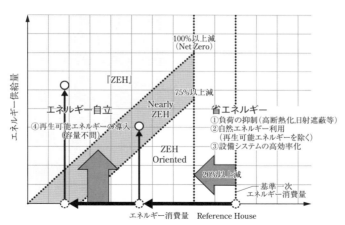

図5.5　ZEHの定義のイメージ[2]

5.2 建築の環境評価システム

5.2.1 CASBEE

CASBEE（キャスビー）は Comprehensive Assessment System for Built Environment Efficiency の略で，建築や街づくりの環境性能を評価するシステムであり，2003年7月に国土交通省から公表された。

図5.6に示すような建築物やまちの一定の領域から環境への負荷をL（Load），その環境品質・性能をQ（Quality）とするとき，両者の比をとり，環境性能効率BEE（Building Environmental Efficiency）で表現する。

$$BEE = Q/L \quad (5\cdot3)$$

つまり，環境性能効率を大きくするためには，分子にある環境品質・性能を高め，分母にある環境への負荷を下げればよい。

CASBEEの評価対象は，(1)エネルギー消費，(2)資源循環，(3)地域環境，(4)室内環境，の4分野であり，これらの評価指標を図5.7のように再構成して，評価に用いる。

建築物の環境品質・性能（Q）と建築物の環境への負荷（L）が求まれば，それぞれを軸とするグラフ上の一点として，その建築物の環境性能効率（BEE）を表現できる。図5.8に環境性能効率（BEE）による表示例を示す。Qの値が高く，Lの値が低いほど傾きが大きくなり，よりサステナブルな建築物と評価されることになる。

原点からの傾きによって，環境ラベリングを行っており，Cランク（劣っている）からB-ランク，B+ランク，Aランク，Sランク（大変優れている）の5段階評価である。Sランクだけは，BEEの傾きだけでなく，建築物の環境品質・性能（Q）が基準以上であることが条件とされている。

CASBEEは，現在，横浜市，名古屋市，京都市，大阪市などの政令指定都市や，埼玉県，愛知県，京都府，大阪府，兵庫県など人口の多い府県を中心に制度が導入されている。一般に，2,000平方メートルを超える建築物の確認申請時に届出義務が課されている。

実際の評価作業では，評価者が評価ツール（ソフト）を用いて，項目別の採点シートに採点入力を行い，採点結果はスコアシートにまとめて表示される。得点集計の際には，各段階で分野別の重み係数が使用されている。これらは，地域の特性，評価の重点の置き方に応じて変更可能なものであり，自治体によっては，評価結果に重み付けの考え方が反映される場合がある。

日本においてはCASBEEであるが，同様に

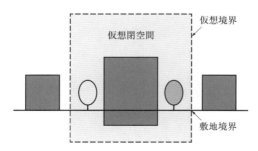

図5.6 評価対象が建築物の場合のCASBEEの仮想閉空間[3]

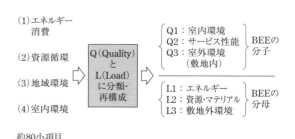

図5.7 評価項目のQ（建築物の環境品質・性能）とL（建築物の環境負荷）による分類・再構成

英国では BREEAM，米国では LEED があり，建物の環境性能評価認証が行われている（表5.4）。BREEAM は，建物の管理（性能検証），健康と快適性，エネルギー（CO_2 排出量・エネルギー消費），交通，水資源，材料，廃棄物，敷地利用と地域生態系，汚染，先進的技術の導入の 10 分野で評価し，6 段階で表示する。LEED も同様に，サステナブルな敷地利用，水の効率性，エネルギーと環境，材料と資源，室内環境などで評価し，4 段階で表示され，日本においても認証される建築物が多い。

5.2.2 WELL 認証

上述の CASBEE については，建物の環境品質・性能と建築物の環境への負荷を主眼におき，建物を使用している居住者に直接配慮して評価を行っているものではない。一方，米国において 2014 年に開発された WELL 認証（WELL Building Standard）は，その空間で過ごす人間の健康（身体的，精神的，社会的に良好であること）を重視した建築物の空間評価システムである。科学的知見により得られた居住者への健康に配慮した取り組みについて，測定・評価して認証している。健康経営に関心のある企業のオフィス，集客したいホテルや商業施設などが，建築や街区の環境を評価するのに利用されている。

WELL 認証は，10 のコンセプト（空気，水，食物，光，運動，温熱快適性，音，材料，こころ，コミュニティ）で構成されており，必ず満たさなければならない必須項目と要件を満たせば加点される加点項目がある。必須項目は 24 項目・28 パート，加点項目は 95 項目・48 パートがあり，必須項目の要件をすべて満たした上

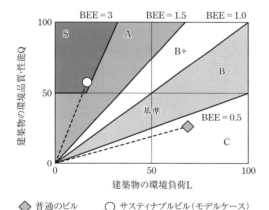

図 5.8　BEE に基づく環境ラベリング

表 5.4　主な建築物評価制度の比較

BREEAM	LEED	CASBEE
英国	米国	日本
英国建築研究所	米国グリーンビルディング協会	産官学共同の研究委員会
1990 年	1998 年	2002 年
住宅，建築物，街区	住宅，建築物，街区	住宅，建築物，街区，都市
市場の上位 75%	市場の上位 25-30%	市場全体
総合得点化	総合得点化	BEE＝Q/L で総合評価

で，各加点項目の配点の合計点数で，ブロンド，シルバー，ゴールド，プラチナの4段階で判定される。

評価項目については，空気，水，光，温熱，音環境の建築環境の各要素がすべて含まれており，空調設備，給排水衛生設備，照明設備など建築設備に頼るところが大きい。また，健康に関することで，食事，運動，こころなど，建築設備だけでは対応できない項目も存在する。これからの建築の設計においては，省エネルギーだけではなく，以上のような居住者の健康を守るための計画も必須となってくる。

5.2.3　CASBEE-ウェルネスオフィス

日本においても，WELL認証と同様の考え方で，CASBEE-ウェルネスオフィスがある。考え方の基本となっているのは，WELL認証であるが，これはすべての用途の建物が対象になっているのに対し，CASBEE-ウェルネスオフィスでは，オフィスビルを対象としている。CASBEE-ウェルネスオフィスでは，Qw1健康性・快適性，Qw2利便性向上，Qw3安全性確保からなる基本性能47項目と，Qw4運営管理10項目，Qw5プログラム3項目の，計60項目で評価される。すべての評価項目を5段階（レベル1～レベル5）で採点するもので，基準値の得点をレベル3とする。総合得点は0～100点，対象評価項目のすべてがレベル1であった場合に総合得点は0点，対象評価項目の平均スコアがレベル3だった場合に総合得点は

50点，対象評価項目の平均スコアがレベル4だった場合に総合得点は75点となる。表5.5にCASBEE-ウェルネスオフィスのランクと総合得点の関係を示す。

CASBEE-ウェルネスオフィスの評価項目については，環境に関すること，リフレッシュ・運動・コミュニケーションに関すること，災害対応，有害物質に関係することから，維持管理に関することまで広範囲にわたっている。また，環境に関しては，音環境，光・視環境，熱・空気環境について構成されている。

例えば，Qw1健康性・快適性のための取り組みにおいて，「4. 熱・空気環境」の中で，「4.1空調方式及び個別制御性」については，一般的な均質な温度環境となる空調設備を基本として，個人の温熱感の違いに配慮して，タスクアンビエント空調のような個別に調整が可能な空調方式を用いている場合，レベル5と設定している。

「4.2.1室温」については，冬期22℃，夏期26℃となるような設備が設置されていることを基本として，想定設計条件を超過するような日であっても，この環境を提供できるような設備を有している場合に，レベル5としている。「4.3湿度制御」については，建築物衛生法の基準値である冬期に40％の湿度を維持する設備があることを基本として，45-55％の範囲の湿度を実現することが可能な加湿能力の設備を有することをレベル5として，十分な湿度を維持することを求めている。

表5.5　CASBEE-ウェルネスオフィスのランクと総合得点[4)]

ランク	評価	総合得点	備考
Sランク　：★★★★★	すばらしい	＞75点	平均評価でレベル4超
Aランク　：★★★★	大変良い	≧65点	
B＋ランク：★★★	良い	≧50点	平均評価でレベル3以上
B－ランク：★★	やや劣る	≧40点	
Cランク　：★	劣る	＜40点	

「4.4.1 換気量」については，25 m³/h 人で建築物衛生法を満たす換気量を基本として，5 m³/h 人を増加するごとにレベルを1つずつ上がるように設定している。よって，換気量を増加することで，室内空気質を良好な状況になることを想定している。「4.4.2 自然換気性能」についても，同様に換気量を増加させ，室内空気質の向上を期待してレベルを設定している。「5.8 分煙対応，禁煙対応」については，受動喫煙防止を念頭に，喫煙ブースなどで最低限の対応がされているものを基本とし，建物内禁煙をレベル5としている。

給排水・衛生設備関係については，「5.4 トイレの充足性・機能性」，「5.5 給排水設備の設置自由度」において設定されており，居住者に不便がないように誘導している内容となっている。

Qw3 安全・安心性において，「2. 有害物質対策」の中で，「2.1 化学物質汚染」については，ホルムアルデヒドを対象に，建築物衛生法の基準値であるホルムアルデヒド濃度が，100 μg/m³ 以下であることを基本として，ホルムアルデヒドの発散の少ない内装材料を使用し，ホルムアルデヒドの濃度が低い場合には，高いレベルとなっている。

Qw4 運営管理計画において，「1.4 維持管理の状況」の中に，「1.4.2 維持管理レベル（建築物衛生法への適合）」において，建築物環境衛生基準の空気環境の調整について，不適合の項目がいくらかあった条件でも基準とし，すべて適合されているものをレベル5としている。

5.3 建築確認申請のための設備設計計画の留意点

5.3.1 空気調和設備に関する留意事項

(1) 外気取入口の配置

外気取入口は，取入れ外気の汚染を防止するために，排気口や冷却塔など他の汚染源と取入口との間に十分な距離をとる。

外気取入口は，図5.9に示すように自動車の排気ガスなどの影響を避けるため，概ね地上から10 m以上の高所，または屋上などに設置することが望ましい。なお，周辺に高架道路などがある場合は，汚染の最も少ない位置を選定する。屋上に設置するときは，煙突や冷却塔（レジオネラ属菌飛散の可能性）などの汚染源から概ね10 m以上離す。また，壁面に設置するときは，原則，各種の排気口とは別の壁面に設ける。全熱交換機を設置する場合は，図5.10のように取入口と排気口をまとめることで，ショートサーキットを回避し，取入れ外気への排気の混入防止に繋がる。

(2) 駐車場からの逆流の防止

居室系統の外気取入口および排気口は，汚染空気の混入を防止するため，駐車場系統の外気取入口および排気口と兼用しない。

図5.11に示すように，居室系統と駐車場系統の外気取入れが同一ダクトから分岐している場合，駐車場の給気ダクトから室内へ，駐車場の排気ガスが逆流して，室内の空気汚染を引き起こす危険性がある。止むを得ず同一ダクトとなる場合は，逆流防止ダンパを設置する。

(3) 吹出口・吸込口

吹出口および吸込口は，室内空気環境が均一となるよう，その位置および形状を選定する。

図5.12は，間仕切りによって給気量と還気

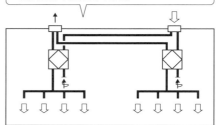

図5.10 給気ダクトと排気ダクトをまとめた改善例[5]

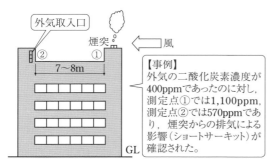

図5.9 外気取入口への排気の影響[5]

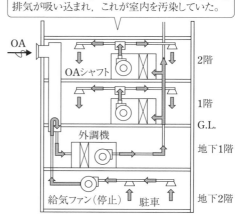

図5.11 地下駐車場排気による室内汚染例[5]

量のエアバランスが崩れた例を示している。特に賃貸ビルでは，吹出口と吸込口の配置について，竣工後の入居状態を想定した計画が求められる。

(4) 加湿装置

相対湿度を建築物衛生法に定める基準値内に維持できるだけの性能を有するものを選定する。

建築物衛生法に定められる空気環境の管理基準のうち，2か月に1回の測定で最も不適合率の高い項目が相対湿度である。特に，冬期に40% RHを割り込む建築物が多くみられる。

図5.13は，冬期における冷房加湿と暖房加湿を湿り空気線図上で比較したグラフである。暖房時の加湿量が (X_1-X_2) で表されるとき，冷房時の加湿量は (X_1-X_3) であり，冬期に冷房が主体となるビルでは，必要な加湿量の大きさに注目しておく必要がある。

5.3.2 給排水衛生設備に関する留意事項

(1) 貯水槽

貯水槽の容量は，次による。
①受水槽の容量は1日使用水量の4/10〜6/10を標準とする。
②高置水槽の容量は1日使用水量の1/10を標準とする。

貯水槽の容量が過大である場合，水が停滞して水質の悪化を招きやすくなる。このため，貯水槽容量の適切な設定が重要である。槽の容量は，有効水量を基準として定める。

(2) 給水設備

当該給水設備以外の管や設備とは直接連結させない。

飲用の給水管を他の配管と直結する（クロスコネクション）と，給水管内の水が汚染される可能性が生ずる。このため図2.9に示すように，水道と井戸水，上水と雑用水（消防用水，空調用水等）などの系統を連結してはならない（クロスコネクションの禁止）。

(3) 給水器具および水槽類

これらには，図2.5のように有効な吐水口空間を確保する。また，有効な吐水口空間の確保ができない場合には，バキュームブレーカを取り付ける等，逆流防止のための有効な措置をとる。

汚染された水が給水管内に逆流すると，給水事故が発生する。これを防止するための基本的な措置が吐水口空間の確保である。

5.3.3 諸設備に関する留意事項

(1) 廃棄物・再利用物保管場所

種類に応じ分別して保管するのに十分な広さ

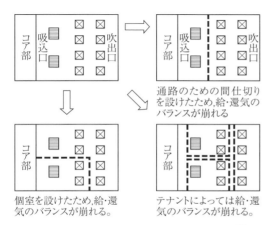

図5.12 室内空気環境が不均一になった例[5]

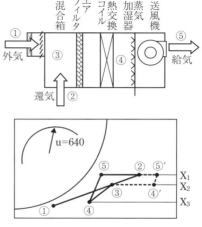

図5.13 冬期における冷房加湿と暖房加湿の相違[5]

を有すること。また，収集・運搬が容易で，作業に伴う周囲への衛生的な影響が小さい場所に設置する。さらに，衛生的な問題が生じない構造とし，必要な換気，給水，排水等の設備を設ける。

建築物における衛生的環境を確保するため，また，ビルが資源循環社会形成のスタート地点となるためには，廃棄物・再利用物保管場所に関する適切な建築計画が重要である。以下の諸点を考慮する。

・他の用途と兼用しない密閉区画構造とし，ねずみ・昆虫の出入りを防止する。
・分別収集および保管ができる構造とする。
・床及び壁面などは不浸透性材料を用い，室及び容器の洗浄・排水に支障のないように給排水設備と勾配を設ける。
・屋内では第1種機械換気設備を設ける。屋外では近隣への影響を考慮した適切な換気設備ないし通気口を設ける。また，給排気口，開口部には耐腐食性材質の防虫網を設置する。
・厨芥類等の廃棄物の保管にあたっては，必要に応じて冷蔵・冷房設備を設ける。
・作業に必要な照明設備を設置する。
・重量を計量するための設備を設置する。

(2) 建築物

内部に衛生害虫およびネズミが侵入しないような構造とする。

衛生的観点から，建築物には防虫・防そ構造とすることが求められている。窓や通風口には，通常16メッシュ以下の網戸を設置する。また，図5.14に示すように，出入り口ドアの下部の隙間には，ネズミによる咬害防止のために木製などではなく金属製の板を取り付ける。

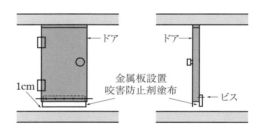

図5.14 金属板によるドア下への施工による防そ対策[5)]

5.4 建築物環境衛生管理基準からみた空気環境の実態

5.4.1 建築物における環境衛生管理

建築物衛生法では対象となる建築物において，環境衛生上良好な状態に維持するために必要な措置として，空調管理や給水管理等について建築物環境衛生基準を定めている。この法律により空気環境を維持することは，日本におけるシックビルディング症候群の防止に大きく寄与する。

建築物における空気環境に関する維持管理項目として，環境衛生管理基準値が定められている。温度，相対湿度，二酸化炭素濃度，一酸化炭素濃度，気流，浮遊粉じんの6項目について2カ月以内ごとに1回測定し，基準値との比較を行うことで，適切な維持管理を行うことになっている。一方ホルムアルデヒドについては，新築または大規模模様替えを行った後，最初に来る6月から9月の間に1回測定することとなっている。

このように定期的に空気環境を測定して，不具合があれば調整することで，我が国の建築物の室内環境は良好な状態に保たれているはずである。実際にはどうであろうか。全国の建築物の維持管理に関するデータが公表されており，全国の特定建築物に対し基準値に適合しなかった建物の割合，不適率の動向の整理を年度ごとに行うことにより，建築物における環境衛生の実態，不適率の状況について把握することができる。ここで示す建物維持管理のデータは，建築物の維持管理項目ごとの調査件数及び不適件数が集計されている。なお，建築物の維持管理項目は，帳簿（1項目），空気環境の調整（16項目），給水の管理（10項目），雑用水の管理（9項目），排水設備（1項目），清掃（1項目），防除（1項目）に分けられている。建物用途は興行場，百貨店，店舗，事務所，学校，旅館，その他と分かれており，それぞれの用途別ごとの不適率の比較をすることができる。これらのデータに基づき，用途別不適率及び不適率の経年変化を集計し，建物維持管理の問題点について，空気環境の調整のうち，空気環境の測定の項目について述べる。

5.4.2 空気環境項目別の不適率の経年変化

図5.15に空気環境7項目（浮遊粉じん，二酸化炭素，一酸化炭素，温度，相対湿度，気流，ホルムアルデヒド）の不適率の経年変化を示す。浮遊粉じん，一酸化炭素，気流，ホルムアルデヒドについては，低い不適率で推移しているため，基準に適合しており良好な状態である。一方，二酸化炭素濃度，温度，相対湿度の不適率においては，いずれも値が高く，3回の顕著な上昇が見られた。1回目は平成11年度（1996年度）（相対湿度），2回目は平成15年度（2003年度）（温度，相対湿度，二酸化炭素濃度），3回目は平成23年度（2011年度）（温度，相対湿度，二酸化炭素濃度）であった。それぞれは省エネ法の改定と建築物衛生法改定の翌年，東日本大震災の年と重なる。省エネのために，設定温度・相対湿度の設定・制御の問題，換気量を削減することなどにより，基準値を逸脱する事例が増加したものと考えられる。

また，平成15年度（2003年度）における建築物衛生法の改定により，個別空調方式の建物が特定建築物の適用範囲となったため，基準値の不適合の件数が増加したことが考えられる。新型コロナ感染症の流行が始まった令和2年度（2020年度）においては，感染症対策のため換気の増強，窓開け換気の励行を行っていたとこ

ろである。二酸化炭素濃度の不適率については，令和3年（2021年）に劇的に低下し，温度及び相対湿度の不適率も引き続き上昇していた。換気の増強，窓開け換気の実施により，二酸化炭素濃度を低下させたとともに，特に夏期の空調時の温度が基準値の範囲に収まらなかったことが考えられる。なお，令和3年（2021年）においても在宅勤務の推進によって，室内の在室者数が減少したことも二酸化炭素濃度の不適率が改善されたことに寄与しているとも考えられる。

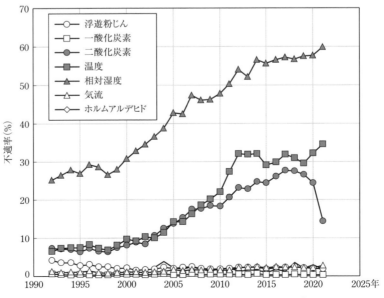

図5.15　空気環境7項目の不適率の経年変化[6]

5.4 建築物環境衛生管理基準からみた空気環境の実態 **209**

本節に関連する1級建築士問題

1　我が国における ZEB に関する次の記述のうち，最も不適当なものはどれか。

(1) ZEB の定義には，『ZEB』，Nearly ZEB，ZEB Ready 及び ZEB Oriented がある。

(2) ZEB を実現するための省エネルギー技術のうち，搬送機器のインバータ制御や LED 照明はパッシブ技術に含まれる。

(3) ZEB は，既存の建築物であっても，建築物の改修時に，外皮の断熱強化，設備の高効率化等を行うことによって実現可能である。

(4) ZEB を実現するためには，エネルギー消費量の削減が必須であり，再生可能エネルギーの導入のみでは不十分である。

《解説》　インバータ制御や LED 照明は，空調・照明などの設備機器のエネルギー削減に関することなので，日射遮蔽などのパッシブ技術ではないため，(2) が正答。

2　環境・設備に関する次の記述のうち，最も不適当なものはどれか。

(1) 建築物の「e マーク（省エネ基準適合認定マーク）」は，建築物が建築物の省エネルギー基準に適合していることについて，所管行政庁から認定を受けたことを示すものである。

(2) LEED（Leadership in Energy & Environmental Design）は，建築物や敷地等に関する環境性能評価システムの一つであり，取得したポイントの合計によって4段階の認証レベルが決まる。

(3) 建築物の省エネルギー基準における年間熱負荷係数（PAL*：パルスター）は，その値が小さいほど建築物の外皮の熱性能が高いと判断される。

(4) 一般的な事務所ビルのライフサイクル CO_2 においては，「運用段階の CO_2 排出量の占める割合」より「設計・建設段階及び廃棄段階の CO_2 排出量の占める割合」のほうが大きい。

《解説》　一般的な事務所ビルのライフサイクル CO_2 の70% 以上は建物が竣工した後に排出される。一般に，建設時，運用時，修繕時，更新時，廃棄時に分類され，運用段階のエネルギー消費による CO_2 は，50% 以上となるケースもある。よって，(4) が正答。

3　環境・設備に関する次の記述のうち，最も不適当なものはどれか。

(1) 日本における建築物の総合環境性能評価システムとしては CASBEE があり，他国においては BREEAM（英国），LEED（米国）等がある。

(2) $LCCO_2$ による環境性能評価においては，一般に，「資材生産」，「輸送」，「施工」，「運用」，「保守」，「更新」及び「解体除却」で示される建築物のライフサイクルの各過程における CO_2 排出量を推定する。

(3) 「建築物のエネルギー消費性能の向上に関する法律」に基づく省エネルギー基準の適否の判断に用いられるエネルギー消費量は，電力，ガス，石油等の二次エネルギーの消費量である。

(4) 地域冷暖房システムの導入は，一般に，未利用熱の活用による排熱削減が期待でき，ヒートアイランド現象の緩和にも効果的である。

《解説》　建築物のエネルギー消費性能の向上に関する法律（建築物省エネ法）においては，暖冷房，換気，照明，給湯などの一次エネルギー消費量を用いて評価しているので，(3) が正答。

本節に関する正誤問題

4　外皮平均熱貫流率（U_A 値）は，断熱性能を示す指数で，建築物の内部から屋根や壁，床，開口部等を通過して外部へ逃げる「単位温度差当たりの外皮総熱損失量」を「外皮総面積」で除した値である。（正）

210　第5章　建築環境設備の諸問題

⑤　ZEB は，資源の有効な利用を確保する観点から，「建設工事に係る資材の再資源化等に関する法律」（建設リサイクル法）によって定められた分別解体及び再資源化等の実施義務の対象となる建築物のことである。（誤）

《解説》　ZEB は，年間の一次エネルギー消費量が正味ゼロまたはマイナスの建築物のことである。

⑥　建築物省エネルギー性能表示制度（BELS）の5段階のマークは，BEI の値が大きいほど星の数が増える。（誤）

《解説》　BEI は，設計一次エネルギー消費量／基準一次エネルギー消費量となるので，この値が小さい建物ほど省エネルギー性が高いことを表す指標となっている。

⑦　「建築物のエネルギー消費性能の向上に関する法律」に基づく新築住宅の省エネルギー基準では，原則として，外皮平均熱貫流率（UA 値）や冷房期の平均日射熱取得率（η_{AC} 値）を地域の区分に応じた基準値以下となること等が求められる。（正）

⑧　CASBEE の評価においては，BEE の値が小さいほど建築物の環境性能が高いと判断される。（誤）

《解説》　環境性能効率 BEE は，環境品質・性能 Q を建築物やまちの一定の領域から環境への負荷 L で割った値なので，大きい方が性能が高い。

〔参考文献〕
1）赤坂裕ほか：拡張アメダス気象データ，日本建築学会編，丸善，2000
2）資源エネルギー庁：ZEH の定義（改定版）＜戸建住宅＞，2019.2
3）日本サステナブル・ビルディング・コンソーシアム編，建築物総合環境性能評価システム　マニュアル1　環境配慮設計（DfE）ツール，建築環境・省エネルギー機構発行，2003.7
4）建築環境・省エネルギー機構：CASBEE-ウェルネスオフィス評価マニュアル（2020年版），2020.5
5）公益財団法人日本建築衛生管理教育センター：改訂特定建築物における建築確認時審査のためのガイドライン，2016.6
6）金勲：IoT を活用した建築物衛生管理手法の検証のための研究，厚生労働科学研究費補助金報告書（健康安全・危機管理対策総合研究事業），令和4年度総括・分担研究報告書，2023.3

第6章
環境建築事例集

6・1　清水建設　北陸支店（ZEB）　　　212
6・2　ポーラ美術館　　　218
6・3　緑の保全と活用　　　223
6・4　高層純木造耐火建築「Port Plus®」　　　226

6.1　清水建設　北陸支店（ZEB）

　本施設は，歴史的街並みと文化を併せ持つ石川県金沢市に同社が2021年に建替えた支店社屋である（図6.1）。カーボンニュートラルの実現を見据え「未来につながる『超環境型オフィス』を北陸から」をテーマに，省エネルギーや創エネルギーによるエネルギー環境性能とABW（Activity Based Working）やウェルネスを導入した先進的なワークスタイルにおける快適な室内環境性能を両立するオフィスを構築した。エネルギー環境性能では地域の気候・風土を積極的に利用した省エネルギーと太陽光発電による創エネルギーにより『ZEB』とWELL認証・プラチナを取得している。この他，蓄エネルギーとして次世代技術である水素エネルギー利用システムを導入しエネルギー自立型建築を目指した。

　具体的には以下の3つのコンセプトを基に計画を進めた。
① 金沢の歴史・街並み・気候・風土に対し親和性の高いオフィスとすること
② コミュニケーションを誘発する新たなワークプレイスを構築すること
③ カーボンニュートラルを見据えた国内最高クラスの環境性能を実現すること

6.1.1　建物概要

　建物概要を表6.1に示す。新社屋ではRC製の壁柱とフラットスラブにより，壁面位置と軒高は旧社屋に合わせ，敷地内の既存樹木や稲荷境内を保存することで，この場所の記憶を継承している。建物外周部に配置したRC製の壁柱により地震時の水平荷重を負担し，内部は小径の鋼管柱で鉛直荷重のみを支持することで，約30m×30mの開放的な空間を構成した。2・3階のオフィスは不整形な2層吹抜けを介して繋がる一体空間であり，オーバーハングする床に覆われた空間，壁柱に囲われた空間など，多様なアクティビティに対応する場所とともに「みんなの顔が見えるワークプレイス」を実現した。外観は透明性がありながらも，構造体である壁柱と庇が深い陰影をつくる構成とした。屋根を支える架構は，石川県産の能登ヒバを用いて開発したハイブリッド梁である。2層吹抜け上部に設置したハイサイドライトから自然光を導くことで，冬期に曇天の多いこの地においても空の移ろいを感じられる設えとした。

図6.1　正面（南面）からの全景

ワークスタイルについても，リモートワークの定着が進み，そのメリットを保ちながら生産性と創造性の向上を図る「ハイブリッドワーク」が主流になりつつあった。コミュニケーションを誘発する居心地の良い空間をつくると共に，共創を促進するワークプレイスを構築することを目指した。旧社屋にて社員全員が身に着けたビーコンと各所に設置した音圧マイクによる会話量の調査を実施し，社員及び部署間の近接性評価を行った。新社屋ではこの評価結果を踏まえ，関連性を考慮したグループアドレスとABWを導入したワークプレイスを構築した（図6.2）。

表6.1 建物概要

所在地	石川県金沢市玉川町
敷地面積	3,255.01 m²
延床面積	4,224.46 m²
構造	鉄筋コンクリート造 一部鉄骨造
階数	地下1階 地上3階
最高高さ	15.680 m

図6.2 2階平面図（超環境型オフィス）

6.1.2 カーボンニュートラルを見据えた『ZEB』への取組み

本施設で導入した各種環境設備を図6.3の断面図に示す。様々な省エネルギー技術と創エネルギーの導入により，国内最高クラスの環境性能である『ZEB』を達成した。これに加えて，持続可能な低炭素社会の実現を先導するため，次世代最先端技術である「水素利用システム」を建物内に導入し，社会での水素の波及・普及を目指した。本施設では『ZEB』に向けた取組みとして以下の順序で検討を重ねた。

第一段階：歴史・気候・風土を活かしたパッシブ省エネ技術によりエネルギー需要を減らす

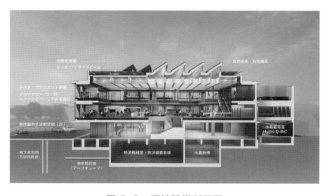

図6.3 環境設備断面図

第二段階：必要なエネルギー需要はアクティブ省エネルギー技術により無駄なく効率的に使用する
第三段階：エネルギーを創エネルギー技術により賄う
第四段階：新たな蓄エネルギー技術として次世代を先取りした水素利用システムを導入する

(1) 歴史・気候・風土を活かしたパッシブ省エネルギー技術

(a) 伝統を受け継ぐ日射遮蔽ファサード

構造体である壁柱は外観上であらわしとした。軒庇と共に外部からの環境負荷を低減し，夏の厳しい日射を遮り，冬の暖かい日差しを室内に導くことを可能にした。南面ファサードは Low-E 複層ガラスを用いた大開口とし，二重床内に設けたクライマー式ブラインドと軒庇の効果を組合わせる計画とした（図6.4）。これにより季節や天候に合わせて室内の開放感を保ちながら日射コントロールする事を可能とした。カーテンウォールの足元には自動制御による自然換気を行うための外気導入口を設けている。東西面は近隣との見合いを避け，日射を遮りつつ自然光を効率よく導入するうえで，金沢の伝統的街並みにみられる竪格子「木虫籠（きむすこ）」に着目した。その特徴は「外からは内は見えにくいが，内からの開放感が保たれる」という点である。本施設の東西ファサードに設けた竪ルーバーは，この優れた効果を踏襲しつつ，コンピューテーショナルデザインツールにより「明るさ感」「日射遮蔽効果」「見通し率」の評価解析を行いながら，各評価値をバランスよく満たす形状に決定した。

図6.4　ファサード（左：南面　右：西面）　　　　　図6.5　自然採光と格天井

(b) 歴史的建築様式による自然採光

2・3階オフィスの2層吹抜け頂部にはハイサイドライトを設えており，その下部には耐火木鋼梁「シミズハイウッドビーム」による格天井を構成している（図6.5）。ハイサイドライトの形状や位置は夏期・中間期に直達光が室内に入射しない条件で Grasshopper を用いて決定した。ハイサイドライトより自然光を内部へ取入れ，格天井で光を拡散させてグレアを抑制し，オフィス内に柔らかい光が均質に降りそそぐ空間を実現した。耐火木鋼梁の耐火被覆には，石川県の県木である能登ヒバを用い，地産地消による木質化の可能性を広げるとともに，更なる炭素固定を実現した。

(c) 季節を感じる爽やかな自然換気

春期と秋期の中間期において，施設内に積極的に爽やかな外気を取り入れることで，自然を感じることができるオフィス空間を実現した。自然換気には独特の強弱リズムがあり，これが心地よさ

を増大させる。建物配置を考慮した屋外気流シミュレーションに基づき，春と秋の中間期に大きな風圧係数の発生頻度が多い東・西・南の各外壁面に自動制御で開閉する自然換気口と手動で開閉が可能なサッシを設けた。吹抜け上部のハイサイドライトには風が抜ける自動開閉機能を備え，積極的な自然換気による空調エネルギーの低減化を図る設えとした。図6.6に中間期最多風向分析と屋外気流シミュレーション結果を示す。

(d) 豊富に得られる地下水の利用

金沢では，地下水を空調設備の熱エネルギーに利用することが可能である。採水温度は年間を通じて15～16℃の安定した温度で得られ，主熱源の地下水利用水冷式ヒートポンプチラー熱源水や2階オフィスのベース空調となる躯体放射空調（TABS：Thermo Active Building System）の冷熱源水として活用し，空調エネルギーの低減化を図る計画とした。なお，熱エネルギー利用後の地下水は還元井戸により地中に戻している。気象予報データに基づいた予測制御と温度成層型水蓄熱槽の併用により，熱源機器の運転時間をコントロールし，無駄の無い運転計画を行っている。図6.7に地下水利用空調システムフロー図を示す。

(e) 外気温度の影響を受けない地中熱の利用

施設内に供給する新鮮外気は，建屋から離れた位置に配置した給気塔より取入れ，地中埋設した外気取入れダクトを経由して地下1階の外調機・空調機に導入される。新鮮外気に対して外気温度の影響を直接受けずに安定的な温度を維持する地中熱を活かすことで，夏期は予冷・冬期は予熱を行うことができる。地中熱によるアースチューブ効果により，外気空調エネルギーの低減化を図っている。

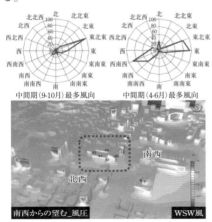

図6.6 中間期最多風向分析
屋外気流シミュレーション

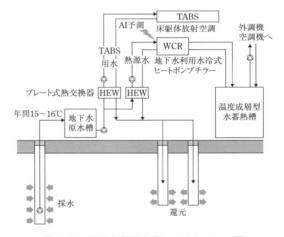

図6.7 地下水利用空調システムフロー図

(2) 効率的なアクティブ省エネルギー技術

(a) 個人の好みに合った光環境

図6.8に示すUDI（Useful Daylight Illuminance）解析による室内シミュレーションを行いながら，グレア感を抑えつつ積極的に自然光を建屋内に取込んだ。自然光のみによる照度が不足した場合は人工光で補うこととし，自然光と人工光のベストミックスによる照明制御を実施した。2・3階の2層吹抜けオフィスでは，明るさ感における個人の好みに対応するため，上記ベストミックス

をアンビエント照明としたタスク・アンビエント照明を採用した。タスク照明は照度・色温度の変更が可能な照明器具を卓上に装備し，各従業員が好みの仕様で操作できる対応とした。さらにウェルネスを導入したワークプレイスとして，季節毎・時間帯毎に色温度を変化させるサーカディアン照明制御を導入し，従業員の健康配慮を行った。

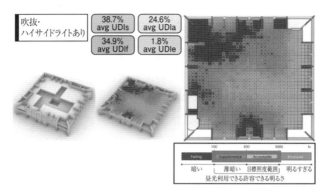

図6.8　UDI解析結果（ハイサイドライトあり）

(b)　アクティビティな働き方を支える温熱環境

　上部に吹抜を有する開放的なオフィスにおいて，居住域のみを有効に空調する置換空調として，フロアフロー空調によるタスク・アンビエント空調を採用した（図6.9）。外調機から温湿度調整した外気処理空気をOAフロア内に送風加圧して，床面から居住域へ滲み出して上部で排気をとるエアフローとしている。OAフロア内には躯体の上部にコンクリートで押さえたTABS配管を敷設し，非空調時間帯に同配管中に地下水を通水して蓄熱を行うとともに，日中の空調時間帯に熱放射を行いながら外気処理空気を滲み出してフロアフローを形成している。また，アンビエント空調としてOAフロア内にFCUを設置し，居住域温熱環境に応じた4段階の強度で運転制御を行った。またタスク空調として，個人の温冷感の差に応じて個々に発停可能なファン付き吹出口を床面各所に設置した。

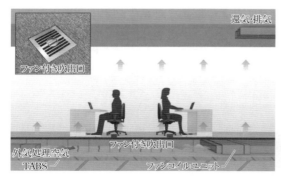

図6.9　タスク＆アンビエント空調

図6.10　太陽光発電設備とHydro Q-BiC

(3) 次世代を先取りする水素利活用　＜先導的な創エネルギー・蓄エネルギー＞

(a) 北陸地方でも有効な太陽光発電設備

　本施設では，創エネルギーとして建物屋根部に太陽光発電設備を設置している。年間日射量においては冬期など季節により差は生じるが，年平均値では東京と同等であることがデータ上で認識できた。日射量に基づく年間推定発電量でも東京と同等のエネルギーが得られると予想し，『Hydro Q-BiC』により夏期や中間期に余剰となった太陽光発電量を利用して製造した水素を蓄エネルギーとして貯蔵した（図6.10）。その後，この貯蔵した水素を冬期に使用するなど，季節・月を越えたエネルギーシフトを行う計画とした。

(b) 水素利用システムによる蓄エネルギー技術

　エネルギー自立型建築を目指すために，太陽光発電量の余剰電力により水を電気分解して得られるグリーン水素を，吸蔵合金に貯蔵し必要に応じて放出して再電力化する，水素利用システム『Hydro Q-BiC』を国内初で建屋内に実装し運用した。運用時『ZEB』を達成するためのデマンドレスポンスによる省エネ運用だけでなく，地域の電力逼迫時に放電する等の電気融通を行うことで地域貢献にも対応可能できる。水素の再電力化に伴う廃熱を給湯設備や熱源設備に利用することで，総合システム効率を高めることができた。本施設では省エネ運用の他に72時間分のBCP電源として，常時1,000 kWh相当の水素蓄エネを行っている為，従来方式の「化石燃料で運転する自家用発電機」は実装していない。

6.1.3　運用実績・効果

　図6.11に2022年度一次エネルギー消費量の実績値を示す。省エネルギーで約▲70.5％，創エネルギーで31.3％，全体で基準一次エネルギー消費量に比べ101.8％削減（BEI＝－0.018，－19 MJ/m²・年）となった。運用時『nZEB』を達成しており優れた環境性能を達成しているが，今後もさらなるカーボンニュートラル化に向けて，施設運用におけるファインチューニングを継続する予定である。

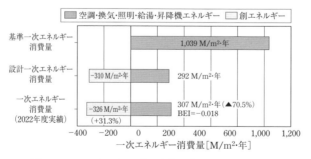

図6.11　一次エネルギー消費量実績（2022年度）

6.2 ポーラ美術館

6.2.1 建築概要

ポーラ美術館は，「箱根の自然と美術の共生」をコンセプトに2002年9月に開館した。建物は周囲の環境との調和をはかり，そのほとんどが地下にあり，森の風景に溶け込むような形に設計されている。美術作品はフランス印象派やエコール・ド・パリなどの西洋絵画を中心とし，日本の洋画，日本画，東洋陶磁，日本の近現代陶磁，ガラス工芸，化粧道具から現代アートまで幅広い作品を多数収蔵し，開館以来多くの方々に観賞いただいている。

図6.12 建物全景俯瞰
（提供：ポーラ美術館）

図6.13 アプローチブリッジからのエントランス
（提供：ポーラ美術館）

表6.2 建築概要

建物名称	ポーラ美術館
建築主	公益財団法人ポーラ美術振興財団
所在地	神奈川県足柄下郡箱根町仙石原小塚山1285
設計・監理	日建設計
施工	竹中工務店
敷地面積	120,021 m^2
建築面積	3,389 m^2（美術館）
延床面積	8,098 m^2（美術館）
構造	S造，一部RC造，全館免震構造
規模	地上2階・地下3階

6.2.2 環境配慮型建築としての取り組み

ポーラ美術館の環境設備計画は箱根という自然風土や厳しい気候条件のもと，いかに美術品を保護し，来館者に対して快適で，かつ省エネルギーである設備システムを構築するか，さらには周辺環境への影響を極力少なくすることが計画当初からのテーマであった。

本建物の環境建築としての特徴を，建築物総合環境性能評価システム（CASBEE）による評価の観点で示す。環境品質・性能向上とともに，環境負荷低減の取り組みを行うことで，CASBEE-Sランク（BEE = 3.4）となっている（表6.3）。

表6.3　環境配慮型建築としての取り組み

環境品質・性能向上の特徴的な取り組み	環境負荷低減の特徴的な取り組み
・空調ゾーニングの細分化と展示室，収蔵庫の温湿度制御 ・展示室の床吹出し空調方式の採用 ・ロビー空間における昼光利用 ・免震構造による高天井，自由な空間形成 ・地震時，災害時を想定した設備の信頼性向上 ・屋外デッキによる設備メンテナンス性向上 ・バリアフリー対応 ・生物環境のモニタリングによる保全と創出 ・周辺環境へ配慮した配置や高さや形状の工夫 ・地域性や来館者へ配慮した快適性の向上	・複層ガラスの採用，高断熱化 ・インバータ制御による高効率空調システム ・節水型便器の採用，雨水利用 ・ノンハロン消火剤の採用 ・燃焼機器を用いない熱源による大気汚染防止 ・屋上散水，人工排熱量の低減 ・雨水の敷地内浸透，表土の保全，地下水位を変動させない工夫 ・隔地駐車場の設置，適切な駐車場計画

6.2.3 省エネルギー・省資源を実現する設備計画

（1）熱源システム

本施設における熱源システム計画の考え方として以下の3つを挙げる。第一に，周辺環境への配慮から敷地内にて CO_2 を発生しない電気熱源としている。第二に，収蔵庫や展示室といった24時間空調を要する室がある一方で，敷地周辺への配慮から夜間熱源機を停止することが出来るように，蓄熱槽（バッファータンク）を設置し，日中の外気温度条件の良いときに効率良く蓄熱運転を行うシステムとしている。また標高約760 mの立地では寒冷地に属し，冬期ピーク時は夜間外気温度が約 −10℃ となるため，空気熱源による冷凍機においては暖房運転が困難になることから，昼間蓄熱しておく手法をとっている。第三には，年間を通じて冷房・暖房が必要となるため熱回収型の機器を設置している。

（2）収蔵庫の空調システム

本施設の収蔵庫は建築的に二重構造であり，外壁側を高断熱化し外界の環境変化に対しても緩やかな温湿度変化となるよう計画をしている。図6.14に示す空調システム概念図のとおり，収蔵庫内及び庫外の二重空調となっており，切り替えダンパにより庫外空調または庫内＋庫外空調が可能となっている。湿度制御を行うため冷水＋温水コイルを設置し除湿再熱制御を行う他，火山性ガスに対しては，化学吸着フィルターを設置して作品保護を行っている。また本施設の収蔵庫及び一時保管庫は計4箇所あり，収蔵品により温湿度設定値を変えられるよう空調系統を分けている。

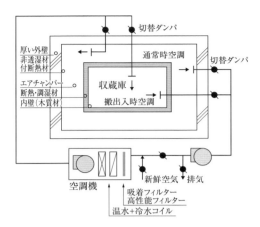

図 6.14 収蔵庫の空調システムの概念図

(3) 展示室の空調システム

本施設のほとんどの展示室（企画展示室・常設展示室）では，床吹出空調システムを採用している。図 6.15 に空調システム概念図を示す。床吹出空調システムは，建築計画においては有効な天井高を高くとることが可能なことや，天井面に吹出口がなくすっきりした意匠が実現できるというメリットがある。一方，室内環境面では床吹出空調により換気回数が増し，換気効率が良い他，室内温度分布も一様となるメリットがある。床吹出方式と天井吹出方式をシミュレーションにより比較した結果によると，空気齢（新鮮空気が到達する時間の指標を示す。値が小さいほど新鮮空気の到達時間が短く，汚染度が低いことを示す。）と呼ばれる指標を用いると，展示パネルによる若干の淀みがあるものの，室全体では天井吹出方式より値が小さく新鮮空気の循環速度が速い。また室内温度分布も一様となった。床吹出口は硬質樹脂製のスリットを用いており，割れと結露に配慮した。なお床吹出方式は空調立ち上がり時に綿埃等で粉塵が舞い上がると懸念されていたが，適切な清掃により問題なく運用されている。

展示ケースがある展示室では，展示ケースを密閉されたものとし，展示ケース周囲を空調するシステムとしている。展示ケース下部に調湿材を設置し湿度管理を行っている。空調システムにおける湿度制御，室内空気質の維持管理は収蔵庫と同様の手法としている。また空調ゾーニングは最大 250 m^2 を 1 台の空調機で賄い個別分散化し，万一の故障時においても展示への影響を極力抑えた計画としている。

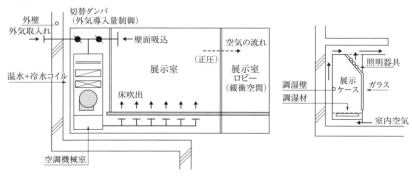

図 6.15 展示室の空調システムの概念図

(4) アトリウムロビーの空調システム

エントランス及び各展示室前ロビーは，外界と展示室の緩衝空間として温熱環境上も位置づけている。エアバランス上，展示室を正圧とし，その余剰排気はロビーを通じて便所へ排気することで展示室の空気温熱環境を極力守る方法としている。アトリウムロビーの空調システムについて，夏期の場合の概念図を図 6.16 に示す。アトリウムの空調は，各階のロビーを変風量方式により送風し，光壁と呼ばれるガラスの壁面スリットより，照明の発熱除去も兼ねて還り空気を取り，空調機に戻している。冬期ガラス面結露対策としては，ガラス表面への吹き出し空気と光壁内に設置した循環ファンにより対流をおこし，結露を発生しにくくしている。また実証実験により，万一結露が生じた場合でも斜めのフェースガラス面を伝わり，結露受けまで通じる機構としている。

(5) 給排水システム

給排水システムの特徴を以下に紹介する。本建物では，上水（公共水道），雨水，湧水を用いた多元給水システムによりそれぞれの特性を生かした水の有効利用を行っている。図 6.17 に給排水システムの概念系統図と給排水フロー図を示す。

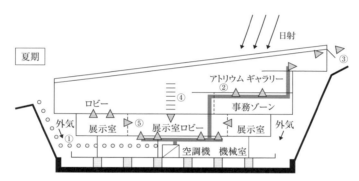

①外気はドライエリアで冷やされ，空調機に入る。
②空調機からガラス壁内部のダクトを通じて，ロビーに新鮮空気が供給される。
③エントランスロビー頂部の熱溜まりを排気。
④光壁ガラス全面のスリットを利用し，還り空気を空調機に戻す。
⑤展示室からの余剰空気。

図 6.16　アトリウムロビーの空調システム（夏期）の概念図

まず上水は，本敷地が配水所の近くにあることから，水道本管の昼間の水量・水圧の確保のため，本建物への給水は夜間全量給水となっている。このため 24：00-8：00 の間に，昼間利用する上水をすべて上水受水槽に確保している。上水は，便所洗浄水以外として，便所手洗やレストラン・カフェに供給している。

箱根の年間降水量は 3,243 mm と東京の 2.2 倍ほどにもなることと，約 2,800 m^2 の広い屋上庭園部分を集水箇所として生かした雨水利用システムを採用し，建物内の便所洗浄水として利用している。さらに，敷地脇を流れる湧水を利用したシステムを採用している。湧水の利用は建物竣工時点においては，原水流量の不確定さから，当初は駐車場用の洗浄及び散水用のみの利用としていた。

竣工後湧水量の確保を確認後，トップライトの日射による温度上昇の抑制，雨水利用設備の原水確保の観点から，湧水を多段的に利用している。湧水はトップライト表面にせせらぎ状に流した後，そのまま放流せずに屋上庭園（屋根）部分の雨水集水枡に集水され，雨水竪管にて雨水貯留槽に集

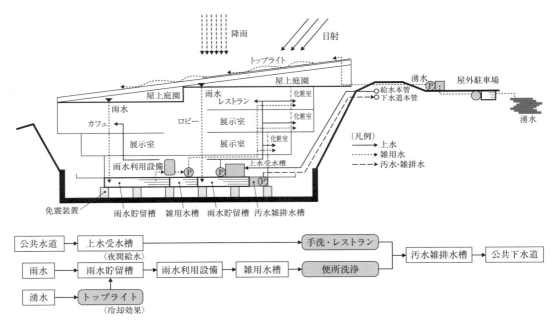

図6.17　給排水システムの概念系統図と給排水フロー図

められる。湧水によるトップライトの散水は，降雨のない日に行われるため，雨水貯留槽へは降雨時以外にも雨水利用設備の原水を得ることが出来，安定的な雑用水利用が可能となっている。

建物全体の水使用量は，900～1,300 m^3/月（使用日数30日として30～43 m^3/日）であり，その約半分が雑用水使用量（便所洗浄水）であった。雑用水の原水としては，雨水と湧水を用いているが，7～10月の間の雨水利用率（＝雨水利用量／（上水＋雑用水））の平均は15.8％，湧水利用率（＝湧水利用量／（上水＋雑用水））の平均は33.3％，合計すると49.1％となった。

また湧水によりトップライト表面温度を冷却水する効果がある他，美術館内部からもトップライトの水のせせらぎが流れている様子を見ることが出来，心理的効果も期待している。

本建物はその大部分は地下に位置するため，上水・雨水・湧水の利用後，汚水雑排水は一旦汚水雑排水槽に貯留後，ポンプ圧送にて公共下水道へ放流を行っている。また免震構造を採用している本建物は，給水の引込管や下水圧送管に免震フレキ継手を採用し，地震時の変位にも対応可能なものとしている。

6.3 緑の保全と活用

6.3.1 緑の持つ環境調整効果

　我々が生活する建築の周りには，様々な緑が存在する。一口に「緑」と言っても，花壇やベランダ植栽といった小さなものから，都市公園や里山といった大きなものまで，様々なスケールの緑が存在する。また草木や植物以外にも，畑，水田，河川といった自然的土地被覆を含む場合もある。

　緑の持つ環境調整効果（図6.18）として，まずは「癒し」や「安らぎ」といった心理的な効用が期待できる。室内に花瓶を置いたり，庭に草花を植えたり，また，窓から外を眺めて庭木や街路樹，山や川などが見えたりすることで，癒し，安らぎを覚える人も多いだろう。緑には，このような視覚的な側面からの生理・心理的効果，そして都市景観としての役割が挙げられる。

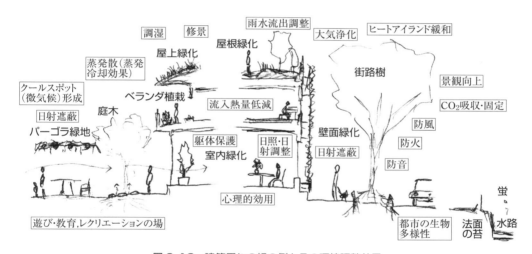

図6.18　建築周りの緑の例とその環境調整効果

　次に挙げられるのは，気候調節の機能・効用である。我々が生活する上で最も大きな熱源である太陽と地球との関係により，気候の違いや季節・天候の変化が生じている。緑の持つ水分による蒸発散（蒸発冷却効果）の有無で熱のバランスが変わり，緑の少ない市街地ではヒートアイランド現象が顕在化している。スケールの比較的小さい緑を見ても，気候調節の機能は多く挙げられる。夏場，木陰（緑陰）に入れば涼しく感じるが，これは日射遮蔽と蒸発散の効果による。さらにここに涼風が吹けば，局所的に涼しい空間（クールスポット）が形成される。屋上緑化や壁面緑化が施された建物では，室内に入り込む熱量が減り，夏季の空調負荷が低減する。住宅の東側や西側に落葉樹を植栽すれば，夏季は室内に入る日射を遮蔽し，冬季は葉が落ちて日光を室内に取り入れることができる。また防風林のように，冬場の季節風を弱めるために植栽される緑もある。

芝生広場や公園で遊んだり，山や海へレジャーに出掛けたりなど，遊び，教育，レクリエーションの場，都市のアメニティという側面も見逃せない。その他にも防火，防音，大気浄化，雨水流出遅延，生物多様性向上などの効果・効用が挙げられる。さらに樹林地や森林は，温室効果ガスの一つである二酸化炭素を吸収・固定することで，地球温暖化の防止に貢献しているといえる。

6.3.2 緑の保全と活用の事例

現在国際的に注目されている気候変動や生物多様性の課題において，緑の保全・活用を考えることは重要といえる。スケールに着目した緑の種類，条例・制度，保全・活用の事例を表6.4にまとめた。比較的スケールの小さな緑の例としては，植木鉢，生垣あるいは庭木，庭園などが挙げられる。その活用事例としては，玄関先・路地での住民の自主的な植木鉢等による緑化（図6.19）や，小学校等でのつる植物による緑のカーテン，ビオトープの整備などが挙げられる。日本庭園の維持

表6.4 スケールに着目した緑、保全や緑化に関する制度、活用の事例

スケール	建築・都市に関わる緑の例	緑の保全や緑化推進に関する条例・制度の例	保全・活用の事例
小	苔，草本，植木鉢，生垣	生垣への助成	テラリウム，盆栽，玄関先・路地での植木鉢緑化
	庭木，パーゴラ緑化，庭園	保存樹，屋上・壁面緑化の推進に関する制度，緑の基本計画	つる植物による緑のカーテン，ビオトープ，ガーデンツーリズム，微気候
中	街路樹，屋敷林，社寺林，建物（屋上・壁面）緑化		都市のクールスポット，法面緑化，建物緑化，商業施設での屋上庭園（アクロス福岡など），熱負荷削減
	公園，緑道，用水，田畑	緑の基本計画，生産緑地，風致地区，道路緑化の推進，市街化調整区域，用水保全（金沢市）	親水空間，都市環境気候図（クリマアトラス），エコロジカルネットワーク，ウォーカブルなまちづくり，賑わい創出，クラインガルテン，農業，市民の森（横浜市），林業，バイオマス，冷気流
大	都市公園，樹林地，里山	都市緑地法，都市公園法	
	湖沼，河川，山，海	自然公園法	ツーリズム，アウトドア活動，農林水産業，風の道，山谷風，海陸風

図6.19 応急仮設住宅での玄関先の植木鉢緑化

図6.20 日本庭園の清掃体験と観光を組み合わせたガーデンツーリズム

（国連大学サステイナビリティ高等研究所（UNU-IAS）提供）

管理のための清掃体験と観光を組み合わせたガーデンツーリズムといった取り組み事例もある（図6.20）。

中規模スケールの緑として，街路樹，社寺林，公園，緑道などが挙げられる。行政による緑の保全や緑化推進の制度に関しては，市町村における緑の基本計画や生産緑地，風致地区などが挙げられる。また多くの自治体で，屋上・壁面緑化（図6.21, 6.22）の推進に関する制度が広がっている。より広域な保全・活用の取り組み事例として，ドイツで生まれた都市環境気候図（クリマアトラス）があり，これは気候分析図とまちづくりのアドバイスを示す計画指針図から構成される（図6.23）。生物多様性のための生態系ネットワークや，歩ける（ウォーカブルな）まちづくりといった考え方も，緑を活用したまちづくりに関係しうる。

図6.21　コケ植物による壁面緑化

図6.22　屋上庭園が複層に繋がる商業施設（サクラマチ　クマモト）

大きなスケールの緑としては，都市公園，樹林地，山林，河川などが挙げられる。これらの保全に関しては都市緑地法，自然公園法などの法律がある。例えば横浜市では概ね2 ha以上の樹林地について所有者と契約し，市民に開放する「市民の森」制度がある（図6.24）。これらの緑に関して，先述した遊び，教育，レクリエーションとしての利活用や，冷気流，風の道といった都市気候緩和の効果を享受する関係性などが挙げられる。

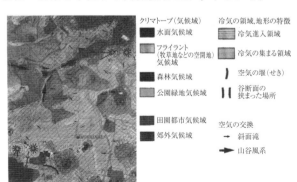

図6.23　都市環境気候図の例
（シュトゥットガルト気候解析，日本建築学会：都市環境のクリマアトラス，ぎょうせい，2000より作図）

図6.24　「市民の森」として保全・活用される樹林地（横浜市提供）

6.4 高層純木造耐火建築「Port Plus®」

樹木は光合成により二酸化炭素（CO_2）を吸収しているため，木材を建築物に利用することで，CO_2 を長期間固定化することができる。木造建築は，脱炭素社会の実現に貢献するだけでなく，「使う・植える・育てる」というサーキュラーエコノミー（循環型経済）の観点からも注目されている。

ここでは，2022年3月に完成した，高層純木造耐火建築「Port Plus®」を紹介する（図 6.25, 26）。

この建物は，「これからの知を育む場」をコンセプトとした（株）大林組の次世代型研修施設として神奈川県横浜市に建設された。地下1階，地上11階（最高高さ 44.1 m）建て，延べ面積 3,506.46 m^2 で，地下1階柱頭免震構造を採用し，地上部分の構造が純木造でできている。32室の宿泊室と様々な研修室を備えた，自由闊達なコミュニケーションの誘発により，新たなイノベーションや企業文化を醸成することをコンセプトとした施設である。

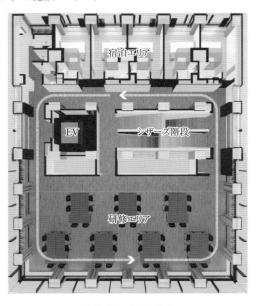

図 6.25　外観　　　　　　　図 6.26　平面構成

6.4.1 木造建築

この建物では，1,990 m^3 の木材を使用しており，これにより約 1,652 t の CO_2 を長期間，安定的に固定することができる（図 6.27-30）。材料製作から建設，解体・廃棄に至るライフサイクル全体では，鉄骨造（S造）と比べて約 50%，鉄筋コンクリート造（RC造）と比べて約 75% の地球温暖化ガス削減効果が試算されている。

木造の課題である耐火性能に関しては，本施設では，建築基準法上，2時間耐火性能が要求される中，柱・梁には，表面に燃え止まり層と燃えしろとなる層を組み合わせた3時間耐火材を採用した。床，外壁（耐力壁）は直交集成材 CLT（Cross Laminated Timber）を採用し，工場加工化す

ることで，製作精度の向上，施工時の省人化を図った。
　外装としてガラスカーテンウォールとインナーサッシのダブルスキンを採用し，木架構を表出させながら耐久性の向上を図っている。

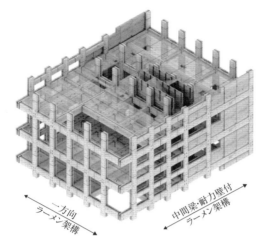

図 6.27　木構造

図 6.28　CLT 階段

図 6.29　研修室

図 6.30　宿泊室

6.4.2　ウェルネス空間

　本施設は，新たなイノベーションや企業文化を醸成することをコンセプトとした次世代型研修施設であり，バイオフィリックデザインを取り入れ，屋上やテラスの緑化とともに，屋内では天井や壁に本物にこだわった多様な緑化を導入している（図 6.31-34）。建物内の緑化は，執務者の快適性や知的生産性の向上に寄与するため，WELL 認証においても評価項目として定められており注目されている。WELL 認証とは，建物の性能として環境・エネルギー性能と対になるべく，建物内で暮らし，働く居住者の健康・快適性に焦点を当て開発された建物・室内環境評価システムであり，本施設は，プラチナ認証を取得している。
　緑化のほか，サーカディアンリズムに合わせた照明の調光調色制御や自然換気，森の香りが感じられる香り空調，森林の環境音を音源とするハイレゾ音響システムなど，五感に働きかけるウェルネスに配慮した設備システムをさまざま導入している。

図 6.31　5 階テラス　　　　　図 6.32　1 階エントランス

図 6.33　8 階ナレッジスペース　　　図 6.34　6 階ナレッジスペース

6.4.3　サステナビリティ

　木材利用による建設段階での CO_2 発生量の削減に加えて，運用段階でのエネルギー使用量の削減によって CO_2 発生量の抑制を目指した。ZEB に見られるようなエネルギー使用量の削減には，(1) 必要なエネルギーを減らす，(2) エネルギーの無駄使いをなくす，(3) 自然エネルギーを利用することが重要であり，図 6.35-37 に本施設での採用した技術を示す。ダブルスキン外装による外皮熱負荷抑制，自然採光，自然換気高効率空調，LED 照明等の省エネルギー技術，太陽光発電，太陽熱・地中熱の自然エネルギー利用技術を適所に採用した。これらの取り組みにより，狭隘な敷地に建つ都市型建築として ZEB Ready，CASBEE 横浜 S ランクの認証を受けた。

図 6.35　自然換気窓　　　　　図 6.36　太陽熱パネル

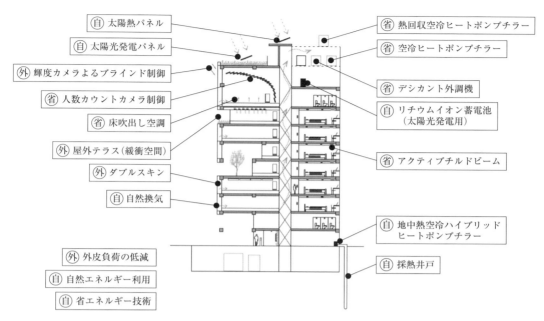

図6.37　環境配慮技術

6.4.4　快適な眠りのための環境制御と睡眠評価

近年，ICT技術の発展によって，建築設備分野においても環境制御，サイネージ，セキュリティシステムなどで，新たなセンサ技術やネットワーク技術が導入されている。

宿泊室には環境制御システムを導入し，宿泊者がタブレットで各種設定を行うことができる。良眠を促す照明シーンとして，就寝予定時刻に合わせ徐々に照度・色温度を下げ消灯，起床時は予定時刻の前から徐々に照度を上げるとともに予定時刻には電動ブラインドを開放し，自然な目覚めを誘導する。また，温度環境は就寝中に室温設定を変更する制御とした。就寝，起床に合わせた室内環境を提供し体内リズムを整えることで，研修の効果を高めることを狙いとしている。ベットマットの下に設置した無線式睡眠センサのデータを解析し，宿泊者に対してタブレットにて睡眠評価結果を提供する機能を導入し，睡眠の見える化によって，睡眠健康を考えるきっかけになることを期待している（図6.38，39）。

図6.38　睡眠センサ

図6.39　睡眠評価結果

索　引

A
APF 87
ASHRAE 63, 64

B
BACnet 176
BCP（事業継続計画）.....................23
BEI 4, 5, 195
BELS 196
BEMS（Building and Energy Management System, ビル・エネルギー管理システム）.............7
BIM（Building Information Modelling）.....................................9
BREEAM..201

C
CASBEE 200, 201, 219
CASBEE-ウェルネスオフィス
....202
CEMS（Community Energy Management System）.......................7
clo 値 62
COP 86

D
DX 3

E
e マーク 196
ET 62
ET* 62, 63
ETD 69

F
FRP（繊維強化プラスチック）...108

G
GWP 87

I
ICT 2
IoT 2

L
Latent Heat 68
LCP（生活継続計画）......................23
LEED 201

M
MaaS 3
Met 61
MRT 63

N
nearly ZEB 5
net Zero Water................................20

O
OT 62

P
PAL* 195
PLC 174
PMV 62, 63

S
Sensible Heat 68
SET* 62, 63
Society 5.0 2

T
TAC 温度 69

W
WEBPRO 5
WELL 認証 17, 201

X
XYZ 表色系 137

Z
ZEB 2, 4, 196
ZEB Oriented 5
ZEB Ready 5
ZEH 2, 4, 198

あ
アクティブデザイン......................14
アメニティ 120
暗順応 134
暗所視 134
安全側の判断.................................67

い
色温度 137
インバータ 174
インフルエンザウイルス............75

う
ウォータハンマ 103
雨水活用..20
雨水浸透ます 113
雨水貯留槽 113
雨水ます..113
雨水利用システム 221
雨水利用率....................................222
内断熱..56

え
衛生器具..102
エコトーン 121
エネルギー代謝率........................61
エネルギーバランスチャート 5
エレベータ 167
円形ダクト.....................................93
演色性 139
演色評価数 139
遠心（ターボ）式.........................86

お
往復動（レシプロ）式.................86
屋内統一グレア評価法 UGR.......140
汚水処理人口普及率.....................20
汚水ます..113
オストメイト 117
オゾン層破壊.................................87
オールフレッシュ........................66
温度 207
温度差換気.....................................39
温度指示調節器 174
温熱源..87

か
外気取入口....................................204

索引 231

外気負荷 ……………………68
回転式 …………………………86
外皮平均熱貫流率 …………56, 195
外来種 …………………………123
化学物質の指針値 ……………42
角ダクト ………………………94
加湿 ……………………………205
加湿器 …………………………91
加湿効率 ………………………76
可視放射 ………………………134
可照時間 ………………………143
カスケード制御 ………………172
各個通気管 ……………………113
各個通気方式 …………………113
活動量 …………………………62
加法混色 …………………137, 138
カーボンニュートラル …………4
ガラス窓透過日射熱負荷 ……67
ガラス窓標準日射熱取得 ……69
簡易水道事業 …………………98
換気 ……………………………36
換気回数 ………………………36
換気回数法 ……………………73
乾球温度 ………………………58
環境衛生管理基準値 …………207
環境シミュレーション ………28
環境負荷低減 …………………219
間欠空調 ………………………69
間欠空調による蓄熱負荷 ……67
間接排水 ………………………112
乾燥空気 ………………………58
かん体細胞 ……………………134
貫流熱負荷 ……………………67

き

機械換気 ………………………37
気候変動 …………………28, 224
輝度 ……………………………135
輝度計 …………………………136
揮発性有機化合物 ……………41
基本設計 ………………………92
逆サイホン作用 ………………103
逆流防止機能 …………………102
吸収式 …………………………86
給水器具 ………………………102
給湯温度 ………………………110
強制対流 ………………………54
局所式 …………………………109
局部抵抗による圧力損失 ……93
許容排水流量 …………………113
均斉度 …………………………139

く

空気層 …………………………55
空気調和機 ……………………90
空気の組成 ……………………34
空気余命 ………………………37
空気齢 …………………………37, 220
空調ゾーニング ………………220
クリマアトラス ………………225
クロスコネクション ……104, 205
クロ値 …………………………62
グローブ温度 …………………63
グローブ温度計 ……………62, 63

け

下水処理施設 …………………101
下水道法 ………………………100
結露 ……………………………59
健康 ……………………………16
建設業のDX …………………8
建設業の労働環境改善 ………9
建築基準法 ……………………100
建築物衛生法 …………………41
建築物環境衛生管理基準 ……41, 62
建築物省エネ法 ………………194
顕熱 ……………………………61
顕熱比 …………………………75
顕熱負荷 ………………………75
減能グレア ……………………139
減法混色 ………………………138

こ

広域循環方式 …………………114
効果温度 ………………………62
公共用水域 ……………………100
公衆用トイレ …………………116
光束 ……………………………135
光束発散度 ……………………135
高置水槽方式 …………………106
光度 ……………………………135
行動性体温調節 ………………61
光幕反射 ………………………139
合流式 …………………………101
黒体軌跡 ………………………137
個別循環方式 …………………114

さ

最大熱負荷 ……………………68
彩度 ……………………………137
再熱負荷 ………………………68
サーカディアンリズム ……141, 227
雑用水利用 ……………………114

雑用水受水槽 …………………114
作用温度 ………………………62

し

色相 ……………………………137
敷地排水管 ……………………113
事業継続計画 …………………9
シーケンス制御 ………………171
自己サイホン作用 ……………112
自浄作用 ………………………100
地震ハザード …………………188
地震リスク ……………………188
自然エネルギー ………………89
自然エネルギー利用発電 ……166
自然換気 ………………………15, 37
自然観察施設 …………………120
自然室温 ………………………56
自然対流 ………………………54
自然冷媒 ………………………87
持続可能な開発目標（SDGs）……19
湿球温度 ………………………58
シックハウス症候群 …………17, 41
シックビル症候群 ……………16, 40
実効温度 ………………………62
実効温度差 ……………………69
実効面積 ………………………38
実施設計 ………………………92
湿度制御 ………………………219
室内発熱負荷 …………………67
室内負荷 ………………………67
自動制御設備 …………………170
湿り空気 ………………………58
湿り空気線図 …………58, 63, 73
遮蔽係数 ………………………69
修景施設 ………………………120
住戸セントラル方式 …………109
周辺視 …………………………134
取水施設 ………………………99
受水槽方式 ……………………106
純色 ……………………………137
省エネルギー …………………219
省エネルギー基準地域区分 ……194
浄化槽 …………………………101
浄化槽法 ………………………100
蒸気圧 …………………………59
蒸気加湿 ………………………75
上下温度差 ……………………64
浄水場 …………………………99
上水道事業 ……………………98
照度 ……………………………135
照度計 …………………………135

消費者・・・・・・・・・・・・・・・・・18
消防活動・・・・・・・・・・・・・・・189
情報通信設備・・・・・・・・・・・170
除湿再熱制御・・・・・・・・・・219
視力低下グレア・・・・・・・・139
シルエット現象・・・・・・・・139
親水施設・・・・・・・・・・・・・・120
伸頂通気管・・・・・・・・・・・・113
伸頂通気方式・・・・・・・・・・113
新有効温度・・・・・・・・・・・・63

す

水景施設・・・・・・・・・・・・・・18
水質汚濁防止法・・・・・・・100
水質基準・・・・・・・・・・・・・・100
水蒸気圧・・・・・・・・・・・・・・58
すい体細胞・・・・・・・・・・・・134
水道直結方式・・・・・・・・・106
水道普及率・・・・・・・・・・・・20
水道法・・・・・・・・・・・・・・・・99
水分蒸発量・・・・・・・・・・・・61
すきま風熱負荷・・・・・・・・67
スパイラルダクト・・・・・・94
スマートシティ・・・・・・・・2
スロッシング・・・・・・・・・187

せ

整雨・・・・・・・・・・・・・・・・・・20
制菌・・・・・・・・・・・・・・・・・・20
生産者・・・・・・・・・・・・・・・・18
成績係数・・・・・・・・・・・・・・86
生態系・・・・・・・・・・・・・18, 119
生体恒常性・・・・・・・・・・・・61
生体リズム・・・・・・・・・・・・140
生物多様性・・・・・・・・・119, 224
生物多様性国家戦略・・・119
生物多様性条約・・・・・・・119
世界保健機関（WHO）・・・16
セキュリティ（防犯）対策・・・184
設計一次エネルギー消費量・・・195
絶対湿度・・・・・・・・・・・・・・58
線状降水帯・・・・・・・・・・・・185
洗浄弁式・・・・・・・・・・・・・・103
全天空照度・・・・・・・・・・・・145
潜熱・・・・・・・・・・・・・・・・・・61
潜熱回収型給湯機・・・・・・111
潜熱負荷・・・・・・・・・・・・・・75
専用洗浄弁式・・・・・・・・・103

そ

創エネ技術・・・・・・・・・・・・198

相関色温度・・・・・・・・・・・・137
総合開口面積・・・・・・・・・・38
総合熱貫流率・・・・・・・・・・56
総合熱伝達・・・・・・・・・・・・53
総合熱伝達率・・・・・・・・・・55
相対湿度・・・・・・・・・・・58, 207
装置蓄熱負荷・・・・・・・・・・69
装置負荷・・・・・・・・・・・・・・67
相当外気温度・・・・・・・・・・56
相当開口面積・・・・・・・・・・38
送配水施設・・・・・・・・・・・・99
送風機・・・・・・・・・・・・・・・・91
送風機による熱負荷・・・・68
阻集器・・・・・・・・・・・・・・・112
外断熱・・・・・・・・・・・・・・・・56

た

多位置制御・・・・・・・・・・・・172
太陽光発電システム・・・・166
対流熱伝達・・・・・・・・・・・・53
ダクト通過熱負荷・・・・・・68
多元給水システム・・・・・・221
タスク・アンビエント空調方式・・・78
タスクアンビエント照明・・・7
ダルシー・ワイスバッハの式・・・36
単位給水量・・・・・・・・・・・・108
タンク式・・・・・・・・・・・・・・103
男女比・・・・・・・・・・・・・・・116
断熱材・・・・・・・・・・・・・・・・53
暖房負荷・・・・・・・・・・・・・・56

ち

地域固有種・・・・・・・・・・・・123
地球温暖化・・・・・・・・28, 87, 224
地球温暖化係数・・・・・・・・87
蓄雨・・・・・・・・・・・・・・・・・114
地区循環方式・・・・・・・・・114
蓄熱運転・・・・・・・・・・・・・219
治水・・・・・・・・・・・・・・・・・114
地中温度・・・・・・・・・・・・・・71
着衣量・・・・・・・・・・・・・・・・62
中央監視設備・・・・・・・170, 176
中央式・・・・・・・・・・・・・・・109
中空層・・・・・・・・・・・・・・・・55
昼光率・・・・・・・・・・・・・・・145
中心視・・・・・・・・・・・・・・・134
調湿材・・・・・・・・・・・・・・・220
長方形ダクト・・・・・・・・・・94
直射日光・・・・・・・・・・・・・143
貯水槽・・・・・・・・・・・・108, 205
直管部圧力損失・・・・・・・・93

直結増圧方式・・・・・・・・・106
貯湯槽・・・・・・・・・・・・・・・109
貯留対策・・・・・・・・・・・・・191

つ

通気立て管・・・・・・・・・・・・113
通気横枝管・・・・・・・・・・・・113

て

定常状態・・・・・・・・・・・・・・53
定風量単一ダクト方式・・・78
デシカント空調システム・・・83
天空光・・・・・・・・・・・・・・・144
電磁バルブ・・・・・・・・・・・174
天井吹出方式・・・・・・・・・220
電動ダンパ・・・・・・・・・・・174
電動バルブ・・・・・・・・・・・174

と

冬季の冷房加湿・・・・・・・・76
透湿抵抗・・・・・・・・・・・・・・60
透湿熱負荷・・・・・・・・・・・・67
導水路・・・・・・・・・・・・・・・・99
特殊継手排水方式・・・・・・113
特定外来生物・・・・・・・・・122
都市化・・・・・・・・・・・・・・・・98
都市型洪水・・・・・・・・・・・・98
都市環境気候図・・・・・・・225
都市水害危険予想区域図・・・192
吐水口空間・・・・・・・・103, 205
トラップ・・・・・・・・・・・・・112
トラップます・・・・・・・・・113

な

内部結露・・・・・・・・・・・・・・60

に

二位置制御（ON-OFF 制御）・・・172
二酸化炭素濃度・・・・・・・207
二重トラップ・・・・・・・・・104
日照率・・・・・・・・・・・・・・・143
入射角余弦法則・・・・・・・135

ね

熱貫流・・・・・・・・・・・・・・・・53
熱貫流抵抗・・・・・・・・・・・・55
熱貫流率・・・・・・・・・・・・・・55
熱貫流量・・・・・・・・・・・・・・55
熱橋・・・・・・・・・・・・・・・・・・60
熱源負荷・・・・・・・・・・・・・・67
熱取得・・・・・・・・・・・・・・・・56

索引　*233*

熱水分比‥‥‥‥‥‥‥‥‥‥‥75
熱損失‥‥‥‥‥‥‥‥‥‥‥‥56
熱損失係数‥‥‥‥‥‥‥‥‥‥56
熱対流‥‥‥‥‥‥‥‥‥‥‥‥53
熱伝達‥‥‥‥‥‥‥‥‥‥‥‥53
熱伝導‥‥‥‥‥‥‥‥‥‥‥‥53
熱伝導率‥‥‥‥‥‥‥‥‥‥‥53
ネットゼロエネルギービル‥‥‥5
熱負荷計算‥‥‥‥‥‥‥‥‥194
熱放射‥‥‥‥‥‥‥‥‥‥‥‥53
熱容量‥‥‥‥‥‥‥‥‥‥21, 56
燃焼（ボイラ）方式‥‥‥‥‥87

は

バイオフィリックデザイン‥‥227
配管熱負荷‥‥‥‥‥‥‥‥‥‥69
廃棄物処理法‥‥‥‥‥‥‥‥100
排水口空間‥‥‥‥‥‥‥‥‥112
排水立て管‥‥‥‥‥‥‥‥‥113
排水通気設備‥‥‥‥‥‥‥‥112
排水ます‥‥‥‥‥‥‥‥‥‥113
排水横枝管‥‥‥‥‥‥‥‥‥113
排水横主管‥‥‥‥‥‥‥‥‥113
排熱回収‥‥‥‥‥‥‥‥‥‥111
バキュームブレーカ‥‥‥‥‥103
薄明視‥‥‥‥‥‥‥‥‥‥‥134
パーソナル空調‥‥‥‥‥‥‥‥7
パーソナル空調システム‥‥‥83
パッシブ技術‥‥‥‥‥‥‥‥198
パッシブデザイン‥‥‥‥‥‥14
バリアフリートイレ‥‥‥‥‥117

ひ

ビオトープ‥‥‥‥‥‥‥18, 119
ビオトープネットワーク‥‥‥119
光‥‥‥‥‥‥‥‥‥‥‥‥‥134
光ダクト‥‥‥‥‥‥‥‥‥‥148
光ファイバ方式‥‥‥‥‥‥‥148
非常用エレベータ‥‥‥‥‥‥168
非常用電源設備‥‥‥‥‥‥‥164
必要換気量‥‥‥‥‥‥‥‥‥36
非定常状態‥‥‥‥‥‥‥‥‥53
ヒートアイランド現象‥‥28, 223
ヒートブリッジ‥‥‥‥‥‥‥60
ヒートポンプ‥‥‥‥‥‥‥‥111
ヒートポンプ方式‥‥‥‥‥‥88
標準年拡張アメダス（EA）気象
　データ‥‥‥‥‥‥‥‥‥‥194
標準比視感度‥‥‥‥‥‥‥‥135
標準分光視感効率‥‥‥‥‥‥135
標準有効温度‥‥‥‥‥‥‥‥63

表面結露‥‥‥‥‥‥‥‥‥‥59
比例制御（P制御）‥‥‥172, 173
比例積分制御（PI制御）‥‥‥172
比例積分微分制御（PID制御）
　‥‥‥‥‥‥‥‥‥‥172, 173
比例微分制御（PD制御）‥‥‥172

ふ

ファン‥‥‥‥‥‥‥‥‥‥‥91
フィードバック制御‥‥‥‥‥172
フィードフォワード制御‥‥‥172
封水深‥‥‥‥‥‥‥‥‥‥‥103
封水損失‥‥‥‥‥‥‥‥‥‥112
風力換気‥‥‥‥‥‥‥‥‥‥40
不快グレア‥‥‥‥‥‥‥‥‥140
不適率‥‥‥‥‥‥‥‥‥‥‥207
ブラインド制御‥‥‥‥‥‥‥148
ブランチ間隔‥‥‥‥‥‥‥‥113
プルキンエ現象‥‥‥‥‥‥‥135
フロントローディング‥‥‥‥28
分解者‥‥‥‥‥‥‥‥‥‥‥18
分流式‥‥‥‥‥‥‥‥‥‥‥101

へ

平均演色評価数‥‥‥‥‥‥‥139
平均日射熱取得率‥‥‥‥‥‥195
平均放射温度‥‥‥‥‥‥‥‥63
ベルヌーイの定理‥‥‥‥‥‥35
ベルヌーイの法則‥‥‥‥‥‥94
変風量単一ダクト方式‥‥‥‥78
変風量方式‥‥‥‥‥‥‥‥‥221

ほ

防災照明‥‥‥‥‥‥‥‥‥‥184
放射空調‥‥‥‥‥‥‥‥‥‥81
放射熱伝達‥‥‥‥‥‥‥‥‥53
飽和空気‥‥‥‥‥‥‥‥‥‥59
飽和水蒸気圧‥‥‥‥‥‥‥‥59
飽和水蒸気量‥‥‥‥‥‥‥‥59
ポンプ‥‥‥‥‥‥‥‥‥‥‥91
ポンプ圧送‥‥‥‥‥‥‥‥‥222
ポンプ直送方式‥‥‥‥‥‥‥106
ポンプによる熱負荷‥‥‥‥‥69

ま

摩擦損失線図‥‥‥‥‥‥‥‥93
マンセル色立体‥‥‥‥‥‥‥138
マンセル色相環‥‥‥‥‥‥‥138
マンセル表色系‥‥‥‥‥‥‥137

み

水受け容器‥‥‥‥‥‥‥‥‥103
水使用行為‥‥‥‥‥‥‥‥‥108
水噴霧加湿‥‥‥‥‥‥‥‥‥75
未利用エネルギー‥‥‥‥89, 111

む

無彩色‥‥‥‥‥‥‥‥‥‥‥137
無停電電源装置（UPS：Uninter-
　ruptible Power Supply）‥‥164

め

明順応‥‥‥‥‥‥‥‥‥‥‥134
明所視‥‥‥‥‥‥‥‥‥‥‥134
明度‥‥‥‥‥‥‥‥‥‥‥‥137
面結露対策‥‥‥‥‥‥‥‥‥221
免震フレキ継手‥‥‥‥‥‥‥222

も

毛管現象‥‥‥‥‥‥‥‥‥‥112
モデリング‥‥‥‥‥‥‥‥‥139

ゆ

有効温度‥‥‥‥‥‥‥‥‥‥62
有彩色‥‥‥‥‥‥‥‥‥‥‥137
湧水‥‥‥‥‥‥‥‥‥‥‥‥221
湧水利用率‥‥‥‥‥‥‥‥‥222
誘導サイホン作用‥‥‥‥‥‥112
床吹出方式‥‥‥‥‥‥‥81, 220
ユニバーサルデザイン‥‥‥‥23

よ

溶存酸素‥‥‥‥‥‥‥‥‥‥100
予測不満足者率PPD‥‥‥‥‥63
予測平均温冷感申告‥‥‥‥‥63

ら

ライトシェルフ‥‥‥‥‥‥‥147
ランベルトの余弦法則‥‥‥‥136

り

利水‥‥‥‥‥‥‥‥‥‥‥‥114

る

ループ通気管‥‥‥‥‥‥‥‥113
ループ通気方式‥‥‥‥‥‥‥113

れ

冷温水・冷水・温水の流量算出‥‥93
冷却除湿‥‥‥‥‥‥‥‥‥‥75
冷却塔‥‥‥‥‥‥‥‥‥‥‥89

冷暖房温湿度設定‥‥‥‥‥‥‥69
冷暖房設計用時刻別温湿度‥‥‥69
冷暖房負荷‥‥‥‥‥‥‥‥‥‥66
冷凍サイクル‥‥‥‥‥‥‥‥‥85
冷熱源‥‥‥‥‥‥‥‥‥‥‥‥85

レイノルズ数‥‥‥‥‥‥‥‥‥35
冷房負荷‥‥‥‥‥‥‥‥‥‥‥56
レジオネラ属菌‥‥‥‥‥‥‥110
レジリエンス‥‥‥‥‥‥‥‥‥20
連続の式‥‥‥‥‥‥‥‥‥‥‥35

ろ

6面点検‥‥‥‥‥‥‥‥‥‥115
露点温度‥‥‥‥‥‥‥‥‥59, 73

「編修・執筆主査」

鍵　直樹　1999 年　東京工業大学大学院　情報理工学研究科情報環境学専攻
　　　　　現在　東京科学大学（旧東京工業大学）環境・社会理工学院教授，博士（工学）

垂水弘夫　1983 年　東京工業大学大学院　理工学研究科建築学専攻
　　　　　現在　金沢工業大学名誉教授，水素建築ラボ代表，工学博士

「編修・執筆委員」

浅輪貴史　2003 年　東京工業大学大学院　総合理工学研究科環境理工学創造専攻
　　　　　現在　東京科学大学（旧東京工業大学）環境・社会理工学院准教授，博士（工学）

小瀬博之　1998 年　東京工業大学大学院　総合理工学研究科人間環境システム専攻
　　　　　現在　東洋大学総合情報学部システム情報専攻教授，博士（工学）

長谷部弥　1994 年　名古屋大学大学院　工学研究科建築学専攻
　　　　　現在　清水建設株式会社　技術研究所　主席研究員，博士（工学）

望月悦子　2004 年　東海大学大学院　工学研究科建築学専攻
　　　　　現在　千葉工業大学　創造工学部建築学科教授，博士（工学）

円井基史　2006 年　東京工業大学大学院　総合理工学研究科環境理工学創造専攻
　　　　　現在　金沢工業大学建築学部建築学科教授，博士（工学）

「執筆委員」

天田靖佳　1994 年　早稲田大学大学院　理工学研究科機械工学専攻
　　　　　現在　清水建設株式会社　設計本部設備設計部 2 部副部長

小島義包　2019 年　東京工業大学大学院　総合理工学研究科人間環境システム専攻
　　　　　現在　株式会社大林組　本社設計本部設備設計部　部長，博士（工学）

田村　一　2002 年　東京工業大学大学院　情報理工学研究科情報環境学専攻
　　　　　現在　株式会社テクノ菱和・技術開発本部技術開発研究所　所長

長谷川巌　1994 年　東京工業大学大学院　総合理工学研究科社会開発工学専攻
　　　　　現在　株式会社日建設計　エンジニアリング部門設備設計グループ副代表，博士（工学）

松下美紀　2021 年　福岡女子大学大学院　人間環境科学学科人間環境科学専攻
　　　　　現在　松下美紀照明設計事務所　照明デザイナー，博士（人間環境科学）

建築新講座テキスト

建築環境設備　―基礎知識と応用―

2025 年 3 月 10 日　初 版 印 刷
2025 年 3 月 25 日　初 版 発 行

編修・執筆代表　　鍵　　直　樹
発 行 者　　澤　崎　明　治

印刷・製本　大日本法令印刷
トレース　丸山図芸社

発 行 所　　株式会社 市ヶ谷出版社
　　　　　　東京都千代田区五番町 5
　　　　　　電話　03－3265－3711
　　　　　　FAX　03－3265－4008
　　　　　　http://www.ichigayashuppan.co.jp

Ⓒ 2025　　　　　　　　　ISBN 978-4-86797-005-8